AF329583

Ai-je trahi Sarrail ?

GÉNÉRAL CORDONNIER

ANCIEN COMMANDANT DE L'ARMÉE FRANÇAISE D'ORIENT

Ai-je trahi Sarrail ?

Ai-je trahi Sarrail ?

AVANT-PROPOS

——

L'accusation formulée.

Un Monsieur PAUL COBLENTZ...

C'est bien comme ça qu'il orthographie, même après la guerre, le nom de ville qu'il porte. Il est probable que s'il était affublé du nom de ces autres villes du Rhin : Cologne ou Mayence, bâties comme Coblence pour barrer le passage du Rhin aux Huns, il aurait signé du nom germanique de Koeln ou de Mainz. C'est son droit, d'ailleurs, de ne pas vouloir trop se montrer Français, quand il tient à se borner à faire œuvre de parti.

Un Monsieur Paul Coblentz, dirons-nous, vient de faire paraître un livre : *Le Silence de Sarrail,* (librairie Louis Querelle, 26, rue Cambon, Central 61-99), par lequel il nous apprend qu'il n'a connu Sarrail qu'en 1919. C'est un avantage incontestable qu'il a sur beaucoup, au moins pour garder le silence.

Il a sur beaucoup encore un autre avantage pour se taire, il ne connaît rien aux choses de l'armée. Or, pour retracer la vie d'un homme qui a appartenu à l'armée, pendant cinquante-trois ans, puisqu'il a été maintenu dans le cadre d'activité, depuis son entrée à Saint-Cyr en 1875 jusqu'à sa mort, il paraît utile, sans être un Jomini, de connaître quelque peu ce qui touche aux choses de l'armée. Peut-être dira-t-il que pour faire entendre LA VOIX DU MAÎTRE, il n'est pas nécessaire de comprendre un mot de ce que l'on rapporte ?

Las Cases, qui a écrit le *Mémorial de Sainte-Hélène*, n'était pas un soldat comme Gouvion Saint-Cyr, Charras, Bonnal, le Colonel Rousset ou Weygand, mais, longtemps avant Waterloo, il avait vécu auprès de Napoléon, pendant longtemps il s'était adonné aux études historiques ; il était donc parfaitement à même de comprendre la parole du maître, et souvent il écrivait sous la dictée du maître.

M. Paul Coblentz n'est pas non plus un Las Cases ; la chose est excusable, car Las Cases était un homme de valeur.

« C'est entre cinq et sept heures que Sarrail recevait de préférence ses intimes.

« Je le voyais plusieurs fois par semaine, dans son petit salon du boulevard Péreire... », lit-on dans ce livre qui se propose de faire entendre la Voix du Maître.

Dans ce petit salon, où ne se prélassaient pas les Joffre, les Foch, les Pétain, les de Maud'huy, les Mangin, et non plus le général Weygand, on ne pouvait, comme fit Napoléon à Sainte-Hélène, méditer profondément sur les difficiles problèmes de la guerre et en faire l'exposé. Un hôte qui reçoit des amis et qui est un homme de bonne éducation, ce qui était le cas de Sarrail, met la conversation sur des sujets à la portée de ses amis. On y parlait de la rue de Valois, de coteries politiques vraisemblablement, puisque M. Paul Coblentz affirme que je suis de l'*Action Française.*

J'ai vu, une fois dans ma vie, M. Daudet ; c'était à un procès de trahison, et non pas d'une de ces trahisonnettes dont on parle dans les loges de concierge, ou, de cinq à sept, dans un petit salon du boulevard Péreire. Le Conseil de Guerre, convoqué sous le Gouvernement de Clémenceau, voulait savoir comment des documents qui ont déterminé des batailles qui nous ont été des plus funestes, sont passés du coffre-fort de Sarrail dans la serviette d'Almereyda qui les a remis, en Espagne, aux Allemands.

M. Daudet et moi, nous étions du même côté de la barricade, lors de ce procès, nous nous sommes salués avec cordialité. Mais, à ce même procès, j'ai vu, du même côté de la barricade, M. Briand. Il m'a fait l'honneur de venir me serrer les mains chaleureusement. Depuis, je n'ai revu ni M. Briand, ni M. Daudet, parce que je mène une vie très retirée. Mais je regrette que l'un et l'autre ne puissent s'entendre, parce que l'un et l'autre, chacun à sa manière, aiment bien la France. Si je me trouvais, à nouveau, en présence de M. Daudet, je serais heureux encore d'échanger avec lui un salut plein de cordialité. Si je voyais, encore une fois, M. Briand me faire l'honneur de venir à moi les mains tendues, j'en éprouverais une joie profonde.

Peut-être serait-ce trahir Sarrail, une fois de plus ?

Dans la quantité, cela n'apparaîtrait pas.

Que vient faire mon loyalisme ?

Page 43 du *Silence de Sarrail,* il est parlé des collaborateurs qu'eut le général à l'Ecole de Saint-Maixent : « L'un est le général Matter, qui se fit franc-maçon, croyant que je l'étais ; il pensait ainsi me flatter. L'autre est le général Cordonnier, qui m'a donné l'occasion d'écrire *à Saint-Maixent* à son sujet un témoignage de satisfaction que je vous autorise à copier. Ces quelques lignes, écrites au *moment où il me trahissait déjà,* lui procureront peut-être une nouvelle occasion de se venger un jour par le truchement d'un journal royaliste. »

Et, écrit M. Paul Coblentz, « voici la lettre que je copiai » :

« Depuis longtemps, le commandant Cordonnier
« ne me donne plus signe de vie. J'ai su cependant
« qu'il flirtait avec le *capitaine Humbert,* instiga-
« teur d'une campagne de presse contre moi, et
« qu'il avait confié à diverses personnes que les
« trois années les plus désagréables de son exis-
« tence étaient celles qu'il avait passées sous mes
« ordres. Malgré ces faits, qui ne visent que ma
« personne et nullement les principes mêmes, je
« puis certifier que, pendant trois ans, Cordonnier
« a été pour moi un collaborateur précieux et un
« véritable ami. Dans ces conditions, il ne me
« paraît pas possible de ne pas me porter *garant de*
« *son loyalisme.* »

Qui se souciait de mon loyalisme ? A quelle casserole de Saint-Maixent a-t-il pu écrire, après avoir quitté l'école, pour l'assurer de mon loyalisme ?

A quelle date cette lettre a-t-elle été écrite, et où ?

Peut-être en 1906, quand j'étais en garnison, à Tours, avec ma carrière brisée, non du fait de Sarrail, mais parce que j'avais quitté Saint-Maixent, dont l'atmosphère était devenue irrespirable, en ayant fait claquer les portes parce que je ne pouvais en sortir autrement, quelque tentative que je fîsse pour cela, depuis un an.

Mais, à cette date, je n'eus aucun rapport avec le capitaine Humbert.

Mes rapports avec le capitaine Humbert.

Ils ont été singuliers, mes rapports avec le capitaine Humbert, et méritent qu'on en parle ; ils peignent une époque.

J'étais à Montpellier, officier d'ordonnance du général Pédoya, qui me promenait du XIV° corps au XIX°, puis du XIX° au XV°, et de là, enfin, au XVI°, au préjudice de ma bourse, dans laquelle les déménagements nombreux faisaient de grands trous puisque, étant marié, père de famille, et aimant mes meubles, deux traversées de la Méditerranée étaient intervenues, sans compter un bail contracté à Alger qui courait toujours, un autre à Avignon, ville que je venais de quitter, et la vie à Montpellier à l'hôtel. Mais c'était le moindre mal ; mon avancement en souffrait fort, parce que nouveau venu dans un corps d'armée, je trouvais toujours quelque candidat qui, ayant pris rang, me primait; on me donnait rang pour l'année d'après, mais je n'étais plus là l'année d'après.

J'allais prendre 43 ans, et j'étais toujours capitaine. Je ne m'en plaignais pas, tant j'étais bien auprès de mon grand chef. Si j'ai passé de mauvaises années de ma vie à Saint-Maixent, j'en ai passé les plus douces auprès du général Pédoya, qui, aujourd'hui, malgré ses 94 ans, est resté jeune de cœur comme il arrive à celui qui a toujours été droit et bon.

Si je ne me plaignais pas de la lenteur de ma carrière, il n'en était pas de même pour le général Pédoya à mon sujet. Aussi avait-il agi auprès du Ministre, le général André, pour me faire mettre au tableau et obtenir une nomination hors tour, qui me fut promise pour la promotion suivante.

La promotion fut faite, mon nom n'y figura pas.

Le général Pédoya intervint et apprit que le Ministre avait signé une liste de promotions sur laquelle mon nom était inscrit et avait chargé le capitaine Humbert de porter cette liste à l'*Officiel* pour y être publiée.

Le capitaine Humbert, en se rendant à l'*Officiel*, lut la liste, y vit mon nom, prit une plume et me raya, sans en rien dire à son Ministre, ni à personne.

Sur la réclamation du général Pédoya, on s'enquit. Le capitaine Humbert déclara au Ministre qu'il avait voulu le sauver d'une interpellation qui n'aurait pas manqué de se produire, si on avait vu nommer hors tour un capitaine qui venait d'avoir de graves torts, à Limoges, envers le Préfet.

J'avais un homonyme à Limoges, capitaine breveté comme moi ; il y avait eu confusion de capitaines et de préfets.

Cela me coûta trois mois de retard, trois mois d'hôtel de plus, mais me procura l'occasion de demeurer trois mois encore auprès du meilleur des chefs.

Quelque temps après ma promotion, alors que je commandais un bataillon au 114ᵉ d'infanterie, le général André étant venu inspecter l'Ecole à Saint-Maixent, passa aussi l'inspection de mon bataillon ;

il était accompagné du capitaine Humbert, qui se mit en frais pour me faire oublier son coup de plume malencontreux.

Mais je n'en avais pas fini avec lui car, une dizaine d'années plus tard, alors que, colonel du 119e d'infanterie, j'étais au camp de Châlons avec mon régiment, un marchand de journaux survint, criant : « Le colonel Cordonnier, directeur de l'Aéronautique. »

Le *Journal*, avec un grandissime portrait de moi et mon nom en gigantesque manchette, annonçait comme faite ma nomination au poste de directeur de l'Aéronautique, en remplacement du général Hirshauer.

Cela devenait grave. Sur les instances du membre du Conseil Supérieur de la Guerre qui avait le commandement éventuel de la 5e armée, Joffre m'avait reçu et dit qu'il me proposerait au Ministre pour un commandement de brigade dans l'Est. Le Ministre, M. Etienne, me traitait favorablement. Je m'attendais donc à aller avant peu dans l'Est, quand je fus saisi par la sensationnelle nouvelle. Je télégraphiai à mon camarade Graziani, chef de Cabinet du Ministre : « Que signifie ce qu'annonce *Le Journal* ? J'aimerais mieux une brigade dans l'Est. » Il me répondit : « Ne t'inquiète pas ; c'est un canard. »

Ainsi rassuré, j'attendis le moment où mon régiment fut rentré à Courbevoie, pour aller au *Journal* demander des explications. Le sénateur Humbert, membre de la Commission de l'Armée, m'accueillit avec beaucoup de : « Mon cher ami », et me fit savoir que le Ministre se proposait de donner comme successeur au général Hirshauer le général Bernard ; ce serait, à son avis, la continuation

de la lutte entre sapeurs et artilleurs, par conséquent. La Commission de l'Armée avait cherché un
fantassin pour mettre fin au conflit d'armes. Quelqu'un ayant dit que je montais en avion et que je
m'intéressais aux choses de l'aéronautique, Humbert s'était écrié qu'il me connaissait, et mon nom
avait été adopté.

« Mais, Monsieur le Sénateur, je n'ai jamais vu
un moteur. Je suis monté quatre ou cinq fois en
avion ; je me préoccupe de savoir quel emploi stratégique et tactique on peut faire de l'avion ; de là à
être directeur de l'Aviation, il y a loin.

— Mais non, mon cher ami, nous n'avons pas à
chercher un constructeur de moteurs, un fabricant
d'avions. Ce qu'il faut au pays, c'est un militaire
ayant des connaissances étendues ; vous avez été
professeur à l'Ecole de Guerre, vous remplissez
donc cette condition. Vous montez en avion quand
rien ne vous y oblige, vous n'avez donc pas peur.
Et vous êtes fantassin, quand on a besoin d'un fantassin. Vous êtes l'homme qu'il nous faut ; vous
serez désigné, quoi qu'en dise le Ministre. »

Il était inutile d'insister. M. Etienne nomma,
d'ailleurs, le général Bernard à la direction de
l'Aéronautique et, comme il savait m'être agréable
en m'envoyant dans l'Est, il me désigna peu après
pour former de toutes pièces, à Stenay, la 87° brigade, avec laquelle j'ai débuté à la guerre.

Stenay est dans la Meuse ; Humbert était sénateur
de la Meuse. Il m'envoya une carte de félicitations,
je lui en adressai une de remercîments ; il m'écrivit,
m'invitant à dîner et coucher à son château de
Dugny ; j'y allai. Depuis, nous ne nous sommes
plus revus. Pourtant, pendant la guerre, quand je
commandais le 8° corps à Commercy, le Comité des

Dames, qui avait fondé et gérait cette œuvre admirable : « La Chemise du Combattant », m'ayant fait connaître qu'il était au bout de ses ressources, pour ne pas voir périr cette œuvre si secourable à mes soldats, je tendis la main un peu de tous les côtés. Grâce à Humbert, je reçus par la voie du *Journal* trois mille francs ; je lui en garde une reconnaissance qui ne finira qu'avec moi, puisque c'est au meilleur-être du soldat qu'il a aidé.

Quand il eut la malheureuse idée d'écrire un livre contre M. Poincaré et de me l'envoyer avec dédicace, je ne répondis pas ; il m'en renvoya un second exemplaire, je ne répondis encore pas. Humbert avait commis là une grave erreur, qu'il a effacée depuis par de nobles regrets.

Voilà comment j'ai flirté avec le capitaine Humbert. Je ne vois pas en quoi, en le faisant, j'ai pu contribuer à une campagne de presse contre Sarrail.

Il me semble que, dans mes rapports avec le capitaine, puis sénateur Humbert, je suis demeuré dans mon devoir de soldat. Je puis même dire que, sauf en ce qui concerne le don fait à l'œuvre de la « Chemise du Combattant » et l'honneur d'avoir présenté mes hommages à Mme Humbert dans son château, je n'aurais guère à me féliciter d'avoir eu affaire au capitaine-sénateur, comme on voit.

Alors, voilà donc encore un ragot du *Silence de Sarrail* qu'il eût mieux valu ne pas rapporter.

Pauvre Cordonnier !

On lit, page 84 du *Silence de Sarrail:* « Quant aux injures du général Cordonnier, j'ai promis à Sarrail d'en parler le moins possible.

« Le général Cordonnier avait tout d'abord admiré le rôle de Sarrail à Verdun, puis il y eut entre eux, à Salonique, le grave dissentiment relaté dans : *Mon Commandement en Orient*. Cordonnier s'était obstinément refusé, à plusieurs reprises, à comprendre le plan offensif qui lui était conseillé. Sarrail dut alors se passer de ses services. Avec quelque éclat, Cordonnier, depuis, dans une lettre tapageuse à l'*Action Française*, renia publiquement son amitié passée pour Sarrail. Il a choisi le moment où une campagne politique des plus violentes était déchaînée contre son ancien chef et ami dans un journal royaliste qui n'en avait pas moins rendu hommage, lui, au défenseur de Verdun ! Pauvre Cordonnier ! »

C'est M. Paul Coblentz qui, du haut du piédestal élevé par l'accumulation de ses talents et de ses services, me regarde et s'écrie : « *Pauvre Cordonnier !* »

Il semble qu'après de telles attaques, de telles allégations, le silence que garde Cordonnier depuis quatorze ans ne peut être prolongé plus longtemps, malgré son désir de se taire.

Je vais donc parler nettement, clairement, et débrider une large plaie sociale. Ce que dit de moi M. Paul Coblentz ne me frappe pas ; il parle avec beaucoup d'autorité, mais on ne sait d'où il tire cette autorité. Je ne vois pas son nom dans la longue liste de l'Association des Membres de la Légion d'honneur décorés au péril de leur vie, dont je suis un vice-président. Quels services a-t-il donc rendus à la Patrie ? Ce doit être comme casserole qu'il résonne ou raisonne. Je n'ai jamais « admiré » le rôle de Sarrail à Verdun ; il m'est resté longtemps inconnu, ce rôle, car j'étais ailleurs et je me battais durement ; j'en porte les cicatrices. Ce n'est qu'après la guerre, en historien militaire quelque peu qualifié par mon ancienne situation de professeur de stratégie et de tactique générale à l'Ecole Supérieure de Guerre, que j'ai étudié ce rôle de Sarrail à Verdun. J'en ai parlé longuement, de ce rôle, non pas rien que dans une lettre, cela ne me suffisait pas, mais dans un ouvrage : *L'Obéissance aux Armées*, édité chez Lavauzelle et honoré d'une souscription du Ministère de la Guerre.

Intervention d'un agent de liaison.

Pourquoi Sarrail s'est passé de mes services ? Le général Réquin en sait quelque chose. Pourquoi ne le lui avoir pas demandé ?

Un jour, à Florina, le commandant Réquin, agent de liaison du G. Q. G., vint me trouver à mon Q. G., agissant en sa qualité d'agent de liaison, et en conformité d'un règlement qui lui créait des obligations et m'en créait également. Il me signala le général de division Leblois comme ne jouissant d'aucune confiance chez ses subordonnés, un colonel Didier qui avait une maladie nerveuse qui se manifestait dès qu'un obus se faisait entendre dans le voisinage ; il me demanda si je savais cela et, si je le savais, comment je ne demandais pas leur remplacement ?

Mon devoir militaire, défini par le règlement sur les agents de liaison, m'obligeait à répondre en toute sincérité. Je le menai à mon bureau et je lui fis lire les rapports où j'avais demandé au général Sarrail de relever ces officiers de leur commandement.

« En adressant ces rapports, j'ai accompli mon devoir. Si mon chef n'y donne pas suite, c'est son affaire, ajoutai-je.

— Mais mon devoir, à moi, est d'en rendre compte à Joffre, je vais le faire », me dit-il.

Il envoya, en conséquence, à Chantilly, un télégramme chiffré, dont le chiffre était connu à Salonique où la police était bien faite. Pour sauver ses amis, Sarrail exigea du Gouvernement et du G.Q.G. mon rappel en France.

La suite montrera que ce fut pour moi le salut.

Depuis plusieurs semaines, je subissais les tortures les plus affreuses. Un homme que j'avais aimé pendant vingt ans, et qui m'avait rendu affection pour affection ; un homme qui m'était apparu comme pouvant être celui qui rendrait à la France l'Alsace-Lorraine, m'apparaissait maintenant un danger pour la Patrie. Et c'est moi qui couvrais de ma personne des manœuvres qui coûtaient tant de sang français, versé sans raisons valables, prodigué en pure perte.

Je cherchais l'obus. Il y a de la gloire à tomber sur le champ de bataille.

Si je n'avais pu me faire tuer, la mort serait survenue sans retard, puisqu'un mal, inguérissable quand il n'est pas pris à temps, venait de se manifester chez moi.

Sarrail m'a préservé de la mort, en se débarrassant de ma personne. Grâces lui soient rendues de l'acte, bien que l'intention n'y ait pas été.

Prophétie.

Je vais, dans ce récit, montrer Sarrail alors qu'il faisait naître en moi tant d'espérances. Je dirai pourquoi il m'avait captivé, j'indiquerai pourquoi encore, le 11 août 1916, j'avais foi en lui. J'expliquerai aussi comment, par fidélité au drapeau et par devoir militaire, je me suis fait prophète.

Dans un rapport qui me fut demandé par le G. Q. G. en novembre 1916, j'ai écrit : « Mettez un soldat à la tête des armées de Salonique et vous aurez la victoire. »

Il a fallu attendre Clémenceau pour que Sarrail fût remplacé par un soldat. Aussitôt ce soldat arrivé, la victoire de Dobropoljé est venue. Si jamais on construit des alvéoles pour recevoir les reliques des prophètes, je demande qu'on ne m'oublie pas. Il est vrai que je n'ai été prophète qu'en ce novembre 1916. Pendant vingt ans, auparavant, en jugeant Sarrail, je m'étais fourvoyé.

C'est peut-être parce qu'une alvéole dans un temple de prophètes m'est réservée que, dans la loi présentée par M. Painlevé et votée par le Parlement, il a été inséré un paragraphe qui me dispense d'aller prendre place dans une des alvéoles des Invalides ?

S'il y a un Bazaine, est-ce moi ?

Je suis le seul général ayant eu rang de commandant d'armée que la loi votée exclut de cet honneur. Ai-je donc trahi Sarrail, tant que ça ? Est-ce que j'ai commis un de ces crimes que la Patrie punit, au moins moralement, s'il échappe au Code de Justice militaire. Si Bazaine a eu un émule pendant la guerre, ce n'est donc pas Sarrail, comme le bruit en courait à Paris, et aussi en province, en septembre 1914 ?

Il faut reconnaître que si l'ancien Gouverneur de Syrie avait eu pour voisins d'alvéole, d'une part, de Maud'huy, qui, dès 1909, me disait : « Vous avez tort de continuer à fréquenter Sarrail, il trahira la France; c'est un Bazaine », et moi de l'autre côté, son dernier sommeil aurait connu de fréquents cauchemars.

Puisque M. Paul Coblentz parle de trahison que j'aurais soi-disant commise, il faut bien que je cherche des juges. Ces juges que je cherche sont les bons Français de France, de toute opinion, de toute religion, de tout esprit philosophique ; qu'ils m'écoutent. Je parle, enfin, et fort, comme un homme dont on a abusé du silence discret.

Chapitre premier

« LES IMBÉCILLITÉS
DU GÉNÉRAL CORDONNIER »

Pas d'artilleur chef d'armée ?

« Entrez, Coblentz... Alors ? Quoi de neuf ? »

C'est ainsi, nous rapporte *Le Silence de Sarrail,* qu'était accueilli celui qui vient de publier ce qu'on peut appeler le *Mémorial du Boulevard Péreire.*

Le « neuf » du visiteur intéressait davantage le général que ce que lui demandait un de ses amis, un colonel breveté d'état-major particulièrement « dans les eaux », au dire du Las Cases du boulevard Péreire.

— Il me demande d'urgence une note détaillée sur mon commandement à Verdun et à Salonique.

— Pour son édification personnelle ?

— Non, on prépare en haut lieu une histoire définitive ! sur la guerre, et le « Jeune-Turc » chargé de rassembler toute la documentation s'apprête sans nul doute à me faire quelques petites niches (1).

— ...Eh bien, mon Général, risquai-je... Vous allez préparer la note demandée par ce brave colonel ?

— Je ne leur enverrai rien du tout.

— Vous ne leur laisserez tout de même pas raconter *l'histoire à la manière du général Cordonnier ?*

— Mais si ! Je me moque *des imbécilités* (2) que l'on pourra répandre sur moi après ma mort. »

Telle est la conversation échangée de cinq à sept entre le Général et son visiteur. A ma décharge, je dirai que je n'ai pas commencé à écrire lesdites « imbécilités » après la mort du Général, puisque M. Paul Coblentz appréciait déjà « la manière du général Cordonnier ». Si, aujourd'hui, je reprends le sujet, pour y donner les développements qu'il comporte, si je déballe des documents soigneusement emballés et couverts de poussière, c'est parce que je suis attaqué avec une violence inouïe.

Dans *Le Silence de Sarrail*, le mot « France » n'est jamais prononcé, pas plus que celui de « Drapeau ». Il y est question de royalistes, d'armée républicaine, de franc-maçonnerie, de loyalisme, d'*Action Française*, de militaires « chaleureusement recommandés par les Loges », des fiches des Jésuites de la rue des Postes, de Jeunes-Turcs... .

Et aussi de coterie d'arme puisque, page 75, on lit :

« Après tout, Ruffey était un artilleur, et un « axiome était alors en honneur au G. Q. G. que

---

(1) *Le Silence de Sarrail*, page 15.
(2) M. Coblentz se contente d'une *l.*

« l'on attribuait à Napoléonjoffre : Ne jamais con-
« fier un haut commandement à un artilleur. »

Pour ceux qui savent que Foch, un artilleur,
commandait déjà une armée à la Marne ; pour ceux
qui se souviennent d'un autre artilleur : le maréchal Fayolle ; pour ceux qui n'ignorent pas que le
maréchal Maunoury était un artilleur, la Voix du
Maître, telle que la rapporte le livre où on parle
de ma manière d'écrire l'histoire, sonne de façon
étrange. Qui se trompe ?

La mémoire de Sarrail.

Sarrail manquait du don de la parole, il manquait aussi du don d'écrire, mais il avait une
mémoire merveilleuse. Dès qu'il avait vu quelqu'un, il se souvenait à tout jamais du nom et de
la physionomie de ce quelqu'un. Il connaissait son
annuaire imperturbablement mieux que le Félix du
Café de la Régence, bien connu il y a quarante ans
par les officiers. Un jour, le général Ménestrel,
ancien colonel du 1er régiment de tirailleurs algé-
riens, va voir le directeur de l'Infanterie pour lui
demander de placer au 1er zouaves, à Alger, un
capitaine auquel il s'intéressait. Le général Sarrail
lui répondit immédiatement en lui indiquant, de
mémoire, quelles vacances de capitaine allaient
bientôt s'ouvrir et les dates auxquelles elles s'ouvriraient. Le général Ménestrel, alors membre du
Conseil Supérieur de la Guerre, se tenait au courant de ce qui se passait à son ancien régiment.
Emerveillé d'une telle mémoire, il voulut la mettre
à l'épreuve ; il demanda qui commandait telle compagnie du 1er tirailleurs ; le directeur de l'Infanterie en donna le nom sans erreur, et il se mit à réciter la composition du régiment.

Le général Ménestrel, quelque temps plus tard, me fit le récit de l'incident. Il ne m'apprit rien de nouveau. A l'Ecole de Saint-Maixent, huit jours après l'arrivée d'une promotion, il appelait chaque élève par son nom, savait de quel régiment il provenait, et aurait pu lui réciter ce que portaient les feuilles de notes que le régiment avait adressées.

Ce serait donc le rapporteur de la Voix du Maître qui aurait inventé que le général Joffre donnait comme axiome de ne jamais confier un haut commandement à un artilleur, alors que Joffre, dès la fin d'août 1914, avait été chercher deux artilleurs : Maunoury et Foch, pour commander des armées de nouvelle création ?

Le Drapeau.

Il n'est pas parlé du Drapeau, dans ce *Mémorial du Boulevard Péreire*. A l'Ecole de Saint-Maixent, les élèves ont entendu une conférence sur le Drapeau ; c'est moi qui l'ai faite. Le lieutenant-colonel Sarrail avait ouvert les portes de l'Ecole d'Elèves Officiers de France à M. Lucien Le Foyer, qui voulait effacer le mot « Patrie » du dictionnaire, et plaidait la paix à de jeunes militaires que la Patrie aurait bientôt besoin d'envoyer se battre pour la défendre.

Je ne sais pas si cette conférence sur le Drapeau est une des « imbécilités du général Cordonnier » ; je commets souvent de ces imbécillités.

Quand, entre hommes de la politique, on se chamaille d'un parti à l'autre, il n'y a que demi-mal si, à l'heure où la Patrie est en danger, on fait l'Union sacrée. Quand l'Histoire se met en face des événements de la dernière guerre, elle ne s'inquiète pas de ces petites choses qui ont pu incorporer dans des camps différents des hommes qui, devant l'ennemi, ont fait leur devoir côte à côte. Dans mon livre : *L'Obéissance aux Armées*, j'ai parlé de deux de mes chefs : l'un, le général de Langle de Cary, mon commandant d'armée, était catholique et breton ; l'autre, le général Gérard, était franc-maçon et accusé d'avoir fourni des fiches. Tous deux font mon admiration, tous deux occupent une large et bonne place dans mon cœur, tous deux — dans la période dont je parle — me témoignèrent la même et grande estime.

Quand j'étais colonel du 119ᵉ d'infanterie, à Courbevoie, j'eus sous mes ordres quelques francs-maçons parmi de fervents catholiques ; j'ai dirigé les pensées et les conversations vers la frontière, l'union s'est faite, le même amour de la patrie existant chez les uns comme chez les autres.

Pour un militaire, il est bien facile de se tenir en dehors des partis politiques, le drapeau qu'il a constamment sous les yeux le lui ordonne.

Pour un soldat, c'est dans l'incompréhension qu'il est plongé quand il entend dire parfois que M. Poincaré, le Président d'avant-hier, n'est pas républicain, que M. Millerand, le Président d'hier, l'est encore moins. Et que M. Doumergue ne l'est guère parce qu'il a barré la route de l'Elysée à M. Painlevé.

Lorsque *Le Silence de Sarrail* m'apprend que, dans une lettre, mon ancien chef, à Saint-Maixent, se porte « garant de mon loyalisme », je ne comprends pas. On donnerait à croire qu'un Deux-Décembre a été fomenté, et que ma modeste personne a été mêlée à un complot.

Il semble inutile d'insister davantage sur ce qui pouvait se dire, de cinq à sept, boulevard Péreire, quand venait d'être prononcé le : « Entrez, Coblentz... Alors ? Quoi de neuf ? »

Il s'agit, maintenant, de « raconter l'Histoire à la manière du général Cordonnier ».

Les Saint-Thomas.

J'admets très bien que mon attitude soit énigmatique pour beaucoup.

J'ai été l'ami, l'ami enthousiaste du général Sarrail ; un jour, un revirement complet s'est fait dans mes sentiments. Pourquoi ? se demande-t-on.

A ce pourquoi, je vais répondre. Toutefois, je tiens déjà à marquer que mon cas n'a pas été exceptionnel. Combien qui croyaient en Sarrail, à commencer par Joffre, ont été déçus quand la guerre a montré le peu de fond qu'on pouvait faire sur l'homme ?

Avant la guerre, j'étais un fort petit personnage, tant par moi-même que par mes relations. Ce n'est donc en rien mon influence qui a pu déterminer les puissants de l'armée ou de la politique à pousser à toute allure, d'échelon en échelon dans la hiérarchie militaire, le général Sarrail. Il avait été poussé si haut et si rapidement que la paix l'aurait immanquablement conduit au Conseil Supérieur de la Guerre, dès 1915, alors qu'il n'avait encore que 59 ans. Il semblait tout désigné pour arriver à ce poste suprême qu'il a vainement tenté d'atteindre pendant la guerre.

Les hautes personnalités militaires ou politiques qui ont contribué à cette ascension rapide n'ont agi ainsi qu'à cause de leur foi dans les mérites de celui qu'ils favorisaient si grandement. Quand ceux que l'on traite de Jeunes-Turcs voient, à la Marne, le commandant de la 3ᵉ armée ne rien comprendre à la manœuvre ordonnée par le général en chef, ils n'en croient pas leurs yeux, tant, eux aussi, étaient trompés sur les mérites de ce jeune chef d'armée. On avait limogé le général Ruffey pour bien moins ; lui, on le garda et on alla jusqu'à le couvrir, quelques jours plus tard, quand le mot Bazaine se mit à circuler dans Paris, par des compliments officiels.

Peu après, il laisse tomber entre les mains de l'ennemi les Hauts-de-Meuse et Saint-Mihiel. On se borne à prétexter du besoin de réunir deux armées sous un commandement unique pour mettre le chef de la 3ᵉ armée sous la dépendance du général Dubail, chef de la 1ʳᵉ armée ; on ne le blâme pas autrement.

Ce n'est qu'à la troisième épreuve que Joffre se décide à s'en débarrasser.

Pour aucun général, le chef suprême n'a montré autant de complaisance. Il est vraisemblable que son opinion a été faite, dès le lendemain de la Marne, puisqu'il a su rapidement, par ses agents de liaison, ce qui s'était passé entre les officiers d'état-major qui cherchaient à éclairer le chef de la 3ᵉ armée et ce chef d'armée ; mais il a dû ne pas sévir.

L'Evangile nous raconte que l'apôtre Thomas n'a cru qu'après avoir vu et touché. Moi aussi j'ai fait mon Saint-Thomas, puisque je n'ai cru qu'après avoir vu et touché, à Salonique ; je me garderai donc bien de m'étonner que tant de personnalités puissantes n'aient pas été éclairées immédiatement après la Marne, puisqu'elles n'avaient pas vu et touché. Joffre a été obligé d'attendre qu'il y eût moins de Saint-Thomas pour prononcer une disgrâce, et encore s'est-il plus ou moins couvert du nom du général Dubail, qui avait autorité sur la 3ᵉ armée.

Il a fallu que la perte des Hauts-de-Meuse, dont le retentissement a été d'autant plus considérable que l'abandon de terrain perdu ne pouvait échapper aux yeux de personne, diminuât considérablement le nombre des Saint-Thomas, pour que ce nombre, encore diminué en juillet 1915 par la débâcle de l'Argonne, fût suffisant pour que la disgrâce survint.

Le disgrâcié apparaît à Paris. Aussitôt les Saint-Thomas restants parviennent à obtenir que la disgrâce se transforme en avancement ; le commandant d'armée devient général en chef de plusieurs armées sur le théâtre de guerre des Balkans.

A mon tour, je vois, je touche et je cesse d'être un Saint-Thomas; j'écris ce que j'ai vu, ce que j'ai touché. Je convaincs d'autres Saint-Thomas. On décide le rappel de Sarrail, on va mettre à exécution la décision ? pense-t-on. Il n'en est rien, c'est Joffre qui est contraint d'abandonner le commandement suprême ; c'est M. Briand qui doit quitter la présidence du Conseil des Ministres. Le nombre des Saint-Thomas reste si considérable qu'une année se passe, que des centaines de mille hommes périssent sur l'ensemble de nos théâtres de guerre avant le jour où, enfin, Clémenceau prend la décision d'envoyer un Soldat commander à Salonique.

Le disgracié est bientôt réinstallé sur le pavois. On en fait un Gouverneur de Syrie. Quel Gouverneur ! Et il y a encore des Saint-Thomas, après tout ça !

L'erreur que j'ai commise pendant vingt ans, alors que je ne pouvais ni voir ni toucher, peut paraître excusable. J'en fais mon *mea culpa,* mais en bonne et nombreuse compagnie.

Disons donc que Sarrail a fait illusion et que les institutions qui permettent de faire ainsi illusion sont mauvaises. Il faut apporter à ces institutions des modifications profondes pour que des erreurs aussi funestes, qui peuvent coûter la vie au pays, ne puissent se renouveler.

C'est obéir au Drapeau que dévoiler le mal, décrire ses causes, provoquer des réformes.

C'est beaucoup pour cela que je ne veux pas laisser *Le Silence de Sarrail* tromper une fois de plus l'opinion. Les attaques personnelles de M. Coblentz ne sauraient m'atteindre, ni les ragots du collectionneur d'échecs que ce Monsieur reproduit.

Sarrail chef de bataillon.

J'ai connu Sarrail en 1896. Il venait de Cherbourg pour commander un bataillon du 157° d'infanterie dans l'Ubaye.

Sa nomination de chef de bataillon était entachée d'une certaine irrégularité. Si cette irrégularité n'avait pas été commise, le quatrième galon ne serait survenu que trois mois plus tard ; un autre aurait comblé la vacance au 157°, et, vraisemblablement, je n'aurais jamais connu Sarrail. Que de douleurs m'auraient été évitées ! Le destin a voulu ne rien m'épargner.

L'irrégularité n'avait rien de grave en elle-même. Le capitaine Sarrail s'était éternisé dans des fonctions d'état-major. Ce n'est que fort tard qu'il avait pris un commandement de compagnie. Les deux années de commandement de troupe exigées strictement d'un officier breveté avant d'être promu au grade supérieur n'étaient pas terminées quand le tableau d'avancement, qu'on suivait régulièrement à cette époque, appela Sarrail à faire partie de la promotion. Si un Sarrail avait été à la Direction d'Infanterie alors, il se serait aperçu que deux ou trois semaines manquaient au stage dans la troupe ; c'était l'ajournement à trois mois plus tard. Cela m'aurait permis de ne pas être du nombre des nombreux Saint-Thomas.

Mais ceux-là eussent existé quand même; j'aurais simplement échappé à la collection, et elle a été si nombreuse qu'une unité de moins y serait passée inaperçue.

Mon envoûtement.

Un matin, en étudiant le courrier avant de le présenter au général Pédoya, commandant la brigade régionale de Lyon, je trouvai dans les papiers du 157° d'infanterie un programme relatif aux tirs de combat en montagne établi par le chef du bataillon de Jausiers. C'était un excellent travail, beaucoup d'idées neuves, des précisions bien formulées, des problèmes nettement posés.

J'en fus enthousiasmé ; aussi, quand mon général arriva, je n'attendis pas qu'il fût assis pour l'en entretenir dans les termes les plus chauds. Le général, qui avait été mon chef de bataillon et qui, par conséquent, savait que, parfois, j'avais l'enthousiasme débordant, me regarda avec ce sourire moqueur que je lui connaissais bien, mais j'étais si sûr de moi que, pour cette fois, le sourire ne m'intimida pas.

En 1896, l'Ecole Supérieure de Guerre avait conquis sa doctrine, mais dans les régiments on en était encore loin. Les revues de détail, le maniement d'arme, les alignements semblaient encore à

beaucoup la panacée de la revanche. Le tir ajusté
à la cible était le dernier mot de l'instruction ; on
faisait des cartons ; un tir de combat était pour
presque tous, dans l'armée, du gaspillage de munitions. Il n'y avait pas bien longtemps que le général
Bonnal, au 48ᵉ d'infanterie, où le général Pédoya
avait commandé un bataillon, faisait manœuvrer
à la prussienne nos soldats bretons. Le général
Bonnal avait fortement évolué depuis, il avait fait
brûler ce qu'auparavant il avait fait adorer. A
Guingamp, et depuis, le général Pédoya avait lutté
contre les manœuvres compassées, et, au XIVᵉ
corps, il s'était fait une réputation de manœuvrier
peu commune.

Il prit donc, avant toute chose, le programme en
question, l'étudia avec une attention croissante et
déclara que le nouveau chef de bataillon justifiait
la haute opinion qu'il en avait conçue, lorsqu'il
s'était présenté à lui. Pour une fois, mon enthousiasme débordant n'avait pas reçu la douche.

Il y a trente-quatre ans de cela ; cependant, je
revis encore à présent dans tous ses détails la scène,
tellement elle a produit sur moi d'émotion heu-
reuse.

Le général régla ses travaux de manière à pouvoir assister à l'exécution du programme.

L'exécution répondit à la conception.

Il faisait beau à voir ce jeune commandant, à la
tête haute, ornée de superbes cheveux blonds cou-
pés en brosse, aux yeux bleus et chauds, au regard
assuré, à la parole sobre.

Même dans sa tenue de manœuvre, évidemment
quelque peu éprouvée par l'usage, il faisait fort
élégant, extrêmement distingué. Il y avait de l'assurance dans ses paroles quand il s'adressait au géné-

ral, mais aussi ce doute de pure déférence qu'emploie le subordonné quand il parle service avec le chef. Il fallait être ancien officier d'état-major pour marquer si bien les nuances. Sarrail conquit immédiatement l'estime de son général.

Il était depuis peu à Jausiers, à la tête de son bataillon ; il connaissait tout son monde, pouvait désigner nominativement presque tout son cadre, et il mettait souvent un nom sur une figure de soldat.

Ordinairement, l'officier breveté arrivant faire son stage de corps de troupe est tellement dérangé dans ses habitudes qu'il a l'air un peu emprunté, pendant quelque temps, dans un régiment. Sarrail, qui s'était éternisé dans des fonctions de capitaine d'état-major, avait fait son stage à Cherbourg au dernier moment ; il passait donc de la troupe à la troupe avec un grade différent. Il n'avait pas été non plus surpris par ce que la montagne a de particulier, puisqu'il habitait Chambéry quand il se présenta à l'examen d'entrée pour Saint-Cyr.

Pendant les quelques jours que durèrent ces tirs, le Général alla rendre visite à Mme Sarrail. Celle-ci avait quelque fortune, mais à quoi sert la fortune dans les petites garnisons du fond de la vallée de Barcelonnette ? On s'y loge comme on peut, on s'y meuble à la diable. Il faisait extrêmement froid dans cette vallée de l'Ubaye ; le soir, un poêle en fonte, chauffé au rouge, occupait le milieu de la pièce où le commandant nous fit entrer. Autour de ce poêle on fit le cercle.

Mme Sarrail couvait des yeux son cher Paul et ses deux petites filles. Auprès de moi se trouva la plus jeune, Germaine, une superbe blonde, aux grands yeux, âgée de 4 ou 5 ans ; elle quitta bientôt sa

chaise pour se mettre debout près du poêle et tourner autour de ses talons pour présenter le dos à cet
appareil rustique de chauffage qui lui brûlait la
figure.

C'était une belle famille, unie, supportant gaî-
ment les sévérités de la vie militaire alpine.

Sarrail était un brillant soldat, un excellent chef
de famille ; un homme sain vivant dans un intérieur sain.

Onze ou douze ans plus tard, Sarrail était général
de brigade et habitait Paris — avenue Lamotte-
Picquet. J'étais professeur à l'Ecole Supérieure de
Guerre ; mon domicile était avenue de Labourdon-
nais. Sarrail entra chez moi, la figure bouleversée
et fondant en larmes me faire part de la mort de la
petite Germaine. C'est vers moi qu'il était accouru
épancher sa douleur ; ensemble nous avons pleuré.

L'amitié s'était fortifiée avec les années. Entre
ces deux dates, cependant, l'amitié avait été soumise à de sévères épreuves ; la politique était survenue.

Il ne se souciait pas de politique, le commandant
Sarrail, à Jausiers et à Tournoux, où, pendant deux
ans, il tint garnison. Sa réputation de soldat allait
grandissant ; j'eus de fréquentes occasions, aux
côtés de mon intrépide Général, de le voir manœuvrer dans ces Alpes difficiles et souvent dangereuses; mon admiration pour lui alla toujours grandissant ; je m'attachais à lui avec le sentiment que
j'avais beaucoup à apprendre de lui dans la conduite de la troupe.

Sarrail officier d'état-major.

Dès que le commandant Sarrail eut commandé
un bataillon pendant deux ans, c'est-à-dire dès que

la loi le permit, le général Zédé — qui, certes, n'était pas un homme de gauche — l'arracha à la troupe pour l'attacher à son état-major.

En qualité d'officier d'état-major du Général Gouverneur de Lyon, commandant du XIV° corps d'armée, Sarrail se présenta plus brillamment encore qu'à la tête d'un bataillon alpin. Servi par sa mémoire extraordinaire et par une puissance de travail peu commune, il ne tarda pas à être la cheville ouvrière de cet état-major. Le général Zédé ne voyait que par lui. Tous, nous considérions Sarrail comme un grand chef de l'avenir.

Son bureau était au premier, le mien au second, nos rapports étaient journaliers et toujours pleins de cordialité.

Au début de 1899, ma carrière m'entraîna en Algérie, les relations furent suspendues.

Sarrail au Cabinet André.

Pendant ce temps, l'Affaire Dreyfus était ressuscitée, sans beaucoup troubler des officiers comme Sarrail et moi que le travail absorbait. Le général André parvint au Ministère de la Guerre ; il y appela le commandant Sarrail. Cela lui valut bien des inimitiés et bien des haines. Cependant, le général André n'avait pas encore fait parler de lui quand il fut nommé Ministre, et, puisque c'est auprès de la personne du Ministre que se font les beaux avancements, il était naturel qu'un jeune chef, ayant une légitime ambition, acceptât un poste que, d'ailleurs, sans agir en révolté, il ne pouvait refuser.

Il s'est fait de vilaines choses au Ministère André. Sarrail n'y participa en aucune façon. Il gênait bien des gens ; de même, le commandant Lejaille, qui, pendant la bataille de la Marne, fut glorieusement blessé près de moi alors qu'il commandait la 7ᵉ brigade. On fit comprendre à Lejaille qu'il y avait à Vincennes un bataillon de chasseurs qui avait besoin de lui, et à Sarrail que l'Ecole de Saint-Maixent le réclamait.

Déjà, le général de Gallifet, parlant de l'affaire Dreyfus, avait dit : « L'incident est clos. » Et vraiment, un officier d'état-major, en garnison à Lyon, occupé du matin au soir à un service de bureau, ne pouvait deviner que le Ministère André serait le Ministère des fiches. Le général Zédé garda rancune au commandant Sarrail de l'avoir quitté pour aller à Paris ; il perdait beaucoup à son départ.

Lorsque nous reportons notre pensée vers l'époque de l'affaire Dreyfus, de la période abominable des fiches, nous sommes enclins à mal juger qui a fait partie du Ministère André. Sans nous en rendre compte, nous faisons de la politique. Réfléchissons un peu à la discipline, à la hiérarchie militaire et, demeurant alors la main dans le rang, demandons-nous quelle réponse peut faire un commandant à un général de division, Ministre de la Guerre, qui lui fait l'honneur de l'appeler auprès de lui. Sarrail joignit les talons, salua et partit pour Paris.

Il n'y avait rien autre à faire.

Si ce Ministre avait été de Gallifet, il eût fait de même.

Il était soldat, il a obéi en soldat. Et, comme cela annonçait l'arrivée rapide du grade de lieutenant-colonel, il partit fort heureux.

CHAPITRE II

SARRAIL ET CORDONNIER
DEVIENNENT AMIS

L'amitié entre chef et subordonné.

« Je puis certifier que, pendant trois ans, Cordonnier a été pour moi un collaborateur précieux
et un véritable ami », a écrit, avons-nous vu, le
général Sarrail.

Cette amitié prend date de l'Ecole de Saint-
Maixent ; elle n'existait pas auparavant. J'avais eu,
au XIVe corps d'armée, les relations les meilleures
avec le commandant Sarrail ; mais ces relations
étaient intermittentes, peu fréquentes même pendant les deux années que le commandant Sarrail
passa à Jausiers et à Tournoux ; presque journalières quand il fut à l'état-major du général Zédé,
mais c'étaient des relations de service, occasionnées
chaque fois par le service. J'avais de l'admiration

pour l'éminent commandant et il faut croire que celui-ci m'appréciait assez haut puisque, deux ans plus tard, il s'adressa à moi, quand il sentit le besoin d'être secondé.

Plus tard, nous sommes devenus amis, mais amis comme on l'est dans l'armée quand les grades sont différents et que l'un est le subordonné de l'autre. Les contacts deviennent confiants, mais la distance reste maintenue. Amitié, pour Sarrail, était bienveillance à mon égard ; amitié, pour moi, était dévoûment pour Sarrail. Le jour où la bienveillance cesse, le jour où le dévoûment est soumis à de trop sévères épreuves, chacun remet la main dans le rang, car amitié ne veut dire ni emprise du chef sur le subordonné, ni abus d'autorité, ni esclavage. On reste chacun avec son indépendance et ses devoirs. Il y a là des subtilités que l'auteur du *Silence de Sarrail* n'a pu saisir ; l'esprit militaire est fait de ces subtilités. Si l'amitié ne tenait pas compte de ces subtilités, il faudrait la proscrire de l'armée, parce qu'elle serait une entrave au bien du service.

La politique pour le militaire.

La politique, pour le militaire qui se tient à sa place de bataille, pour la génération de soldats qui entra dans l'armée au lendemain du jour où la France se voyait frustrée de l'Alsace-Lorraine et qui n'est sortie de l'armée qu'après avoir rendu cette Alsace-Lorraine à la France, n'est pas chamailleries de députés, ministère de droite ou ministère de gauche. Quand le réveil de l'affaire Dreyfus amenait des batailles jusque dans les familles, le soldat discipliné, et aussi le fonctionnaire discipliné, restaient chacun à leur service journalier. Le soldat attendait, plus ou moins anxieux, plus ou moins indifférent, que l'ère de folie fût passée.

Le commandant Sarrail, pendant cette période agitée, allait, comme auparavant, à son bureau ; il y expédiait les affaires rentrant dans ses attributions comme auparavant, ne prenant part à aucune manifestation. Et, comme il n'allait jamais au café, il ne pouvait même pas manifester d'opinion par la lecture ostensible, en public, de *L'Eclair* de M. Judet. Qu'il y eût au Ministère de la Guerre un Cavaignac ou un de Gallifet, cela ne le préoccupait pas, au moins visiblement.

C'est un de ses amis, appartenant à l'armée, qui lui a fait des ouvertures pour son entrée dans le Ministère André, après la chute du général de Gallifet ; il aurait accepté le même emploi avec joie si, au lieu du général André, cela avait été un autre Ministre. Il était soldat ; le chef de l'armée l'appelait à un poste de confiance, il accourait.

Ce qu'il y a de curieux dans l'affaire, est que le capitaine Cordonnier fut ravi du départ du général de Gallifet, duquel d'ailleurs il était parfaitement inconnu, et de l'arrivée du général André qu'il ne connaissait d'aucune façon.

C'est un livre de vérité que je veux écrire ; c'est en pleine franchise que je parle au lecteur, à mon pays.

A mes yeux de soldat, ignorant de ce qu'on appelle la politique, et dont l'horizon se bornait à ce qu'il pouvait voir, à ce qu'il pouvait savoir, un officier français, sorti de cette Ecole d'élite qu'est l'Ecole Supérieure de Guerre, était accusé d'avoir trahi sa Patrie ; j'en souffrais en ma qualité d'officier français issu de cette Ecole d'élite. Sujet, à cause de ma qualité de militaire, du Code de Justice militaire, je frémissais à la pensée qu'une erreur de justice militaire ait pu être commise, car l'armée serait intenable si les lois militaires ne donnaient pas à un soldat la sécurité à laquelle il a droit. Sans parti-pris, je souhaitais que tout doute fût levé. Et, comme je n'avais aucune possibilité d'être éclairé par moi-même, je m'en rapportais aveuglément à ce que la justice déciderait.

Quand le général de Gallifet décréta : « L'incident est clos », je considérai l'incident clos. Comme le commandant Sarrail, je restai à mon travail journalier, travail absorbant d'ailleurs.

J'étais toujours auprès du général Pédoya. Au lieu de le suivre, comme j'avais fait à la brigade régionale de Lyon, de col en col, de sommet en sommet, de montagne en montagne, je le suivais en Kabylie, dans le Tell, sur les hauts plateaux, dans les régions sahariennes, ou bien je brassais des papiers comme j'en avais brassé en France. Au lieu d'occuper mes faibles loisirs à étudier la langue italienne, je les employais à apprendre l'arabe. Quand, à Alger, l'été, ma journée de bureau finie, j'allais boire un bock, sur ce magnifique quai d'Alger où la vue sur la mer est si admirable, je donnais un sou à un Oulad pour l'envoyer assourdir le Conseiller de préfecture prenant le frais à l'autre extrémité de la terrasse du café, par ses cris de : « Vive Régis ! A bas les Juifs ! » Le Conseiller de préfecture, ayant deviné le manège, donnait à son tour un sou à l'enfant déguenillé pour qu'il vînt me rebattre les oreilles par les cris de : « Vivent les Juifs ! A bas Régis. » Le gamin prononçait si mal les noms, qu'on entendait : « Vive Légis ! A bas Légis ! » les deux fois. Il était bien impartial ce gentil mendiant. Et, après s'être taquinés, le Conseiller de préfecture et le capitaine allaient se serrer les mains, en éclatant de rire. Un enfant miséreux avait été soulagé ; c'était toute la politique faite.

Rire n'arrivait pas souvent à cette époque, quand, sous un soleil brûlant, il fallait faire du service.

Les relations avec l'Angleterre étaient difficiles ; l'Armée du Salut, sous prétexte de charité, fomentait une révolte en Kabylie et étudiait cette contrée, où un débarquement était à craindre. Le général Pédoya y appelait de la Légion étrangère, des manœuvres visant à la défense de la Kabylie contre une invasion anglaise étaient faites sous ses ordres directs, et le capitaine Cordonnier suivait son général comme son ombre et travaillait sous sa direction. Dans les régions sahariennes, les pillards du Touat se rendaient de plus en plus agressifs. M. Laferrière voulait y mettre fin, et donnait au général Pédoya des ordres en conséquence, ordres d'où sortirent la prise d'In-Salah, le combat d'In Rhar, la conquête du Touat, du Tidikelt, du Gourara. Mais le général de Gallifet était opposé à ce qu'il appelait « une aventure » ; il prescrivait au commandant du corps d'armée d'arrêter l'action du général Pédoya.

Comme chef de division, il fallait obéir au Ministre de la Guerre ; comme chef des Territoires indigènes, il fallait obéir au Gouverneur général de l'Algérie, qui relevait du Ministre de l'Intérieur. Mon Général devait donc évoluer entre l'enclume et le marteau ; c'était fort laborieux.

L'homme qui travaillait pour le bien de l'Algérie, pour le bien de la France, était M. Laferrière ; le pusillanime fut le général de Gallifet, dont l'audace était cependant proverbiale ; mais, quand un soldat passe dans le domaine de la politique agissante, il perd toutes ses qualités.

Par là-dessus, un grotesque commandait le XIX⁰ corps d'armée. Le général Grisot ne s'intéressait pas aux manœuvres, mais à la tenue, au service des places. Embusqué à un coin de rue, il sautait sur l'officier qui, pour aérer quelque peu ses mains, enlevait un instant un gant, un instant après l'autre ; c'était en plein été algérien, des arrêts pleuvaient sur les non-gantés. Le commandant du corps d'armée arrivait à un poste, se mettait tout à coup à courir, en criant : « Je suis une voiture ! Je suis une voiture!... » Ahurie, la sentinelle criait: « Aux armes », le poste sortait rendre les honneurs, mais la « voiture » franchissait le pont-levis en courant. Il en résultait que colonel de zouaves, commandants, capitaines, zouaves étaient appointés d'une théorie sur le service des places : on n'avait pas obligé la « voiture » à prendre le pas. Un jour, cela se gâta. Grisot s'étant mis à tituber près d'un poste, en criant : « Je suis un ivrogne », le chef de poste, énervé, s'écria : « Empoignez cet ivrogne, attachez-le, et fourrez-le à la boîte jusqu'à ce qu'il soit dessoulé », un commencement d'exécution se fit.

Cela se passait en 1900, trente ans après Sedan.

Une armée, qui avait encore de tels chefs, quatorze ans seulement avant le jour où il fallut des généraux de tout premier ordre pour sauver la France, avait besoin d'être brutalement transformée ; on s'employa, par les fiches, à la détruire. De Gallifet était un général de droite, Grisot un général de droite. Pour, soi-disant sauver l'armée, Judet lançait *L'Eclair* ; il y avait à Alger un Régis, et, pour comble, Rochefort, devenu d'antimilitariste ferme soutien de l'armée, débarquait à Alger. Cet ignoble personnage m'avait qualifié d'assassin, alors que j'étais lieutenant à Guingamp. Un de mes soldats, en allant à la cible, était mort subitement d'une lésion au cerveau. J'en avais eu beaucoup de peine ; j'avais suivi son cercueil, mené le deuil, et Rochefort, quelques jours après, me traitait d'assassin, qualifiait la garnison de pénitencier pour officiers tarés. Il fallut toute l'autorité de mon colonel pour m'empêcher d'aller à Paris, gifler l'insulteur. Et ce Monsieur Rochefort, à Alger, dans la mosquée où une fête avait lieu, se mit à faire la risette aux officiers, dont j'étais. Il fallut la présence du général Pédoya pour m'empêcher de dire, autrement que par un regard de mépris, à ce sinistre cabotin, ce que je pensais de lui. L'armée avait de tristes défenseurs en la circonstance.

Toujours est-il que le général Pédoya, étant à Ghardaïa en inspection, reçut un télégramme chiffré du Ministre de la Guerre, lui faisant connaître qu'il était relevé du commandement de la division d'Alger, et affecté à celui de la division d'Avignon. A une demande d'explications, le général de Gallifet répondit : « C'est mon droit » ; ce qui est une façon de traduire la formule : « Car tel est mon bon plaisir. »

C'est pendant qu'il était Ministre de la Guerre que le Service des Renseignements fut enlevé à l'armée et confié au Ministère de l'Intérieur. Aussi, pendant toute la guerre, nous n'avons jamais rien su de ce que faisaient les Allemands, et les Allemands ont toujours été au courant de nos projets : la France a failli en périr ; elle est restée anémiée, tant il lui a fallu de sang pour vaincre.

Le général de Gallifet ne fut pas un Ministre à regretter. Ce ne fut pas un Louvois.

Sarrail fait appel à Cordonnier.

Je ne le regrettais pas, quand je reçus, à Montpellier, une lettre du commandant Sarrail, avec lequel je n'avais pas l'habitude de correspondre, lettre dans laquelle celui-ci me demandait si je consentirais, quand mon quatrième galon serait venu, à accepter auprès de lui, à l'Ecole de Saint-Maixent, le poste de commandant en second, directeur des Etudes.

Je fis venir à moi un sous-lieutenant de la garnison, avec les cours qui venaient de lui être remis en sa qualité d'élève de Saint-Maixent ; je compulsai ces cours, et je répondis au commandant Sarrail : « Ce qu'on professe dans votre Ecole est enfantin, j'en enseignais davantage à mes élèves caporaux ; cela ne me tente pas. »

Il me répondit aussitôt : « Nous sommes du même avis, tout est à refaire et c'est pour cela que je vous demande de venir m'aider. Si cela seul vous retient, si vos raisons ne sont pas seulement un prétexte pour refuser d'être mon collaborateur, rien ne vous empêche d'accepter la situation que je vous offre. » J'acceptai.

C'est alors que, pendant trois ans, je fus son second.

Tout était à refaire dans l'enseignement de l'Ecole Militaire d'Infanterie. Un inspecteur général de l'Ecole avait écrit sur le registre d'inspection, on peut l'y lire : « L'Ecole Militaire d'Infanterie doit être une Ecole modèle de maniement d'arme. » On faisait venir de vieux sous-officiers, saturés de maniement d'arme et d'alignements, pour les vouer une année de plus au maniement d'arme et aux alignements !

Ce n'est pas ainsi qu'on pouvait mettre la pléiade d'officiers sortant de cette Ecole en mesure de faire la guerre qui est survenue. Il a fallu un homme à volonté énergique pour modifier de fond en comble l'ancienne manière de faire. Sarrail fut cette volonté.

Malgré sa grande puissance de travail, il ne pouvait, seul, s'acquitter de la lourde tâche à accomplir ; moi aussi, opérant d'ailleurs sous son entière et bienveillante direction, j'eus beaucoup à faire.

C'est ainsi qu'aux premières vacances, m'étant installé, en famille, au bord de la mer, ce fut pour y rédiger, de A à Z, un cours de topographie. Le lieutenant Matter, professeur du cours, était, à mon avis, fort capable d'en faire la rédaction ; ce ne fut pas l'avis du commandant de l'Ecole. Non seulement je rédigeai le cours, mais Sarrail exigea que je fisse moi-même, à l'amphithéâtre, fonction de professeur pour la partie la plus difficile.

Le lieutenant Matter était alors un catholique pratiquant ; il s'est fait franc-maçon, dit le général Sarrail, par ambition. Je pense qu'il a acquis d'autres titres à l'avancement, mais si, M. Painlevé étant ministre, a placé le général Matter à la Direction de l'infanterie, ce titre de franc-maçon y est pour quelque chose.

Déjà, en 1906, un colonel Martin, incapable de commander une unité de troupe par suite de certaine tare physique, faisait la pluie et le beau temps à cette Direction. C'était un franc-maçon notoire. Le général Matter a été à la Direction de l'infanterie, parce que franc-maçon notoire. Si la politique occulte se met dans l'armée, le Gouvernement y contribue puissamment. Il serait bon de faire cesser un pareil état de choses.

Le commandement de l'Ecole attira sur Sarrail bien des haines soulevées par des questions de personnes.

Des élèves sortis de l'Ecole de la rue des Postes formaient un petit groupe qui avait établi une sorte de cercle chez le curé de Saint-Maixent ; il s'opposa au maintien de ce cercle, au nom de la neutralité religieuse.

Un jour je constatai, à la porte du capitaine d'artillerie Marix, qui se disait haut dignitaire de la Maçonnerie et montrait à qui allait le voir une bimbeloterie de la Maçonnerie, la présence d'un groupe d'élèves. Je renvoyai ces élèves se promener et j'interdis ce groupement néo-maçonnique. Le capitaine réclama contre mon intervention et il fallut que, livret de notes en mains, je fisse voir que les notes du cours d'artillerie variaient d'un examinateur à l'autre de manière fort sensible, pour que le commandant de l'Ecole approuvât l'interdiction que j'avais prononcée.

Je payai cher cette intervention puisque, au départ de Sarrail, sa succession me fut refusée ; j'étais un clérical.

La situation qui m'était faite était des plus désagréables pour moi qui ai horreur des coteries. Depuis environ six mois j'étais en fonctions, quand mon cousin, le colonel Toutée, alors commandant en second de l'Ecole Supérieure de Guerre, m'écrivit pour me proposer de venir auprès de lui, en qualité de professeur adjoint de géographie. C'était bien tentant. J'allai demander à Sarrail la permission d'accepter.

Ma demande fut fort mal accueillie. Sarrail me

fit remarquer que j'avais, en quelque sorte, pris l'engagement de l'aider à mener à sa fin une réforme nécessaire, que le laisser en plan en plein travail était manquer à cet engagement.

J'écrivis au colonel Toutée que je ne pouvais accepter l'offre flatteuse qu'il me faisait.

Je suis resté attelé à la charrue, j'ai prolongé le sillon dans ce terrain rocailleux.

C'est comme ça qu'un subordonné se montre l'ami de son chef.

Sarrail était très attaché au général André. J'étais reconnaissant au général André d'avoir rendu justice à cet admirable chef qu'était le général Pédoya, qui, après une enquête sévèrement menée, avait reçu une autre réponse qu'un : « C'est mon droit ». Les éminents services qu'il avait rendus en Algérie, dans cette Algérie débarrassée enfin des pillards du Touat, avaient été sanctionnés par les plumes blanches, plumes blanches autrement bien portées que par un Grisot.

Reconnaissons enfin que j'ignorais que des fiches infâmes étaient établies.

J'ai eu, à ma connaissance, deux fiches : l'une à Alger, l'autre en Avignon.

A Alger, un brave homme prêtre, croyant et respectable en toutes choses, sauf en une, était en disponibilité par mesure disciplinaire. Il venait constamment voir le général Pédoya pour lui demander une cure dans les Territoires indigènes.

J'avais, par ordre, été demander à l'Evêché sa réintégration, et Monseigneur d'Alger avait répondu : « Si le Général y tient, je lui en donnerai une, mais un scandale éclatera qui obligera à la lui retirer. »

Il aimait l'absinthe, ce brave homme, et il l'aimait à en perdre la raison.

Le général n'insista pas, mais le brave homme insistait, frappait sans cesse à mon bureau pour demander une audience. Le faire poser m'ennuyait; alors je l'emmenais à la terrasse du café d'en face; je lui offrais une absinthe, je payais et partais. Mais le brave homme, ayant mis le nez dans l'agréable liqueur, ne démarrait pas ; l'audience n'était plus réclamée, ce jour-là, et le repentir prolongé espaçait les visites. Un coiffeur, me voyant plusieurs fois en cette compagnie, me donna une fiche de clérical. C'est comme ça que des carrières ont été brisées.

En Avignon, un capitaine d'habillement, d'un grand avenir dans la Maçonnerie, fut insulté par un journal réactionnaire pour avoir esquivé son tour de partir en Chine. Ce capitaine protesta auprès du général Pédoya, qui me chargea d'étudier la chose. En fait, le chef d'état-major de la division avait évincé le capitaine d'habillement et fait désigner le suivant par ancienneté, parce que c'était une vacance de capitaine qu'il y avait à combler ; or, le capitaine d'habillement était si ancien de grade que, peu après son arrivée en Chine, il serait fait commandant. La presse, si bonne souvent, si mauvaise parfois, avait saisi l'occasion pour mordre..

Je menai promptement l'enquête. Les textes étaient formels : le capitaine d'habillement avait droit à la vacance. Le général décida dans ce sens. La pseudo-victime me donna une fiche : « J'allais à la messe, mais je demeurais dans mon devoir militaire. »

Il est abominable que, dans un milieu de soldats,

puissent intervenir une bourde de coiffeur et une note — même favorable — donnée par un égal en grade.

Il y avait de la pourriture à Alger ; il y en avait en Avignon ; on en rencontrait partout.

Sarrail à Saint-Maixent.

A l'Ecole de Saint-Maixent, il va sans dire que le lieutenant-colonel Sarrail était tout. Il était le chef, il apparaissait avec un avenir extraordinaire, il montrait une activité inlassable, intervenait en tout, ordonnait tout, était partout. Quoique Directeur des Etudes, j'étais plutôt chargé de la partie instruction militaire proprement dite ; j'en avais fait le programme, presque séance par séance, donnant à chaque chose la part relative qui lui revenait.

Sarrail allait fréquemment aux exercices, il ne manquait jamais un cours.

Après chaque cours, il prenait la parole.

Je le vois encore sur l'estrade, debout, les mains au fond des poches, parlant à bâtons rompus, dans un langage saccadé, volontairement vulgaire, abordant sinon la politique, du moins la frôlant. Il était amusant à voir.

La nature l'avait évidemment destiné aux hauts grades, car elle lui avait donné des bras d'une longueur démesurée.

Il avait horreur des tailleurs et des vêtements neufs ; il aurait porté ses habits au delà de la durée permise. Alors, Mme Sarrail, qui était aux petits soins pour son Paul, prenait les mesures du vêtement usé et les envoyait à la Belle Jardinière pour obtenir un « tout fait ». Le « tout fait » était clandestinement placé, le soir, sur une chaise, le vieil habit était retiré et caché. ,

Le « tout fait » allait parfaitement des épaules, du tour de taille, mais l'extrémité des manches s'arrêtait à mi-distance entre le coude et le poignet. Dans l'espace vide, apparaissait un bout de chemise, sans manchettes, puis un bout de bras nu, et après cela une main et des doigts qui n'en finissaient plus. Il aurait pu, sans courber le corps, se gratter le genou.

C'est embarrassant, une telle longueur de nu. Aussi Sarrail avait-il toujours les mains dans les poches, et pas qu'un peu.

Quand il pérorait, il gesticulait fort, mais les mains dans les poches. On voyait alors un pantalon en mouvement, en amples mouvements, du bas de la tunique jusqu'au genou ; cela semblait une mécanique de guignol parodiant le discours.

J'attendais avec avidité le moment où Sarrail allait discourir, pour m'amuser du guignol. C'était la seule distraction que j'avais dans ce triste endroit. Ce n'était pas méchant.

Quelle idée d'avoir établi, dans un coin de France, une Ecole qui recrute ses élèves dans toute la France, dans un pays triste, sans rivière, sans grands horizons, sans centre intellectuel immédiat. Un certain M. Proust a pensé à son arrondissement, et a condamné des multitudes d'élèves et de professeurs à un mortel ennui.

Par là-dessus, la Maçonnerie était venue y cuver ses insanités ; c'était la suspicion, le mouchardage, et rien pour y faire diversion, pour se reposer l'esprit.

Saint-Cyr a Versailles et Paris à proximité. Le dimanche, chacun trouve un repos aux fatigues de la semaine ; il y a les musées, il y a les courses, il y a la vie élégante et animée, à côté de la sévérité des études.

Fontainebleau a son charme incomparable, sa belle forêt, la Seine, les grands horizons, et Paris pas loin.

Saumur est délicieux de lumière ; la Loire y est admirable, le pays est beau.

L'Ecole Forestière a la superbe ville de Nancy.

Saint-Maixent n'a rien ; les routes sont parcourues par les oies qui se nourrissent sur les bas-côtés, et on ne voit que mulets dans les champs. Nos sous-officiers, qui auraient besoin d'élargir leur horizon, de se mêler à la vie intellectuelle de la France, sont enfouis dans un enclos, quelque peu prison. Les professeurs n'ont que leur acquis ou leurs livres pour établir leur enseignement ; personne auprès de qui se documenter. Aussi sont-ils généralement médiocrement recrutés.

Je souffrais de cette vie recluse. Et, une année où je pus jouir de mes vacances, je me sauvai à Bordeaux, à Biarritz, à Burgos, à Madrid, à Tolède, à Séville, à Grenade ; je ne m'arrêtai que là où finissait la terre d'Espagne. J'avais besoin d'une cure complète.

Un jour, Sarrail me dit :

— Faites aux élèves une conférence sur la Mutualité.

— La Mutualité ? Qu'est-ce que c'est que ça ?

— Je n'en sais rien. Etudiez la chose.

Si j'avais été à proximité de Paris, je serais allé trouver M. Barberet, le grand maître en la matière ; en une heure de conversation avec cet homme aussi accueillant que compétent, j'aurais été orienté ; mais, à Saint-Maixent, que faire ?

Je fis venir des bouquins, je piochai avec acharnement la matière. Je fis une conférence, pas trop mauvaise, puisque, ayant été autographiée, elle servit à la Société des Conférences Populaires.

Je ne connus M. Barberet que lorsqu'il me remit la Médaille d'argent de la Mutualité. C'est auparavant que j'aurais dû prendre contact avec lui.

Saint-Maixent, par son recrutement, diffère beaucoup de Saint-Cyr et de l'Ecole de Guerre. A Saint-Cyr, ce sont des lycéens qu'on prépare au sacerdoce d'officier. Si l'instruction est à faire, l'éducation militaire ne l'est pas moins. Il suffit de se reporter aux Conférences du général Tanant, si remarquables dans la forme, si élevées dans l'esprit, pour se convaincre de l'importance donnée dans cette Ecole à l'éducation militaire.

A l'Ecole Supérieure de Guerre, les officiers détachés appartiennent à l'élite de l'armée ; leur éducation est parfaite à tous points de vue. Foch s'est consacré uniquement à porter l'instruction vers les hautes sphères de la tactique générale.

A Saint-Maixent, les sous-officiers qui y entrent ont déjà l'esprit militaire ; on peut à la rigueur s'en tenir là et se limiter à l'instruction militaire. Un capitaine instructeur très zélé a cru devoir développer l'éducation des élèves de sa compagnie en tant que gens du monde. Un jour, il m'a posé une question embarrassante : « Quand on fait une visite, entre-t-on dans le salon avec son parapluie ? »

Le parapluie.

Le parapluie joue un grand rôle à Saint-Maixent; il pleut souvent. Je lui répondis que la tenue militaire ne comportant pas de parapluie, la question ne se posait pas.

— Mais l'officier a droit de se mettre en civil. Alors ?

— Eh bien, si le parapluie est ruisselant d'eau, mettez-le dans le porte-parapluie. S'il ne l'est pas, faites comme s'il était mouillé. Si, par hasard, ajoutai-je, il est en belle soie et à pomme d'or, ne le mettez pas dans le porte-parapluie, on vous le volerait ; laissez-le, chez vous, dans sa vitrine.

Et j'eus la stupeur d'entendre un jour le capitaine répéter ma mauvaise plaisanterie à ses élèves, comme un article du Code des gens du monde !...

Que de misères !...

Sarrail recrute la Maçonnerie.

Sarrail pensa que l'éducation militaire des sous-officiers d'élite qui entrent à Saint-Maixent n'était plus à faire ; il borna le programme de l'Ecole à l'instruction proprement dite.

Malheureusement, il laissait déformer l'éducation militaire.

Il a écrit, avons-nous dit, en parlant d'un de ses anciens collaborateurs : « L'un est le général Matter, qui se fit franc-maçon, croyant que je l'étais ; il pensait ainsi me flatter. »

Beaucoup crurent le flatter par la même apostasie.

Un autre lieutenant, bon catholique, a tourné aussi par ambition vers le triangle ; il n'est pas devenu général, toutefois. Il a simplement été dévoyé.

Un capitaine, excellent homme, qui a été glorieusement mutilé à Sarrebourg, s'en allait, en cachette, le dimanche, dans un village des environs, entendre la messe ; il n'osait y aller à Saint-Maixent.

Sarrail n'était pas franc-maçon ; mais, à son insu, peut-être, il se fit recruteur de francs-maçons. Son intimité avec un certain élève que nous retrouverons en parlant des Documents de Salonique, contribua beaucoup à ce recrutement.

Moi, j'allais à la messe, à Saint-Maixent ; je saluais mon curé ; Sarrail ne me fit jamais d'observation à ce sujet. Sorti d'une famille religieuse, ayant un frère prêtre, je n'aurais souffert aucune injonction sur ce point. Enfant du Morvan, ce que j'avais en tête je l'avais bien. On pouvait m'abattre comme le chêne de mes forêts, mais non me faire plier.

Sarrail s'évade de l'armée dans la politique.

Considérer l'éducation militaire des élèves comme faite, était chose qui pouvait être admise. Entendre Sarrail fouler quelque peu les plates-bandes de la politique, pouvait aussi être facilement admis, car il se bornait à employer le mot « loyalisme ». Les faiblesses à l'égard d'un certain prosélytisme n'étaient pas ouvertement voulues.

Je demeurais donc facilement à mon poste de second.

Mais, pour tout ce qui touchait à l'instruction, au développement de l'esprit manœuvrier, à la méthode d'instruction, Sarrail était incomparable.

Il était toujours le brillant chef que j'avais appris à connaître dans les Alpes. Par son esprit de suite, par son assiduité aux conférences, aux exercices, il donnait un exemple de zèle qui contribua certainement à faire de bons officiers.

Je l'admirais de plus en plus dans son métier d'officier. De plus en plus, je le considérais comme devant être un de ceux qui rendraient un jour, à la mère patrie, l'Alsace-Lorraine.

J'étais heureux de servir auprès de lui ; à cause de cela, je passais volontiers sur bien des désagréments.

En somme, Sarrail, à l'Ecole Militaire d'Infanterie, a rendu de grands services à la France, en lui donnant de jeunes officiers capables de vaincre.

Mon amitié pour Sarrail allait se fortifiant de jour en jour.

Tout à coup, M. Brisson, Président de la Chambre des Députés, lui fit offrir par un neveu, écuyer à l'Ecole, le poste de commandant militaire du Palais-Bourbon.

Sarrail y partit au plus vite, lâchant sans vergogne une tâche qui avait besoin d'être encore poursuivie et surtout confirmée.

On allait me changer mon Sarrail, et je ne m'en apercevrais pas.

Chapitre III

CORDONNIER LACHÉ.
SA CARRIÈRE BRISÉE, PUIS RÉTABLIE.

*Cordonnier n'obtient pas le commandement de
l'Ecole de Saint-Maixent.*

Quand Sarrail partit, il s'employa à me faire donner sa succession. J'étais encore peu ancien de grade et qualifié par le capitaine Marix, agent de renseignements de la Maçonnerie, de clérical. Ma candidature échoua.

Un certain commandant, sans caractère, paresseux, peu intéressant, lui succéda. J'étais nettement lâché ; tous les ennuis de Saint-Maixent subsistèrent, fortement aggravés ; j'avais la douleur de voir ce programme, si péniblement établi, sombrer peu à peu ; la Maçonnerie envoyait des sectaires, médiocres comme savoir, occuper les postes de professeur à mesure qu'il y en avait de vacants.

Quand je redressais des erreurs de manœuvres, une réclamation était faite, le commandant de l'Ecole m'invitait à ne pas troubler les instructeurs dans leur enseignement. J'écrivais à Sarrail de me tirer de là ; il me répondait que ma présence était plus que nécessaire pour maintenir l'œuvre faite ensemble. Puis il partit à Rouen, M. Brisson ayant été enlevé de la présidence de la Chambre. Il ne pouvait alors rien pour moi. J'allai à la Direction de l'Infanterie demander un déplacement honorable : on me fit de belles promesses qu'on ne tenait pas.

Un jour, à une conférence d'histoire, un professeur peu expérimenté, mais imbu de certaines idées, crut devoir entretenir les élèves de la bataille navale dans laquelle les Russes avaient rendu leur flotte aux Japonais ; la guerre de Mandchourie n'était pas terminée.

Sans doute, avait-il dans l'esprit un article de journal fraîchement lu et non digéré. Il s'égara à dire que le peuple russe ne faisait pas une guerre nationale, que c'est pour les capitalistes qu'on se battait, et que les marins avaient eu raison de ne pas risquer leur vie pour ces gens-là.

Je marquai mon étonnement de façon vive; je me retournai vers le commandant de l'Ecole pour juger de son appréciation. Celui-ci continuait ce demi-sommeil qui lui était familier ; je ne pus, lui étant là, remettre les choses en place.

La conférence finie, je demandai au commandant de l'Ecole de faire reprendre par le professeur ces paroles déplacées ; il consulta le professeur. Le résultat fut que ma présence gênait les professeurs et que je ferais mieux d'être moins assidu aux cours.

Je fis alors une demande régulière pour partir : une situation dans un état-major ou une garnison sortable.

Une visite au chef du personnel d'état-major me valut l'assurance d'un poste dans un état-major de corps d'armée. Une dépêche de ce chef du personnel m'avisa bientôt qu'il s'était heurté à une opposition qui l'empêchait de tenir la promesse faite. Je courus à Paris ; j'appris que la Direction de l'Infanterie m'envoyait en disgrâce à Gap. Je forçai la porte du sous-directeur, le podagre colonel Martin, et, avec une certaine véhémence, j'étalai mes griefs. Le colonel Martin me montra la porte ; je lui montrai la fenêtre ; il m'entendit, eut peur du scandale.

L'*Officiel* portait déjà, pour être imprimée, mon affectation au 99° d'infanterie ; une ligne plus bas, je passais du 99° au 66°, à Tours.

Je m'excuse de tous ces détails, mais quand *Le Silence de Sarrail* me fait poser la question : *Ai-je trahi Sarrail?* il faut bien qu'on puisse se rendre compte de ce que fut pour moi l'amitié de Sarrail, et où elle m'a mené.

Cordonnier aux arrêts.

Je n'étais pas au bout de mes peines quand l'*Officiel* parut.

Le commandant de l'Ecole, fâché de me voir affecté à une bonne garnison, trouva un prétexte pour m'infliger des arrêts.

Je réclamai, en termes virulents, au Ministre de la Guerre, M. Etienne, et, en réponse, je reçus, peu après mon arrivée au 66°, comme don de joyeux avènement, un blâme du Ministre, avec inscription au feuillet du personnel.

Cordonnier avec un blâme du Ministre.

J'allais avoir 47 ans, j'avais environ quatre ans de grade ; j'étais affecté au cadre complémentaire, c'est-à-dire sans bataillon à commander, ce qui me privait de l'occasion de faire valoir mes qualités de commandement. Le général Trémeau me molesta ferme ; je vis qu'il me considérait comme une bête à chagrin dont il fallait se défier.

Cordonnier déconsidéré.

Dans le 66°, qu'on surnommait le Royal-Tourangeau, on me considérait comme de la bande à Sarrail. Cela se présentait mal ; ma carrière était brisée et l'hostilité que j'avais éprouvée à Saint-Maixent se présentait sous une autre forme : la déconsidération.

Mais Tours est une ville élégante, la Loire et le Cher sont poissonneux, ce qui est important pour un pêcheur à la ligne ; les environs sont agréables et, avec une bonne charrette anglaise et un excellent cheval, on peut en jouir ; le climat y est calmant. Ce n'était pas le moment de se casser la tête contre les murs.

Cordonnier vigneron.

Au cours d'une promenade, j'avisai une vieille gentilhommière qui était à louer ; ma fille me dit : « Papa, je la veux. » Jamais un père n'a résisté à sa fille ; je louai la maison, le bois, et je pensai acheter le tout avec les vignes pour m'y installer définitivement, quand la retraite serait venue. Comme j'étais une bête à chagrin, on ne me demandait que de ne pas me montrer ; cela me créait des loisirs sans fin. Je taquinai des bouquins sur la culture de la vigne.

Ma carrière militaire était finie ; j'allais en embrasser une autre : celle de vigneron.

Les semaines passent; la bête à chagrin ne trouble personne et a l'air toujours souriant.

Un jour, on pense à me donner un petit travail ; je m'en acquitte convenablement, avec le sourire. On m'en donne un autre, je fais de même. Le colonel, homme de haute moralité et de belle intelligence, mais ayant horreur des papiers, m'en donna quelques-uns ; je les débrouille avec le sourire ; il en est stupéfié. Alors il revient à la charge et me voilà remplaçant le major en permission, remettant en ordre une administration qui avait été troublée par un trésorier qui avait pris le coffre-fort du régiment pour le sien. Le colonel avait cru échapper aux ennuis en prenant dans son portefeuille de quoi boucher le trou fait dans la lune ; mais quand l'Intendance tient une victime, elle ne la lâche pas. Cela me donna l'occasion de diminuer les ennuis de mon nouveau chef. Après ça, il me mit la paperasserie de la mobilisation sur le dos.

Je n'avais plus le temps de lire mes *Conseils au Viticulteur*. Je ne faisais pas de progrès sensibles.

Le général Blancq arriva à Tours, commander le corps d'armée ; il entendit parler favorablement du commandant Cordonnier ; alors il me prit pour major de la garnison. Tout cela s'ajoutait, mais Cordonnier ne se rebutait pas ; il gardait le sourire, chose facile dans ce beau pays de Touraine, surtout après un séjour si mouvementé à Saint-Maixent.

Cordonnier n'est plus vigneron.

Cela n'allait pas mal, quand, tout à coup, un événement bien imprévu coupa court à ma carrière de vigneron.

Et Sarrail ? Existait-il encore ? Je n'en savais rien ; l'amitié s'était mise en vacances, mais sans heurts, sans ressentiments. L'un des deux amis était quelque part à grogner contre la politique ; l'autre pensait à ses vignes en effigie. Et la terre continuait à tourner.

Un jour, je rencontre le lieutenant-colonel Levé, un camarade de promotion, l'ancien officier d'ordonnance de M. Laferrière, le camarade d'Algérie, la cheville ouvrière de l'expédition du Touat.

— Qu'est-ce que tu deviens, Cordonnier ?

— J'étudie la viticulture, la retraite est proche, Etienne m'a cassé les reins ; je n'ai qu'à m'en aller.

— Etienne t'a cassé les reins ? Il te connaît bien ; je lui ai dit combien tu t'étais employé dans la mission Flament, ce que tu as obtenu. Il t'estime beaucoup.

Je raconte alors les derniers incidents, et le blâme du Ministre.

Le blâme du Ministre était un faux.

Une semaine plus tard, j'entrais dans le Cabinet du Ministre, qui m'avait fait venir de Tours. M. Etienne m'accueille les mains tendues, avec une figure aussi gracieuse qu'encourageante ; il me fait asseoir dans un majestueux fauteuil, et me prodigue des amabilités.

Je ne savais pas ce qu'était un Ministre, chez lui, hors des galas officiels. Il y en avait alors moins qu'aujourd'hui, des Ministres, et aussi des galas. Je m'imaginais qu'un Monsieur qui vous brise une carrière comme si c'était une pipe en terre, ça devait être terrible. J'étais comme ces petites filles qui ne s'imaginent pas une reine sans couronne, ou un saint sans auréole. J'étais en présence d'un homme charmant, pas pressé de dire : « Au suivant ! » Il me raconta toutes sortes de douces choses et qu'il m'aimait bien.

— Vous m'aimez trop, Monsieur le Ministre, car vous pratiquez sévèrement le : « Qui aime bien châtie bien » ; vous m'avez cassé les reins.

— Moi, que vous ai-je fait ?

— Vous m'avez infligé un blâme ; je n'ai plus qu'à mettre mon uniforme aux vieux chiffons ; ma carrière est finie.

— Moi, vous avoir infligé un blâme ? Vous vous trompez ; je n'en ai infligé aucun, à personne, depuis que je suis Ministre.

Une enquête fut faite, et quand, une quinzaine de jours plus tard, le Ministre me reçut à nouveau, il m'apprit qu'il n'était pour rien dans le blâme. Un aimable homme en avait pris l'initiative. Je sais qui, je ne le dirai pas ; il me bouderait.

Et voilà comment, avant la guerre, on recrutait des vignerons parmi les commandants. C'est inimaginable ; mais c'est vrai, hélas !

Etienne fit effacer le blâme et me désigna comme stagiaire-professeur à l'Ecole Supérieure de Guerre, pour prendre rang quelques mois plus tard, à la rentrée.

Deux carrières furent brisées à la fois : je ne serais plus vigneron ; je n'étais plus bête à chagrin.

C'est alors que, à Tours, j'acquis subitement des qualités : on m'employa à toutes sortes de choses.

Et le résultat se traduisit par une proposition pour le grade de lieutenant-colonel, de la part de mon commandant de corps d'armée.

Si nous résumons :

L'amitié de Sarrail m'avait valu des années extrêmement désagréables à Saint-Maixent et une carrière brisée.

Si la carrière se rétablissait, Sarrail n'y était pour rien ; son amitié, ma carrière rétablie, ne faisait que me causer, chez beaucoup, que de la déconsidération.

Tout ce que je cite là, ce ne sont pas paroles en l'air : ce sont des faits.

En présence du Drapeau.

Si je me mets en présence du Drapeau, je ne regrette rien des misères passées, et je n'ai de blâmes que pour les temps vécus. Un régime politique nouveau, succédant à une royauté séculaire et à des intermèdes d'empire, se heurte à des résistances souvent sincères, à des préjugés persistants, à des intérêts respectables souvent. Pour le Drapeau, le Ministère André est le passage du service inégal au service militaire égal pour tous. Jusqu'alors, des dispenses, des situations particulières abrégeaient pour la classe instruite la durée du service militaire. Il en résultait, pour cette classe instruite, une inaptitude au commandement. Avec les lois de recrutement antérieures, la population aurait procuré, en temps de guerre, les effectifs en mobilisés qu'elle a donnés, mais les cadres de la réserve mobilisés n'auraient peut-être pas pu s'adapter assez rapidement pour que, à la Marne, les foules encadrées aient été des unités de guerre.

La loi de Deux ans ne s'est pas faite dans les

conditions désirables, faute de crédits capables
d'attirer les engagements et rengagements escomp-
tés ; il y eut de difficiles moments à passer. De là
des aigreurs, des récriminations. Mais si on considère que, sans l'adoption préalable de la loi de Deux
ans, nous n'aurions pu improviser en temps voulu
la loi de Trois ans qui a sauvé la France, le Ministre
de la Guerre qui a fait voter la loi de Deux ans a
fait œuvre féconde, et c'est le général André qui
l'a fait voter.

Par l'exemple du général Grisot — et il n'était
pas seul de ce genre — nous avons vu que le haut
commandement était, même avant les fiches, bien
mal recruté. Les mesures qu'il a fallu prendre au
début de la guerre, pour donner à nos soldats des
généraux dignes d'eux, démontrent que, en 1914
encore, le filtre par lequel passe un officier au cours
de sa carrière fonctionne mal.

Demandons à la Franc-Maçonnerie de s'en tenir
à des conceptions philosophiques. Qu'il plaise à qui
voudra de ne pas voir les étoiles qui brillent au ciel,
mais que personne ne prétende les éteindre, que
personne non plus ne fasse poser sur les manches
d'un habit des étoiles de chef qui ne seraient pas
justifiées par la valeur technique militaire de celui
qui porte l'habit.

Les modifications apportées dans l'enseignement
de l'Ecole de Saint-Maixent sont venues au moment
précis où l'ancien programme aurait juré de façon
abominable avec la loi de recrutement adoptée.
C'eût été un scandale, au moment où l'élite intellectuelle de la France allait consacrer deux années
de jeunesse au service du Drapeau, de ne pas
employer l'intelligence des futurs officiers, de tuer
l'intelligence par des mouvements compassés, du

maniement d'arme, des alignements, de la passivité.

Quand Sarrail a mobilisé les cerveaux des sous-officiers, élèves-officiers de l'Ecole, il a bien mérité de la Patrie. Je le remercie, encore aujourd'hui, de m'avoir associé à cette œuvre.

Sarrail bifurque sur le Palais-Bourbon.

Si Sarrail a brillé dans le commandement de son bataillon dans l'Ubaye, s'il a brillé dans l'instruction organisée par lui à Saint-Maixent, c'est dans des fonctions relativement subalternes.

Il s'est montré excellent chef de bataillon, excellent instructeur de sous-officiers qui étaient à préparer aux fonctions de chef de section, de commandant de compagnie au plus.

Jamais, dans nos manœuvres à l'Ecole, nous n'avons mis en action plus d'une compagnie à l'effectif de guerre, plus d'un bataillon squelette.

S'il faut du métier pour œuvrer une grande unité, ce n'est pas à Saint-Maixent que, lui et moi, nous avons appris ce métier.

Si, lui et moi, nous étions restés stationnaires du cerveau, ou si, l'un et l'autre, nous avions changé notre képi en un chapeau de viticulteur, et que moi, à la tête d'une brigade d'infanterie, Sarrail à la tête d'un corps d'armée, nous ayions eu à faire la guerre, nos soldats en auraient souffert terriblement, et si tous les généraux eussent été comme cela, le génie de Joffre aurait échoué dans la recherche de la victoire.

Il faut donc marquer une phase. Constater chez un homme un état brillant, à une époque donnée, cela établit un point de départ, mais non une arrivée. Quand, au lendemain de Spickeren, Bazaine donne des ordres à son armée, il prétend qu'avec un mouvement de pelotons à droite, il sera bien placé pour faire face à une attaque ennemie venant à droite ; qu'avec un mouvement de pelotons à gauche, il sera en condition pour lutter contre un ennemi venant à gauche. Cette conception était acceptable pour une compagnie, absurde pour une armée. Bazaine était resté chef de bataillon.

Quand, le 16 août 1870, il avait, à Gravelotte, toute son armée réunie, il s'est fait battre par le seul III° corps d'armée allemand.

On ne passe pas du commandement d'un bataillon à celui d'un régiment en multipliant par trois les effets.

Une unité de guerre est un être vivant, ayant ses facultés spéciales ; il faut, pour commander une division, des qualités dont l'emploi était inutile dans le commandement d'un régiment.

A partir d'un certain grade, l'imagination joue, alors qu'il vaut mieux ne pas en avoir pour loger une balle dans la cible, parce qu'imagination, dans ce cas, est distraction.

L'Ecole Supérieure de Guerre, dans sa méthode d'enseignement, permet des attitudes qui seraient de l'indiscipline dans un autre milieu. On discute le camarade, on discute le chef ; on crie ferme parfois. On sait qu'au signal donné, chacun se remettra à sa place. Si on favorise ces attitudes, c'est parce que la guerre ne se fait pas avec des velléités, mais avec des volontés. Si on laisse libre cours à des fantaisies parfois, c'est parce que l'imagination créatrice a un rôle capital dans le haut commandement. L'imagination d'abord, dit-on, et on laisse le jeune officier se livrer à ses conceptions ; l'instruction intervient pour régler l'imagination, la diriger, lui épargner certaines fantaisies ; si l'instruction obstruait l'imagination, il faudrait la supprimer, elle ferait plus de mal que de bien.

A Saint-Maixent, Sarrail a fait sortir du machinisme, il a surexcité la faculté de raisonnement de chacun ; c'est là le grand bien qu'il a fait. Mais n'exagérons pas, il a poussé assez haut cette faculté de raisonnement pour que le sergent conçoive une solution à donner à des problèmes de commandement de compagnie. Il n'avait pas lui-même à se mettre en grands frais. Dans les cours professés, on s'est élevé fort au-dessus de ce que réclamait celui qui voulait que Saint-Maixent fût une Ecole de maniement d'arme, mais on n'allait pas bien loin. Faire un instituteur de village n'est pas créer un membre de l'Institut.

Quand Sarrail, à Lyon, avait dans le service courant à faire un travail d'état-major, il lui fallait connaître les Circulaires ministérielles, ou tout au moins savoir où les chercher pour s'y reporter, et de l'application pour s'assurer que les documents envoyés des corps de troupe cadraient avec les prescriptions données en haut.

Quand il examinait une demande de mariage, il s'assurait que la dot réglementaire de 1.200 francs exigée de la future figurait au contrat. Si une demande de monture était adressée, il examinait si les droits existaient. Si des tirs de combat nécessitaient un traité avec une municipalité, il voyait s'il n'y avait pas d'embûches ou de lacunes. Les affaires qui incombent au bureau dont il avait la charge sont si multiples, les circulaires qui en traitent sont parfois si subtiles qu'on s'embrouille facilement. Avec de la mémoire, on s'en tire ; avec une mémoire extraordinaire, on va vite et on ne se trompe jamais.

Quand je pensais que Sarrail serait peut-être celui qui nous rendrait l'Alsace-Lorraine, je considérais son grade, son âge, ses actes du moment, pas autre chose. Un homme a de l'étoffe, mais l'habit est à tailler. La taille de l'habit ne reste jamais la même ; un habit convient à chaque grade, et il faut que l'habit soit taillé en avance sur le grade, soit toujours apte à recevoir le Monsieur grandi. Si le grade survient alors que l'habit reste celui du passé, patatras ! c'est la faillite. A mesure que Sarrail a pris du galon, s'est-il taillé un habit différent, plus vaste ?

Voilà une question qui se pose et qui fera réponse à qui demande pourquoi, après avoir prôné un homme pendant vingt ans, quelqu'un s'écrie tout à coup que cet homme ne vaut rien.

A Jaussiers, à Lyon, Sarrail ne faisait pas de politique ; dans son court passage au Ministère André, il s'en est quelque peu inoculé le virus. A dater du jour où il a été installé au Palais-Bourbon, la dose d'inoculation s'est accentuée.

Sarrail n'a jamais eu de bibliothèque particulière ; or, on ne lit bien que dans ses propres livres. Toute sa vie, il n'a fait, comme à l'état-major de Lyon, que « du service courant ».

Il avait passé à l'Ecole Supérieure de Guerre avant la bonne période des Maillard, des Langlois, des Bonnal. Quand le lieutenant-colonel Langlois est arrivé pour professer le cours d'artillerie à l'Ecole Supérieure de Guerre, il avait dans sa serviette un *Cours* qu'il venait de rédiger d'après les errements de son prédécesseur. Il entendit quelques leçons du commandant Maillard, du vieux commandant Maillard dont la carrière a été limitée au grade de général de brigade ; il comprit qu'une voie nouvelle était à prendre. Ce grand homme, aussi modeste que grand, s'excusa auprès de nous du manque de précision de ce qu'il allait professer, déclarant qu'il avait jeté au feu ce qu'il avait préparé, après avoir entendu le commandant Maillard. Cet homme, qu'un galon sur les manches et la jeunesse relative plaçaient au-dessus du commandant, s'inclinait devant sa supériorité.

Avant Maillard, les professeurs savaient, enseignaient. Avec le commandant Maillard et depuis, les professeurs, qui s'appelèrent Langlois, Cherfils, Bonnal, Pétain, Foch, de Maud'huy, Débeney, ne savaient pas, n'enseignaient pas ; il demandaient à l'Histoire de faire savoir et d'enseigner. Ils transposaient le passé dans le présent. Ils tranfigurèrent Wagram et en firent la Marne. Ce ne sont pas des : « Je dis ça » qui ont instruit l'armée ; ce sont les commentateurs du passé.

On n'apprend pas ça, au Palais-Bourbon, à la Direction de l'Infanterie, dans l'étude de la carte politique. Si on est trop absorbé par le « service courant », on n'ouvre pas l'Histoire, on ne médite pas assez sur le passé militaire pour le transposer dans le présent. Ce n'est pas au Reichstag que Von Schlieffen a appris à transposer Annibal dans les temps modernes.

Cordonnier bifurque sur l'Ecole de Guerre.

Comme j'arrivais à l'Ecole Supérieure de Guerre, Sarrail revenait au Palais-Bourbon ; les vacances de l'amitié prirent fin ; nous nous retrouvâmes amis comme jadis. Nous montions à cheval, ensemble, le matin, nous secouant vigoureusement, pendant une heure, au bois ; nous nous séparions ensuite jusqu'au lendemain.

De Maud'huy, mon chef de cours, m'avait fait jurer que je n'étais pas franc-maçon ; serment qu'il me fut facile de faire, mais dont la demande m'avait offusqué. Nous travaillâmes d'accord et nous devînmes de bons amis, mais amis comme on l'est dans l'armée entre chef et subordonné ; le chef, répétons-le, témoignant son amitié par de la bienveillance ; le subordonné en faisant preuve par son dévoûment. La bienveillance fut grande, le dévoûment ne fut pas soumis à des épreuves sévères.

De Maud'huy professait le cours de tactique d'infanterie ; je fus adjoint au cours de tactique d'infanterie.

Des mutations s'étant produites un an après, le général Valabrègue, commandant de l'Ecole, obligea de Maud'huy à laisser le cours de tactique d'infanterie pour prendre celui de stratégie et de tactique générale. Celui-ci n'accepta qu'après avoir posé comme condition que Cordonnier le suivrait dans ce nouveau cours.

J'ai reçu, à ce sujet, une leçon que je n'ai pas oubliée, et qui peut servir à d'autres.

Le général Valabrègue me convoque et m'accueille en me disant aimablement — il n'était pas toujours aimable, le général Valabrègue — qu'il avait pensé à moi pour adjoint au colonel de Maud'huy, au cours de tactique générale. Je me récriai, alléguant que j'avais passé mes nuits à me mettre en mesure d'être un adjoint sortable, à la tactique d'infanterie, et non à la tactique générale, et que, d'ailleurs, Sarrail me réservait le commandement de l'Ecole de Tir de Châlons.

— J'en fais mon affaire ; je vous dégagerai auprès de lui.

Alors, j'excipai de mon incapacité à assumer un rôle aussi élevé.

— C'est de l'indiscipline, ça, Cordonnier. *Un officier ne se juge pas; c'est à son chef à le juger.* Si je vous offre un emploi, c'est que vous pouvez le remplir ; je n'admets pas cette raison.

Et voilà comment je fus adjoint du cours de stratégie et de tactique générale, sous Maunoury et Foch, devenus commandants de l'Ecole de Guerre ; cela, jusqu'en mars 1910.

Et je montais toujours à cheval, le matin, avec Sarrail ; cela me valait le cordial sourire de quelques-uns, l'inimitié de beaucoup d'autres.

— Vous avez tort, Cordonnier, de croire à l'amitié de de Maud'huy. C'est un faux bonhomme ; il vous dessert en dessous, me disait Sarrail.

— Je vous ai encore rencontré avec ce c... de Sarrail, vous avez tort de continuer à le fréquenter ; il trahira la France, c'est un Bazaine, s'écriait de Maud'huy.

Et je continuais à être l'ami de de Maud'huy, et je continuais de monter à cheval avec Sarrail.

On se bat sur le dos de Cordonnier.

Quand la fin de 1909 arriva, le général Foch me proposa pour le grade de colonel. Le général Brun était Ministre et mon cousin Toutée, son chef de Cabinet. Sarrail était Directeur de l'Infanterie au Ministère de la Guerre.

Ma cousine Toutée me dit, bien confidentiellement, que Sarrail et Toutée étaient en grande inimitié.

— Mon mari ne vous aidera pas, si vous continuez vos relations avec Sarrail. Si vous voulez être au tableau, il faut rompre avec lui.

Je répondis que la querelle des deux généraux ne me regardait pas, et que je ne pouvais, pour une question d'avancement, me séparer de Sarrail qui était fort bienveillant pour moi.

Il se passa alors une scène curieuse. Puisque le général Foch m'avait proposé pour colonel, mon nom figurait sur la liste présentée au Ministre. Toutée provoqua ma radiation. J'étais le numéro 3 de Foch : donner deux places à l'Ecole de Guerre dans le tableau des colonels était déjà beaucoup ; Brun acquiesça. Je fus rayé, un autre nom fut inscrit, et Brun signa.

Sarrail guettait non loin. Il arriva au bon moment. Brun lui donna la liste à porter à l'*Officiel*. Sarrail était curieux, et pour cause. Il regarda la liste, éveilla l'attention sur un tel ; cela vaudrait certainement des désagréments au Ministre, sur un tel qui... et un certain nombre de noms furent rayés.

Il fallut remplacer les noms rayés ; Sarrail en proposa d'autres, le mien fut réinscrit, Brun y mit son paraphe. Et voilà comment, à cause de Sarrail, je fus rayé, et comment, grâce à Sarrail, je figurai au tableau. Quelle cuisine pour servir sur un plat les généraux qui, en 1914, recevront mission de sauver la France !

Il avait vraiment de l'amitié pour moi, le général Sarrail. De mon côté, je lui restais fidèle.

Je passai colonel à Courbevoie. Sarrail partit peu après pour Reims. Nous ne nous voyions plus, nous ne nous écrivions pas.

L'amitié se maintient, quoique en vacances, encore une fois.

Grâce au général Valabrègue, devenu mon commandant de corps d'armée ; grâce au général Maunoury, qui me fit faire des manœuvres dépassant ce qui était habituel, notamment une manœuvre avec tirs réels que je suis seul à avoir exécutée en France, avant la guerre, je fus proposé pour général de brigade et, en septembre 1913, M. Etienne, redevenu Ministre de la Guerre, m'envoyait à Stenay commander une brigade dépendant de la division de Mézières que Sarrail commandait.

Nous voilà donc encore ensemble, les vacances de l'amitié prennent fin. Sarrail me montre de la bienveillance ; je lui montre du dévoûment.

A ce moment-là, ma carrière était belle. J'avais 55 ans et je commandais une brigade en vue.

CHAPITRE IV

L'ARGONNE N'EST PAS LE PALAIS-BOURBON

Sarrail et Cordonnier à la frontière.

Octobre 1913 arrive. L'emploi des hommes que donne la loi de Trois ans commence.

Cordonnier a l'honneur de former une brigade nouvelle que la loi de Trois ans a permis de créer ; il a mission de boucher la Trouée de Stenay, laissée ouverte jusque-là faute d'effectifs suffisants pour en faire la couverture. Cette 87° brigade est affectée à la division de Mézières que commande le général Sarrail.

L'Etat-Major de l'armée donne l'ordre au commandant de la division de Mézières d'étudier l'organisation de la couverture de la trouée de Stenay. Avant que le général Sarrail ait pu commencer cette étude, il est placé à la tête du 8° corps, à Bourges, pour peu de temps d'ailleurs, car il remplacera bientôt le général d'Amade au 6° corps. Le général Picquart commande le 2° corps, dont relève la division de Mézières ; le général Rabier, dont il vaut mieux ne pas parler, remplace, à Mézières, Sarrail. Mais celui-ci sait ce que vaut Rabier, il demande que le travail de l'organisation de la couverture ne soit pas donné à son successeur, mais au commandant de la 87° brigade. C'est, avant la guerre, la dernière marque d'estime, ou d'amitié si l'on veut, qu'il donne à son ancien collaborateur de Saint-Maixent ; il est l'ami de Rabier, le *Secret de Sarrail* ne le garde pas secret, mais il fait céder cette amitié à ce qu'il croit le bien du service.

La guerre éclate. Sarrail se bat en avant du bassin de Briey ; il l'abandonne et il fait bien, car il est nécessaire d'abord de vaincre, et, pour gagner la bataille de la Marne, il faut faire cette difficile manœuvre, digne d'un Napoléon, que Joffre a conçue et qu'il mènera à bien. Son commandant d'armée est relevé ; Sarrail le remplace, car il a la confiance de Joffre, et passe à la tête de la 3° armée.

Au 2° corps, le général Picquart meurt au début de 1914, et est remplacé par le général Gérard. Ce corps d'armée, après le combat de Mangiennes qui vaut à Cordonnier une citation à l'ordre de l'armée, la première peut-être qui ait été accordée en cette guerre, est poussé vers la forêt de Virton. Cordonnier est en mauvaise passe. Sa brigade a franchi la forêt de Virton, le reste du corps d'armée n'a pu suivre ; le général Gérard, faisant preuve d'un sentiment de solidarité admirable, s'emploie, sans y parvenir d'ailleurs, à dégager la route de marche du voisin, le 4° corps, qui livre une dure bataille à Virton et à l'est. Cordonnier a donc sa ligne de retraite menacée, alors qu'à sa gauche, à Rossignol, une division du corps colonial est détruite. Il ne sait rien de tout ça et se bat furieusement toute la journée, laissant de nombreux braves sur le champ de bataille de Bellefontaine, dont il conserve la possession. Les événements se succèdent, la retraite vers le sud est ordonnée. Cordonnier se bat à Stenay-Cesse ; on est content de lui, cela lui vaut le commandement de la 3ᵉ division (31 août). Donc, en ce mois d'août, les deux amis ont gravi, chacun, l'échelon supérieur. Le recul des armées amène la 3ᵉ armée au sud de Verdun et mission lui est donnée de se soustraire à l'ennemi en prenant Bar-le-Duc comme direction de repli ; le recul amène la 4ᵉ armée au canal de la Marne au Rhin, la droite de la 4ᵉ armée à l'est de Vitry-le-François.

Sarrail ne sauve pas Verdun.

Le but poursuivi par les Allemands est la destruction de l'armée française, toute considération autre étant laissée de côté ou ajournée. Paris, Verdun tomberont d'eux-mêmes quand il n'y aura plus d'armée française à tenir la campagne.

Le but visé par Joffre, dans sa manœuvre napoléonienne, était, selon la bonne doctrine, d'arriver à opposer, aux points décisifs, le grand nombre au petit, pour battre l'armée allemande et la détruire s'il était possible. Verdun, Paris seraient sauvés si la bataille était gagnée.

Les points décisifs étaient l'aile droite de Von Klück, l'aile gauche du Kronprinz.

« Abandonnez Amiens, dérobez-vous sur Paris », ordonne-t-il à l'armée Maunoury. « Abandonnez Verdun, dérobez-vous sur Bar-le-Duc », ordonne-t-il à l'armée Sarrail.

Les subordonnés de Joffre pouvaient avoir d'autres conceptions. Maunoury pouvait estimer que sauver Amiens était préférable. Sarrail était en droit de croire que le salut était à Verdun. French pouvait s'imaginer que, pour conjurer le péril, il fallait défendre Dunkerque, et Cordonnier, qui n'en était pas, s'il faut en croire le *Silence de Sarrail*, à une imbécillité près, était capable de déclarer que c'est à Pontoise que sa division donnerait la victoire à la France.

Mais c'est Joffre qui commande ; il faut obéir à Joffre.

Pendant la bataille de la Marne, deux chefs, un grand et un petit, ont nettement regimbé contre les ordres qui leur furent donnés.

Sarrail n'a pas voulu refluer sur Bar-le-Duc. Cordonnier a « rouspété » contre l'ordre d'abandonner ses positions de Blesmes et du canal de la Marne au Rhin, et il se félicite d'avoir trop peu de mémoire pour rappeler les termes véhéments qu'il a employés contre ces généraux qui parlaient toujours de reculer quand le vaillant soldat de France réclamait l'attaque et non le recul.

Si Cordonnier n'a pas reculé, c'est parce que son chef avait dit au porteur de l'ordre (1) : « Si Cordonnier rouspète, c'est qu'il peut tenir ; alors, rapportez-moi l'ordre. » Si Sarrail ne s'est pas dérobé vers Bar-le-Duc, c'est parce qu'il a désobéi.

Dans cette harmonie que produit la convergence des volontés de chacun, il n'y a pas de fausse note quand, après l'assentiment du chef, une modification est apportée à la partition. Il y a cacophonie quand Sarrail n'obéit pas, car le commandant de la 4° armée n'en sait rien : alors il voit de grands inconvénients à ce que la division Cordonnier, attaquée de front et sur ses deux flancs, risque d'être

____

(1) Voir *L'Obéissance aux Armées*. Général Cordonnier. Librairie Lavauzelle.

enlevée par l'ennemi comme le fut la division coloniale du général Raffenel à Rossignol. Il y a moins d'inconvénients à perdre encore 20 kilomètres et à faire refluer la 3ᵉ division, et la 4ᵉ qui est à sa droite et en retrait, sur Saint-Dizier. Qu'importe l'armée Sarrail, si elle est libre de ses mouvements ; elle attaquera de Bar-le-Duc vers l'ouest et non vers le nord-ouest ; elle se repliera plus au sud s'il le faut, puisqu'elle est autorisée à aller même jusqu'à Joinville. Elle fera sa manœuvre plus loin de Verdun, mais Verdun n'a que faire de l'aide de la 3ᵉ armée.

Sarrail veut sauver Verdun. Il a une singulière manière de sauver Verdun ; il l'appelle à son secours.

Le général Nayral de Bourgon (1), qui était le chef d'état-major du général Coutanceau, gouverneur de Verdun, a écrit : « Le général Sarrail demande l'intervention de la place, sur un terrain bien au delà de la zone myriamétrique et le plus éloigné des quadrants exposés. Réveillé à l'improviste, en trois minutes, le général Coutanceau *apprécie que le salut de la 3ᵉ armée, peut-être la victoire, ne sauraient se payer trop cher.* Il lance dans la fournaise tout ce qu'il possède de disponible. » Il envoie la brigade Heymann, hors de la place, au secours de Sarrail. Il se conduit en émule de Galliéni. Il a pensé sauver la 3ᵉ armée puisqu'il apprécie que le salut de la 3ᵉ armée ne pouvait se payer trop cher. La 3ᵉ armée est sur le point d'être attaquée par derrière, alors qu'elle est à la bataille sur son front. Le fort de Troyon, dont le vaillant

---

(1) Voir *Dix Ans de Souvenirs*. Général P.-E. Nayral de Bourgon. Imprimerie Chastanier, à Nîmes.

chef est harcelé par le téléphone de Coutanceau qui commande de tenir quand même, sous les ruines, résiste.

C'est Verdun qui a sauvé Sarrail au nord, et Gérard et Cordonnier qui l'ont sauvé au sud. En réalité, Sarrail ne s'est pas replié vers Bar-le-Duc, parce que, dans l'ignorance de son métier, il a cru ne pas pouvoir le faire.

Les stratèges de Kriegspiel.

« *Il n'y a que les stratèges de Kriegspiel* pour croire qu'il est possible de faire reculer un corps d'armée engagé à fond », a-t-il écrit (1).

Qu'est-ce que c'est qu'un Kriegspiel ? Un corps d'armée engagé à fond peut-il reculer ? Ces deux questions se posent.

Le contribuable ne peut donner à un général de division, de corps d'armée, d'armée, une unité de son grade, de façon fréquente, pour que celui-ci pratique son métier. Encore moins un pays peut-il faire la guerre dans l'unique but d'instruire ses généraux. Alors, les officiers se placent devant une carte, en deux camps opposés ; le chef donne un thème de guerre et les deux camps font avancer sur la carte des jetons qui représentent des bataillons, des batteries, des escadrons ; il n'y a ni morts, ni feuilles d'impôts pour alimenter ces batailles. Mais on s'habitue à recevoir des ordres, à en donner, à manœuvrer. Le chef punit par un échec de jetons les fautes commises ; ça ne fait pas pleurer les mamans, un jeton tué. Ce mode d'enseignement ne fait pas faire de progrès aussi rapides que les

____

(1) *Souvenirs de 1914-1915*. Général Sarrail. *Revue Politique et Parlementaire*, 10 juin 1921.

manœuvres et surtout la guerre, mais on l'a à sa portée constamment, on en use à volonté.

Joffre a pu porter, de la droite à la gauche, des divisions, des corps d'armée. Nos armées ont pu trouver dans leur recul les routes libres, des vivres, des munitions. C'est parce que, avant-guerre, le glorieux maréchal Maunoury, par de nombreux exercices de Kriegspiel, avait enseigné et organisé le service de l'arrière. Il n'a pas demandé au budget des trains, des camions pour enseigner à tous les mouvements de l'arrière. Les Américains, qui n'avaient pas fait de Kriegspiel, ont embouteillé les voies ferrées et créé, à leur arrière, en Argonne, un chaos inextricable, qui a soulevé la colère de Clémenceau contre Foch qui n'en était pas responsable.

« Un de mes officiers me fit alors remarquer que le G. Q. G. voulait ainsi me forcer à abandonner définitivement Verdun à son sort, pour pouvoir plus tard rejeter sur moi la responsabilité de cet événement. La chose n'est pas impossible », écrit Sarrail.

Quel est cet officier ? Un émule de M. Paul Coblentz ? Ce n'est ni le colonel Leboucq, ni le commandant Tanant, ni le commandant Bel, ni le commandant Pellegrin. Ceux-là avaient appris leur métier ; Sarrail ne l'avait pas appris. Au Palais-Bourbon, les stratèges ne manquent pas, mais ce n'est pas la stratégie napoléonienne qu'ils pratiquent.

Tous les corps d'armée français ont pu reculer, quoique engagés à fond en 1914. Tous les corps d'armée allemands, en 1918, ont pu reculer, quoique engagés à fond, alors que Foch les poussait hardiment et avec vigueur.

Leblois à Rossignol.

Il n'y a qu'un exemple, d'une division qui n'a pu se décrocher. Cet exemple intéressera le lecteur de ce livre.

La *Revue Militaire Française,* nᵒˢ de mars et avril 1930, donne le récit du combat de Rossignol (1). La division Raffenel, du 1ᵉʳ corps colonial, le 22 août 1914, vers 15 h. 50, est au nord de la Semoy, ayant en arrière d'elle le pont de Breuvanne, écrasé par l'artillerie allemande. Le VIᵉ corps d'armée allemand a arrêté la 1ʳᵉ brigade coloniale au nord de Rossignol ; une division de ce corps d'armée enveloppe, par l'est, Raffenel. Un régiment allemand, le 63ᵉ, et un groupe d'artillerie, en font l'enveloppement par l'ouest.

La situation est désespérée, comme elle l'était à Marengo, à 4 heures du soir, à la même heure par conséquent. A Marengo, arrive la division Desaix, qui change la défaite en victoire, en attaquant brutalement. Desaix se fait tuer. A Rossignol, vers 16 heures, la bataille est perdue, mais la 2ᵉ division coloniale est à Jamoigne et Termes ; c'est la victoire, comme à Marengo, si un Desaix la commande, car le 63ᵉ allemand, engagé de front contre la gauche de la division Raffenel, sera pris à revers par la 2ᵉ division. Le chef de la 2ᵉ division coloniale n'est pas un Desaix ; il ne se fait pas tuer et n'en a pas envie. Il regarde, prend peur, n'est pas entraîné par son commandant de corps d'armée, d'ailleurs, et laisse massacrer Raffenel et ses héroïques soldats, parmi lesquels est Psichari.

Celui qui n'a pas été un Desaix, ce jour-là,

---

(1) *Rossignol,* par le Lieutenant-Colonel Pugens. Berger-Levrault.

s'appelle Leblois. Le fait que le général Lefèvre n'était pas un Bonaparte ne l'excuse pas. Nous reverrons le général Leblois à Salonique.

Le décrochage en plein jour.

En fait de décrochage, en plein jour, au cours d'une sévère bataille, nous avons l'exemple du combat de Proyart.

Le 29 août 1914, vers 16 h. 30, le 7° corps est engagé contre des forces supérieures. A ce moment, le général de Villaret, pour obéir au général Maunoury, ordonne la rupture immédiate du combat. Il appelle à lui le colonel Nivelle — le futur vainqueur de Douaumont — et lui donne ses ordres. Nivelle échelonne ses groupes de batteries à l'est de Villers-Bretonneux, près du village d'Harbonnières, et, par des tirs de barrage, il oblige les Allemands à se terrer. Le décrochage se fait sans douleur.

De Villaret connaissait son métier. Sarrail l'ignorait.

Gérard et Cordonnier à Blesmes.

M. Paul Coblentz, rapportant des conversations de cinq à sept sur la période des combats de la 3° armée, écrit : Grâce à son concours (général Gérard) et à celui du général Rabier, *l'intervalle entre les 3° et 4° armées* a pu ne pas prendre une exagération démesurée et pleine de dangers » (1).

A cette version, j'oppose la mienne. Elle est donnée dans mon ouvrage : *L'Obéissance aux Armées*, au chapitre XII, qui a pour titre : « Cordonnier

______

(1) *Le Secret de Sarrail*, page 82.

rouspète ». Dans ce chapitre se lit le texte de l'Instruction personnelle et secrète, datée de Landricourt, 10 septembre, 8 h. 30, et qui porte le n° 412. C'est parce que j'ai « rouspété », selon l'expression employée par le général Gérard, que l'intervalle entre les 3ᵉ et 4ᵉ armées n'a pas été augmenté de 20 kilomètres.

Il est vraiment aimable, ce Monsieur Paul Coblentz. Sans lui, je n'aurais peut-être pas compris que, sans mon entêtement à vouloir « plutôt crever que reculer », la 3ᵉ armée, incapable de se décrocher, aurait eu le sort de la division Raffenel.

Alors, j'ai donc sauvé la France ? Saluez, lecteur. S'il en est ainsi, aucune alvéole ne pourra être assez grande pour ma carcasse.

Je ne l'ai pas fait sciemment ; je ne voyais pas si loin, mon mérite est faible. J'entends encore ce soldat, originaire de Saint-Denis, appartenant au 128ᵉ ; quand j'étais allé, après avoir rouspété, chercher un calmant à mes nerfs : « Reculer encore un coup ! Ah non, faites pas ça, mon général, en voilà assez de reculer, plutôt crever » (1).

Je ne croyais pas si bien faire. J'avais une foi enracinée au cœur en Sarrail. Quand je voyais, m'attaquant, un ennemi presque trois fois supérieur aux forces dont je disposais, j'en étais enchanté ; j'attendais le moment où Sarrail, débboulant de l'est vers l'ouest, prendrait mes ennemis à revers ; on en ramasserait des Allemands ! Ensemble, les deux amis de Saint-Maixent donneraient la victoire à leur patrie, du côté de Vitry-le-François.

Donc, Verdun n'ayant pas été attaqué par les

____

(1) *L'Obéissance aux Armées*, page 231.

Allemands, Verdun ayant envoyé à l'aide de la 3e armée, loin de ses murs, la brigade Heymann, n'a pas eu besoin d'un sauveur.

Donc Sarrail, ignorant qu'avec le 75, et ses barrages infranchissables, on peut toujours se décrocher, a failli perdre son armée, et la France.

Puisqu'il s'accrochait à Verdun, comme Bazaine s'est accroché à Metz, en 1870, on a dit à Paris que Sarrail était un Bazaine. La pauvre Madame Sarrail en est morte, car, pour elle, son Paul était toute sa vie.

Sarrail perd les Hauts-de-Meuse.

Passons aux Hauts-de-Meuse.

Le lieutenant-colonel Bize, ancien chef d'état-major de la 75e division de réserve, a publié un livre qui porte pour titre : *La Vérité sur la Perte des Hauts-de-Meuse et de Saint-Mihiel, en septembre 1914* (1).

Il faut se reporter à ce livre pour savoir ce qui s'est passé, parce que, dit-il, en exprimant ses regrets de ne pouvoir donner les textes de bien des ordres : « Les pièces qui manquent ont déjà disparu des archives » ; la Commission de Briey les a tripatouillées.

Bize est un Niçois. On a fait rejaillir sur les réservistes de la 15e région la responsabilité d'une retraite précipitée, d'où est résultée la perte des Hauts-de-Meuse et de Saint-Mihiel ; il défend ses compatriotes.

C'est entre le 19 et le 25 septembre que ce grave événement est survenu. A ce moment avait lieu la course à la mer ; il fallait des unités nouvelles pour

____

(1) Etienne Chiron, éditeur, 40, rue de Seine, Paris.

prolonger le front ; ces unités doivent être prélevées sur d'autres fronts partout où cela est nécessaire.

En cette fin de septembre, il pleuvait beaucoup ; on dit à Joffre que la Woëvre était devenue impraticable en dehors des routes. S'il en est ainsi, on peut diminuer d'un corps d'armée les effectifs qui surveillent la Woëvre. Joffre donne à Sarrail la prescription de diriger le 8ᵉ corps sur Sainte-Menehould. Sarrail, qui a été, quelques jours plus tôt, si ardent à faire prévaloir ses volontés, à désobéir, ne fait aucune objection.

Il croit donc la chose sans danger.

A ce moment, des cavaliers font un prisonnier qui raconte à force détails qu'une armée, partie de Metz, s'avance sur les Hauts-de-Meuse. Dans la 3ᵉ armée, où le commandement est plus qu'insuffisant, les cavaliers gardent pour eux ce dire du prisonnier. La division de Mondésir est au combat avec des forces allemandes : on pourrait pousser le combat pour essayer de voir ce qu'il y a derrière. Non, Sarrail décide, dans sa haute sérénité, que les Allemands font du bluff.

Un commandant d'armée doit chercher à savoir ce qui se passe dans la zone qui est la sienne, et transmettre ce qu'il sait, ou croit savoir, au général en chef, qui, alors, décide en connaissance de cause.

Sarrail est passé brutalement de la désobéissance, lors de la Marne, à l'obéissance passive, à l'obéissance qui ne comprend pas et ne cherche pas à comprendre : « On veut que j'obéisse, j'obéis. »

La 75ᵉ division de réserve va être accablée sous le nombre ; le général Grand d'Esnon se fera tuer, le général Vimart sera limogé et le lieutenant-colonel Bize devra écrire un volume pour réhabiliter ses compatriotes de la 75ᵉ division.

Pendant que la 3ᵉ armée perdait les Hauts-de-Meuse, Cordonnier était à l'hôpital avec deux balles dans une jambe. Le 13 septembre au soir, sa division s'était jetée dans Sainte-Menehould, baïonnettes basses, et avait chassé de la ville les pillards retardataires. Le général de Langle de Cary avait formulé le désir d'être maître de la ville, le jour même. Cordonnier avait pu téléphoner, vers 8 heures du soir, à son chef : « Vous êtes maître de Sainte-Menehould. »

Le général Boichut et la Grurie.

Un nouvel ordre survenait. Cordonnier devrait atteindre Grand-Pré le 14. Et celui qui écrivait cet ordre commettait une lourde faute de tactique.

Quand on donne une mission, on doit régler les moyens à la mesure de la mission.

Ils étaient enragés, les officiers et soldats de cette 3ᵉ division, à vouloir pousser quand même de l'avant, bien qu'il n'y eût aucun ami à droite, ni à gauche. La division Cordonnier était dans une situation analogue à celle qui avait coûté la vie à la division Raffenel, à Rossignol. Elle était en flèche, et bourrait toujours de l'avant ; c'était l'ordre et elle l'exécutait avec ardeur.

Le 14, à la pointe du jour, elle se lançait donc de Sainte-Menehould vers Grandpré. Mais, à son départ, elle était amputée d'une de ses deux brigades.

L'armée Sarrail ne parvenait pas à s'ébranler ; elle était d'une étape en arrière, et la division Rabier, assurant la liaison, se trouvait entre la division Cordonnier, à une demi-étape en recul, et l'armée Sarrail. Alors, pour couvrir Sainte-Mene-hould, face aux Islettes, on enlevait à la 3ᵉ division la moitié de son effectif.

C'est donc avec une brigade d'infanterie et de l'artillerie que Cordonnier poussait la flèche en avant.

On y va quand même, on bourre, on manœuvre, on donne l'assaut à la falaise de Saint-Thomas, on atteint Servon avec l'ennemi de front et sur les flancs, mais aller au delà est impossible, parce que l'ennemi, dans la Gruerie, est indélogeable. Tenir, dans l'isolement où nous sommes, sera-t-il possible? Dans la nuit du 14 au 15, nous reperdons Servon.

En 1929, à l'inauguration du monument aux morts de la Gruerie, le général Boichut, dans le discours qu'il prononça, s'écria : « Si le général Cordonnier avait disposé de sa division entière, le 14, nous aurions été maîtres du débouché de la Gruerie. »

Les chefs qui privèrent la 3ᵉ division de la moitié de son effectif ont commis une faute contre les principes ; mais on ne fait pas la guerre avec des principes, on se meut dans les possibilités. La faute capitale réside dans l'inaction. Les chefs ont fait de leur mieux. Ils ont pensé à Sarrail, qui ne venait point ; ils ont dégagé sa route de marche en manœuvrant vers Clermont.

C'est encore Cordonnier qui est sacrifié en faveur de Sarrail.

Non, ce jour-là encore, Cordonnier n'a pas trahi Sarrail.

Le lendemain 15, il faut reprendre la marche sur Grandpré. Cordonnier donne l'ordre à la brigade Toulorge d'attaquer de front Servon, que les Allemands ont repris dans la nuit, et lui, avec ses canons, avec un bataillon de chasseurs de son ancienne brigade qui forme l'avant-garde de la division Rabier, il bourre, de flanc, sur Servon.

Il ne bourre pas loin. Un obus arrive, tue le colonel d'artillerie qui accompagne le commandant de la division, tue ou blesse d'autres officiers d'artillerie, met hors de combat Cordonnier et son vaillant officier d'ordonnance, le lieutenant Gougenheim, fait des victimes parmi les chasseurs du commandant Guédeney.

Là où tant de sang a été répandu s'est arrêtée la marche en avant. On était encore là, au début de l'automne de 1918. Que serait-il arrivé si un Lannes avait commandé la 3ᵉ armée ? Sarrail ne fut pas un Lannes.

Sarrail au chevet de Cordonnier blessé.

Cordonnier va à l'hôpital ; il s'y énerve. Malgré les protestations du chirurgien, il se déclare guéri, à la mi-octobre. Sa division lui a été conservée, car Gérard aime son subordonné et lui réserve place auprès de lui. Cordonnier n'est pas guéri : dix jours après sa reprise de commandement, il doit être évacué de nouveau.

Il est sur son lit de blessé. Gérard est là, avec en main une croix d'officier de la Légion d'honneur. Sarrail est venu assister à la cérémonie et, ne pouvant se maîtriser, il laisse couler les larmes. Il est de ces croix à ruban rouge qui sont le présage de la croix de bois.

La croix de bois n'est pas venue. Cordonnier revient et reprend sa division en novembre 1914. On se bat en Gruerie, on se bat à Bagatelle, on se bat à Saint-Thomas, furieusement, avec les pieds dans l'eau glacée. Les morts s'ajoutent aux morts ; l'épuisement est tel que les blessés meurent.

Cordonnier se rend, au début de janvier 1915, à Moiremont, auprès de son commandant de corps d'armée, avec en main, la liste de ses morts. Il dit à Gérard combien un repos serait nécessaire pour permettre aux hommes épuisés de reprendre des forces. « N'écrivez pas ça, Cordonnier, Joffre vous limogera. »

Cordonnier jette à nouveau les yeux sur la liste funèbre ; il s'assied à un coin de table et rédige sa lettre qu'il remet à son chef.

Fouquier-Tinville, ou du moins celui qu'on nomme ainsi, arrive, peu après, à Vienne-le-Château ; il juge sur place ce que la lettre a de fondé. Cordonnier ne sera pas limogé et sa division sera relevée.

Argonne et Palais-Bourbon.

« La relève aura lieu le 15 janvier », ordonne le général Sarrail, qui, depuis peu, a le 2e corps dans son armée.

Cordonnier, encore une fois, « rouspète ». Il va, en hâte, auprès de son commandant de corps d'armée ; il montre que la relève ne peut se faire que lentement, bataillon par bataillon, batterie par batterie, tant la situation en Gruerie est difficile. Gérard accorde tout ce qui lui est demandé : la relève commencera le 13 et sera terminée le 18.

Le 21 ou 22 janvier, la 3e division est dans des cantonnements de repos. Cordonnier se rend à Sainte-Menehould, convoqué par son commandant d'armée.

L'accueil manque de bienveillance. « Cordonnier, si nous n'étions pas de vieux amis, je vous aurais mis aux arrêts; je vous avais ordonné de faire l'opération de la relève le 15 : vous l'avez faite le 13. »

— Votre état-major vous renseigne bien mal. La relève a commencé le 13, mais elle ne s'est terminée que le 18, et, jusqu'au 18, j'ai conservé la responsabilité du secteur. »

Devant une telle ignorance des faits, je perds toute retenue. J'ajoute : « La relève, en Argonne, est plus difficile qu'au Palais-Bourbon ! »

Alors, quel spectacle ! Les mains dans les poches s'agitent, le teint se colore, et je vois apparaître « les yeux de lapin ».

Les yeux de lapin.

C'était un de mes amusements, à Saint-Maixent, que les yeux de lapin. Ces yeux venaient au paroxysme de la colère, et quand la colère se portait sur un autre que sur moi, ce qui était le cas habituel, toute la joie était pour moi. Le rouge passait des joues au blanc de l'œil ; les grands yeux bleus se fermaient à demi ; on était en face de ce spectacle que présente un lapin qu'on écorche vif.

Dans ce drame de la guerre, il est des instants où des choses de gamin laissent des impressions persistantes.

La vue des yeux de lapin me reporta loin en arrière, et calma mes nerfs ; je réparai l'incartade.

Ayant repris mon sang-froid, j'exposai combien était instable notre possession de l'Argonne, et j'ajoutai : « Dans une quinzaine de jours, aura lieu la relève de la division Guillaumat ; ne laissez pas votre état-major prescrire une relève en 24 heures ; les Allemands seraient bientôt après à Sainte-Menehould. »

La sérénité fut rétablie. Le commandant d'armée me retint à déjeuner ; nous remuâmes des souvenirs anciens. Sarrail alla jusqu'à me dire qu'il m'avait demandé à Joffre pour commander un des corps d'armée de son armée, mais sans succès. « Il me refuse tout ce que je lui demande. »

Bientôt, Joffre vint passer l'inspection de ma division, et, peu après, je recevais l'ordre de me rendre en Alsace, où un commandement plus important m'était dévolu.

Je ne revis Sarrail que dix-huit mois plus tard.

L'Argonne n'est pas le Palais-Bourbon, la guerre n'est pas la politique ; l'étude de la politique ne prépare pas à la guerre.

Sarrail, comme je l'ai dit précédemment, s'adonnait avec ardeur à son travail journalier, au service courant. Grâce à ses hautes facultés, il se mettait hors de pair, dans les fonctions qu'il avait à remplir. N'étant pas flâneur, il ne flânait pas ; n'étant pas un rêveur, il ne rêvait pas. Tout à ses fonctions, il n'en sortait pas.

Ce qu'il y a de très grave est qu'un officier puisse prendre du galon sans accroître son bagage militaire. On s'imagine avoir un chef d'un grade élevé, et on se trouve en présence d'un homme qui n'a qu'une haute place dans la hiérarchie militaire.

A partir du grade de chef de bataillon, un officier peut rarement, la troupe en main, développer ses facultés. La guerre a porté aux commandements élevés les professeurs de l'Ecole Supérieure de Guerre, un professeur à Saumur comme le général Weygand ; des hommes qui ont médité, rêvé. Aucun des généraux qui ont dû à leur présence auprès d'une haute autorité politique un avancement rapide n'a justifié la faveur dont il avait été l'objet. Cependant, à l'Elysée, au Palais du Luxembourg, au Palais-Bourbon, dans les Ambassades, on ne rencontre que des officiers distingués par leur intelligence et leur instruction. On voit à l'Elysée, notamment, des officiers qui ont eu un début de carrière très brillant. A la guerre, ils ont fait faillite.

Une réforme est nécessaire.

Le maréchal Joffre, peu avant la guerre, a créé le Centre des Hautes Etudes, par lequel il fait passer des officiers supérieurs ; il les a mis en face des hauts problèmes de la guerre ; il a rendu leur cerveau capable de recevoir une impression exacte de ce que les premiers jours de la guerre révéleraient.

Jamais la guerre n'a été sans surprise. Il eût été chef insuffisant, celui qui, en 1918, se serait comporté comme il fallait faire en septembre 1914.

L'évolution est constante ; malheur à qui n'évolue pas et malheur surtout à ses subordonnés !

La guerre est chose abominable, mais que de qualités de science, d'intelligence, de cœur, il faut pour la bien faire, même comme simple soldat.

Sarrail était incomparable, dans l'Ubaye ; il fut l'homme indispensable à Saint-Maixent.

Au Palais-Bourbon, jamais peut-être Président de Chambre n'a été aussi bien servi. Sarrail connut en quelques semaines le règlement de la Chambre, les députés avec leur opinion, leur arrondissement, leur nombre de voix, leurs concurrents. Il ne pouvait être là qu'un dictionnaire à feuilleter, mais quel dictionnaire !

A la Direction d'Infanterie, il n'avait que faire de répertoire, sa mémoire suffisait. Dans sa mémoire, les vacances à combler apparaissaient, les lois de recrutement étaient, pour ainsi dire, imprimées. Quand le Ministre avait un renseignement à demander, il n'avait qu'à faire appeler son Directeur de l'Infanterie ; il l'obtenait instantanément, sans recours aux papiers.

Alors que j'étais colonel du 119ᵉ d'infanterie, je voulus proposer pour le grade de capitaine un officier très méritant. Cet officier, il y avait longtemps, avait, aux manœuvres, eu chaud et très soif. Cela s'était traduit par des arrêts avec un motif qui en faisait un disciple de Bacchus, alors qu'il n'avait fait qu'un pas accidentel vers la treille. Une cigarette, encore allumée, s'égara. Il fallut refaire le feuillet du personnel, sans pouvoir lire la partie brûlée. Le dossier, refait, arriva à la Direction de l'Infanterie, et je fus bien étonné quand Sarrail me demanda pourquoi tout souvenir de Bacchus avait disparu ; il se souvenait de ce qu'il avait lu l'année précédente pour une première proposition.

Il est naturel que Président de Chambre, Ministre, soient émerveillés de leur serviteur et des services rendus : les galons arrivent. Alors, on ne croit pas possible un décrochage en plein combat ; on a devant soi une armée ennemie et on ne la voit pas ; on est dans l'Argonne et on ignore tellement l'Argonne qu'on se fait dire par un intempérant de langage que l'Argonne n'est pas le Palais-Bourbon.

Sarrail n'a jamais su tâter le pouls à l'Argonne ; le 13 juillet 1915 et le lendemain, il y subit un désastre qui le fit relever de son commandement. M. Paul Coblentz s'attache à rechercher quel rôle le général Dubail a joué dans ce « limogeage ». Cela ne nous intéresse pas.

Si nous rappelons ce qui vient d'être dit, on peut se rendre compte que Cordonnier, jusqu'au moment où il retrouvera le général Sarrail à Salonique, n'a eu qu'une occasion de douter de la valeur militaire de son ancien chef de Saint-Maixent, que par l'ordre de la relève, en un jour, de la Gruerie.

Ce n'était pas suffisant pour détruire une impression ancienne, bien ancrée dans son esprit.

On lui dit que la politique était pour beaucoup dans le départ de Sarrail ; il ne put que laisser dire, son attention étant d'ailleurs absorbée presque complètement par ses fonctions de commandant de corps d'armée, en face de Saint-Mihiel.

Chapitre V

L'ATTAQUE ABSURDE ET SANS MOYENS

Cordonnier à Chantilly.

Le 31 juillet 1916, à dix heures du soir, au téléphone, le capitaine Lescure, du Q. G. de la 1re armée, me disait :

« Mes compliments et mes regrets, mon Général, vous nous quittez.

— Qu'est-ce que cela signifie ?

— Vous êtes nommé à Salonique. Ne le saviez-vous pas ?

— Je ne m'attendais à rien de ce genre. Qu'y vais-je faire, et à quel titre ?

— C'est pour y commander les divisions françaises ; je n'en sais pas plus long. Dans un moment, le général Gérard vous appellera au téléphone ; peut-être pourra-t-il vous en dire davantage. »

Un quart d'heure plus tard, c'est le Général qui appelle :

« Vous êtes un cachotier, Cordonnier, vous auriez pu m'en parler.

— Je n'ai rien eu à vous cacher, mon Général, car j'ignorais que le G. Q. G. pensât à moi pour aller là-bas.

« D'ailleurs, aller commander un groupe de divisions, après avoir été un an et demi à la tête d'un corps d'armée, n'est pas une faveur. Si je ne connaissais votre amitié à mon égard, je croirais à une disgrâce.

— Vous n'avez pas de disgrâce à craindre, mon cher ami ; il est probable que c'est Sarrail qui vous a demandé ; aussi je vous adresse toutes mes félicitations. Vous serez rendu à Chantilly après-demain, 2 août; vous vous présenterez au Général en chef à neuf heures. Passez votre service à Beaudemoulin, et venez déjeuner avec moi demain matin. »

Déjà, le 8 mai 1915, un coup de téléphone m'avait fait quitter brusquement la Haute-Alsace et le groupe de divisions que j'y commandais, pour m'envoyer en pleine tempête à Commercy menacé, à la suite d'une mauvaise affaire au bois d'Ailly.

On disait, sous le Premier Empire, que l'imprévu est la loi de la guerre ; au XXe siècle, le téléphone a étrangement augmenté la part de l'imprévu.

J'avais eu à livrer, en forêt d'Apremont, des batailles acharnées pour refouler l'ennemi, et constituer un front convenable. Peu à peu, le haut commandement avait diminué ses exigences ; peu à peu aussi, il avait ralenti ses envois de munitions, si nécessaires ailleurs et dont nous étions si pauvres. Plus tard, pour faire effort en Champagne, la 15e division avait été enlevée du secteur. Au début de 1916, les 15e et 16e divisions combattaient côte à côte à Verdun ; le secteur de Commercy étant gardé par une division « amochée » et des troupes de territoriale.

Le secteur devenait calme, le front s'étendait, mais le nombre et la qualité momentanée des défenseurs diminuaient. Les tranchées étaient devenues solides et bien protégées, des salles souterraines servaient de lieux de réunion et de repos, des bornes-fontaines conduisaient l'eau filtrée jusque dans les tranchées de première ligne, des jardins admirablement cultivés procuraient aux soldats des légumes frais, les prairies de la Meuse offraient, la nuit, aux chevaux, de gras pâturages et un doux terrain de parcours. A Commercy, un théâtre pour deux mille cinq cents spectateurs avait mis la comédie près des lieux où se jouait la plus terrible des tragédies.

Pour moi, ce secteur ressemblait à un sanatorium dont j'avais la haute direction ; la fonction ne me satisfaisait plus.

Un jour, je m'échappai du côté de Verdun ; j'avais appris que mes 15ᵉ et 16ᵉ divisions s'y battaient l'une à côté de l'autre, et je me rendis auprès du général Nivelle pour lui demander de me mettre à la tête de ces troupes qui relevaient du 8ᵉ corps, et que j'avais si amoureusement mises en bon état.

Nivelle me conseilla d'en parler à Pétain. Pétain se contenta de me retenir cordialement à dîner, et de me dire qu'il étudierait la chose.

Je retournai à Commercy, reprendre l'exploitation de mon sanatorium.

L'inaction me pesait ; j'étais jaloux des lauriers que d'autres cueillaient avec les braves à qui, dans mon secteur, j'avais rendu la santé et exalté le moral. Certes, j'étais bien à Commercy. Le général Gérard, mon ancien chef du temps de paix et du début de la guerre, me traitait en ami. Le général Franchet d'Espérey, commandant du groupe de l'armée de l'Est, était pour moi d'une extrême bienveillance. Joffre, au mois d'avril 1916, en me remettant la cravate de commandeur, avait dit : « Partout où vous êtes, Cordonnier, je suis tranquille. »

Ma santé était parfaite, et, depuis un an, ma jambe, blessée en Argonne, ne réclamait plus de soins.

Cependant, je ne me trouvais pas satisfait de mon sort, et c'est le cœur joyeux, le 31 juillet 1916 au soir, que j'appris ma désignation pour l'Orient.

L'Orient, c'était la guerre de mouvement, la manœuvre dans de grands espaces, la guerre avec ses feintes et ses attaques, la mise en jeu du cerveau fertile en combinaisons, et non plus la brutale lutte qui donne le triomphe à qui peut répandre le plus de tonnes d'obus.

A Salonique, je vivrais à nouveau dans l'intimité du général Sarrail, comme jadis à Lyon, comme autrefois à Saint-Maixent et à Paris. Je croyais en la capacité guerrière du commandant de l'armée d'Orient ; j'attribuais à la politique sa disgrâce d'Argonne ; j'ignorais les responsabilités qui pesaient sur lui pour la perte des Hauts-de-Meuse et du fort du Camp des Romains ; je croyais, moi aussi, qu'il avait sauvé Verdun.

J'avais donc le cœur bien joyeux quand, le soir du 31 juillet, après avoir donné à mon chef d'état-major — le colonel Chauvet — mes instructions, je me penchai sur la carte du secteur du 8° corps pour y faire mon examen de conscience et me féliciter du terrain gagné depuis mon arrivée.

L'examen de conscience terminé, je me pris à

rêver sur la carte des Balkans ; le rêve dura une partie de la nuit.

Le 1er août, à onze heures, je déjeunais chez le général Gérard ; à quatorze heures, je saluais le général Franchet d'Espérey, à Mirecourt ; à dix-sept heures, j'enlevais à l'affection de sa femme et de ses enfants mon beau-frère, le capitaine Febvrel, mort depuis au champ d'honneur, que j'emmenais avec moi en Orient ; à vingt heures, mon automobile, après avoir roulé de Commercy à Toul, Mirecourt, Epinal, me ramenait à mon Q. G.

Après les adieux aux officiers de l'état-major du 8e corps d'armée, je faisais mes cantines.

Le 2 août, à deux heures du matin, l'automobile m'emmenait vers Chantilly.

Pour la cinquième fois, depuis le début de la campagne, j'allais vers l'inconnu.

J'arrivai à Chantilly à neuf heures du matin. Joffre se montra d'un calme parfait ; il m'accueillit avec son bon sourire de « grand-père » et me dit, à peu près textuellement, ceci : « Etes-vous au courant des affaires d'Orient ?

— Non, mon Général. Je ne connais des événements actuels que ce qu'en ont dit les journaux, autant dire rien.

— En sortant d'ici, vous irez voir le général Pellé ; il vous mettra au courant de la situation actuelle et vous donnera des documents et des cartes qui vous permettront de vous préparer à votre mission. *Il est urgent de commencer en Orient au plus tôt les opérations offensives ; ce qui se passera en Orient peut avoir une influence considérable sur l'issue de la guerre.* Le front est étendu, les troupes sont de plus en plus nombreuses et, *pour délivrer le général Sarrail des préoccupations du commande-*

ment direct des divisions françaises, il a été jugé utile de donner un chef à ces divisions.

« Le Général vous a demandé pour commander cet ensemble ; vous êtes son ami, vous vous entendrez, par conséquent.

« Dites au général Sarrail que je suis tout à fait disposé à lui être agréable ; qu'il chasse toute idée contraire ; nous comptons beaucoup sur lui et sur la répercussion qu'aura sur la guerre une offensive de ses troupes.

« *Tout ce qu'il demande, on s'efforce de le lui donner.* Faites-lui mes amitiés et dites-lui que je tiens beaucoup à lui être agréable. »

La conversation passa, alors, sur les instants pendant lesquels le Général en chef m'avait vu à l'œuvre ; il fut ensuite question d'officiers d'état-major que je pourrais emmener avec moi.

De neuf heures et demie à onze heures, je m'entretins avec le général Pellé.

Le chef d'état-major rappela succinctement ce qui s'était passé dans la région de Salonique : une marche sur Krivolak, un repli vers Salonique, la création d'un camp retranché, un long séjour dans ce camp, une nouvelle prise de contact à la frontière grecque, et l'inaction à cette frontière.

Le lieutenant-colonel Bel vint avec une liste sur laquelle figuraient des noms d'officiers brevetés disponibles. Sur cette liste, j'avais à choisir : un lieutenant-colonel, un commandant et un capitaine pour compléter l'état-major que le général Sarrail formait, en partie, avec des éléments pris en Orient. Je fis mon choix.

A onze heures, je prenais place à la table du Général en chef ; vers quatorze heures, je rendais visite au général de Castelnau, qui me souhaitait bonne chance ; le soir, j'étais en famille à Neuilly.

Le 3 août, au matin, selon les instructions qui m'avaient été données à Chantilly, je me présentai au Ministère de la Guerre, où le général Roques parla du général Sarrail comme d'un grand ami ; il insista pour déclarer combien le Gouvernement comptait sur *l'influence qu'aurait sur la guerre une prochaine offensive des Alliés dans les Balkans.*

Cordonnier à l'Elysée.

Le soir même, à l'Elysée, le Président de la République me donnait audience. Il n'était pas « catastrophé », pas même nerveux. Il me parla, avec la sûreté de mots qui est si remarquable chez lui, de la situation générale, de l'entrée prochaine de la Roumanie dans l'alliance, des espoirs qu'on était en droit de fonder sur le théâtre de guerre balkanique. Il s'informa des relations qui existaient entre le général Sarrail et moi, et il manifesta une vive satisfaction, en s'entendant dire que ces relations étaient à la fois anciennes et cordiales.

Je ne crois pas avoir failli à la vérité, en affirmant cet état des relations. Je crois, bien que la question posée en tête de ce livre donne lieu à doute, qu'à ce moment, quoi qu'ait écrit Sarrail, je ne le trahissais encore pas.

La conversation prit bientôt l'allure d'une causerie dans laquelle le Chef de l'Etat, tout en conservant le ton qui convient à la fonction, se faisait homme du monde s'entretenant avec un autre homme du monde. On parla de l'Orient, d'Athènes; le lettré fut désappointé d'apprendre que le soldat ignorait la Grèce ; le soldat expliqua pourquoi, ayant parcouru toute l'Europe à la suite de la Grande Armée, il n'était point allé là où la Grande

Armée n'avait pas mis le pied. Le lettré admit l'excuse du soldat.

Je ne me faisais pas d'illusions. On avait estimé qu'un second était indispensable au général Sarrail au moment où, de l'avis des hautes autorités du Gouvernement et de l'Armée, le théâtre de guerre balkanique prenait une importance capitale ; mais on voulait que ce second eût la confiance du Chef, qu'on savait de caractère ombrageux.

Cordonnier au Quai d'Orsay.

C'est le lendemain, 4 août, au Ministère des Affaires Etrangères, où j'arrivai conduit par mon camarade de promotion, le sénateur Gervais, que la situation fut nettement exposée par un homme qui avait à la fois l'autorité pour tout dire, et la volonté des précisions. M. Briand aborda sans tarder le vif de la question :

« Le Gouvernement, dit-il, consent les plus grands sacrifices en faveur de l'armée d'Orient ; il réclame du Général en chef tout ce qui peut être enlevé du front de France. Nous fondons les plus grands espoirs sur ce qui se passera en Orient, où la guerre de mouvement est possible. Dites au général Sarrail de compter sur le Gouvernement ; il faut qu'il cesse d'être soupçonneux et de se méfier de tout le monde. On cherche, à Paris comme à Chantilly, à lui donner tout ce qu'il demande, et à lui être agréable. »

M. Briand avait appuyé sur le : « Il faut qu'il cesse d'être soupçonneux », et il s'était fait dire que l'amitié existait entre Sarrail et moi.

Tout ceci est de l'Histoire.

Je ne savais rien de ce qui se chuchotait dans les couloirs du Parlement. L'insistance des journaux que je lus à Paris, les 3, 4 et 5 août, à dire que j'étais nommé à Salonique « sur la demande du général Sarrail », les questions que me posèrent le Président de la République et le Président du Conseil sur mes relations avec le commandant de l'armée d'Orient, montraient bien qu'il y avait des dessous politiques. Mon camarade le sénateur Gervais s'était borné à me dire : « Sarrail a beaucoup d'adversaires qui pourraient donner à penser qu'on veut le diminuer ; pour couper court à leur malveillance, on fait savoir que Sarrail t'a demandé, ce qui est vrai d'ailleurs. »

Pendant mon séjour à Paris, j'allai rendre visite à M. Etienne. C'est lui qui m'avait donné les étoiles avant l'heure normale. L'ancien Ministre, qui connaissait le tempérament agressif du chef en Orient et le caractère entier du subordonné qui venait de lui être donné, se félicita d'apprendre qu'il y avait amitié entre les deux hommes.

L'Histoire dira donc que le Gouvernement de la République, en août 1916, voulait une action vigoureuse en Orient ; elle dira également que ce Gouvernement a manifestement cherché à mettre en confiance le général Sarrail ; elle dira, à ceux qui affirment que je fus envoyé à Salonique pour faire le pont entre le général Sarrail et son successeur soi-disant désigné, le général Gouraud, qu'ils se trompent.

Il ne me vint pas à l'idée de lire *Le Bonnet Rouge*, et encore moins d'en compulser la collection. Si je l'avais fait, j'aurais appris que *Bonnet Rouge*, Painlevé et les partis de gauche menaient une guerre acharnée contre Joffre ; j'aurais deviné peut-être que le fauteuil présidentiel de M. Briand ne tenait plus que sur trois pieds, et qu'un bâton de maréchal se confectionnait pour masquer une désastreuse mesure.

Quand je quittai Paris, le 6 août 1916, pour me rendre à Salonique, j'ignorais toutes ces choses ; mais, à Salonique, on connaissait la campagne menée contre Joffre et M. Briand, et on en escomptait les résultats. On n'ignorait qu'un acte : la remise en des mains allemandes des précieux documents partis de Salonique ; mais le canon bulgare n'allait pas tarder à le dire.

Et moi, qui avais dans le vainqueur de la Marne une confiance absolue, je croyais le seconder en allant auprès de Sarrail ; l'un et l'autre me semblaient poursuivre le même but, le triomphe de la France, sans arrière-pensée.

En route pour Salonique.

Le 6 août, ayant avec moi le colonel Fillonneau et le capitaine Febvrel, je partais de Paris pour Brindisi.

Sauf pendant un arrêt de deux ou trois heures à Alexandrie, le train roula constamment.

Profitant de l'arrêt, je me promenai dans la ville italienne, que j'avais visitée quelques années auparavant, en allant voir le champ de bataille de Marengo.

On salua beaucoup les officiers français ; à ce moment même, des bataillons italiens partaient pour Salonique. L'esprit italien était tout différent de ce que j'avais connu quelques années auparavant, sous Crispi.

Il faisait nuit noire quand, le 7 août, j'arrivai à Brindisi. Un commandant de torpilleur français était sur le quai à la descente du train : « Quand voulez-vous embarquer ? », me dit-il.

« Immédiatement. »

Une heure plus tard, le torpilleur était en route. Brindisi ? Je ne l'ai pas vu.

Pendant que le torpilleur sautait d'une vague à l'autre par mer houleuse, allongé sur ma couchette, je compulsais les tableaux d'effectifs que m'avait remis le général Pellé, je parcourais les cinq ou six volumes sur les guerres balkaniques et la géographie de la grande péninsule qui formaient la bibliothèque que je m'étais constituée à Paris, et, de temps à autre, je travaillais sur la carte des Balkans, dans le salon du bord, avec le colonel Fillonneau, dont je mettais à contribution la connaissance des Grecs et de la région.

Serbes, Bulgares, Grecs n'étaient pas des inconnus pour moi. J'avais eu des officiers serbes dans le régiment que je commandais à Paris. Le roi Pierre de Serbie m'avait envoyé la cravate de commandeur de l'Ordre de Saint-Sava, en reconnaissance des services que j'avais rendus à l'armée serbe.

A l'Ecole Supérieure de Guerre, j'avais eu à instruire des officiers bulgares et des officiers grecs.

La guerre à Salonique accroîtra encore la haute opinion que j'avais de la bravoure du soldat serbe, et de la valeur intellectuelle de ses cadres.

L'armée bulgare me causera quelque surprise ; je la croyais meilleure, comme soldats, à ce que j'en ai vu sur le champ de bataille.

Sarrail reçoit Cordonnier affectueusement.

J'entrai à Salonique, en traversant l'ombre faite par l'Olympe, sous l'œil des dieux, le 10 août 1916 au soir.

J'avais la joie au cœur et la certitude de la victoire prochaine. J'avais foi dans la valeur du chef que, dans un instant, j'allais revoir.

Un officier m'attendait sur le quai ; il me conduisit à la Villa bulgare, où le général Sarrail avait établi son Quartier Général.

Le commandant de l'armée d'Orient m'accueillit affectueusement, avec sa simplicité habituelle. Dans son bureau, seul à seul, nous parlons de Chantilly, de Paris ; je le remercie de m'avoir fait venir auprès de lui ; il accepte sans sourciller le remerciement, ce qui me confirme bien dans l'idée que c'est par son unique volonté que je lui suis adjoint.

Il m'écoute lui dire ce que j'avais été chargé de lui rapporter, tant par le Général en chef que par le Président de la République et que par le Président du Conseil.

Il me regarde bien en face, voit que je suis non seulement un fidèle messager, mais aussi un homme qui croit à la sincérité de ceux dont il rapporte les paroles ; il sourit de ma naïveté. Je m'en aperçois, j'insiste sans constater d'effet heureux produit par cette insistance.

On parle des événements de France, des durs combats de Verdun, des échecs du début, du retour offensif si hardi de Nivelle, de la belle conduite de Pétain...

Mon admiration ne rencontre pas d'écho. Le Chef me laisse dire.

Quant aux bonnes paroles rapportées de Chantilly et du Quai d'Orsay, elles provoquent un : « Vous verrez ce qu'il faut en croire. »

Le fou du roi.

A table, jouant quelque peu le rôle du fou du roi, se trouve le capitaine Mathieu, que ni son éducation, ni ses connaissances militaires ne désignaient pour figurer auprès d'un grand chef. Ce malheureux, qui avait fait honorable figure dans le rang, sur le champ de bataille, et qui aurait continué d'y servir honorablement son pays, avait déjà, par légèreté, ou peut-être pour des raisons portant en elles-mêmes leur excuse — des raisons d'obéissance par exemple — contribué à la formation d'un orage qui décimera l'armée de Salonique.

Le général Sarrail, à cause de son esprit soupçonneux, méfiant, autoritaire, et pour donner des gages à certain parti politique, avait ramassé auprès de lui ou des médiocrités, ou des hommes disposés à dire toujours : *Amen.*

A la tête de ses grandes unités, il avait placé des généraux que la paix avait créés, mais que la guerre avait ramenés dans le néant ; des hommes qui, tout au moins, n'avaient pu profiter de l'enseignement des champs de bataille.

Un plus fort que le général Sarrail n'aurait pu, avec de tels seconds, faire face avec succès aux événements qui allaient surgir.

Le général Sarrail m'avait fait attribuer une villa, peu distante de son domicile.

Le colonel Jacquemot et son officier de réserve adjoint y habitaient également.

Les bureaux de l'état-major de l'armée française d'Orient étaient installés à l'autre bout de la ville, dans le même bâtiment que ceux du Général en chef.

Ces dispositions étaient assez heureuses, puisqu'elles permettaient au travail de bureau de se faire plus rapidement ; la proximité des villas des deux généraux rendait, la nuit, les appels et les réponses à l'appel plus faciles.

Le colonel Jacquemot venait de cesser de remplir les fonctions de chef d'état-major de l'ensemble ; il pouvait donc être d'un concours précieux pour le nouveau-venu, par sa connaissance des choses et des gens. En échange de cet avantage, il y avait l'inconvénient de la routine, du peu d'entrain à parer aux dispositions insuffisantes d'un passé d'inertie accepté, sinon créé ; mais je profitai des avantages sans trop subir les inconvénients, en utilisant largement l'activité et les hautes connaissances du sous-chef d'état-major, que j'avais demandé à Chantilly.

Sarrail me fait nommer chef d'armée.

Pendant que j'étais en route, de Paris vers l'Orient, des télégrammes avaient été échangés entre Chantilly et Salonique, pour régler ma situation personnelle et organiser mon commandement.

Le 6 août 1916, le G. Q. G. avait télégraphié au commandant en chef à Salonique : « Prière de me faire connaître si, en raison de la situation qu'il aura, le général Cordonnier doit être pourvu du rang et des prérogatives de commandant de détachement d'armée ou s'il doit avoir rang de commandant d'armée ? »

Le général Sarrail avait répondu en proposant le rang de commandant d'armée ; aussi, le 7 août, le G. Q. G. télégraphiait : « En réponse à télégramme n° 6788/M, général Cordonnier aura rang de commandant d'armée. »

Le rang de commandant d'armée avait été demandé afin de mettre le chef français sur le même rang militaire que les chefs des Serbes et des Anglais. Toutefois, si, le 6 août, le général Sarrail avait eu dans l'esprit que le général qu'on lui donnait pour second fût soit un successeur éventuel, soit le précurseur de ce successeur, il aurait cherché à affaiblir la situation de ce nouveau-venu en lui faisant attribuer la prérogative la moins élevée.

On doit, d'après cela, admettre l'existence de sentiments bienveillants chez le général Sarrail envers moi.

Répartition du commandement.

Ce même jour, 7 août, le G. Q. G. avait demandé comment le général Sarrail entendait régler le commandement. Le Général répondit :

« Les troupes qui peuvent être mises, selon les nécessités, à la disposition des Français, Russes, Serbes, Italiens, continueront à dépendre directement de moi.

« Je conserverai donc :

« *a*) Brigade de cavalerie : 4° et 8° chasseurs avec groupe à cheval, laissant le 1er chasseurs aux ordres du général Cordonnier ;

« *b*) Artillerie lourde. A l'exception des 120 divisionnaires et de : un groupe de 120, un groupe de 155 L., un groupe de 155 C. ;

« *c*) Equipage de pont.

« 3° *Services.* — Les Services d'armée et la Base devant desservir toutes les troupes alliées (sauf les troupes anglaises), j'en conserve la direction, en les rattachant à la Base.

« Le colonel Sarda, commandant la Base, remplira les fonctions de chef d'état-major pour tout ce qui concerne les services de l'armée et les troupes d'étapes, et sous la dénomination de chef d'état-major de l'arrière.. »

Le front au 11 août 1916.

Le 10 août, le front bulgare était marqué à peu près par la frontière grecque : Florina était donc entre nos mains, ainsi que le viaduc d'Eksisu, qui jouera un rôle d'importance capitale dans les événements qui vont suivre.

A peu de distance des Bulgares, étaient l'armée serbe à l'ouest, les divisions françaises au centre, à cheval sur le Vardar, les Anglais à l'est, dominant la Struma mais sur la rive ouest. Au delà de la Struma était la cavalerie, que commandait le général Frotiée, sous les ordres directs du général Sarrail.

Les Anglais avaient introduit un corps d'armée sur la rive droite du Vardar ; il se trouvait intercalé entre deux divisions françaises.

A Salonique et dans ses environs immédiats, il y avait une agglomération de dépôts, d'ambulances, d'hôpitaux, de magasins et de quartiers généraux.

La densité du front était notable, entre le Kaïmaçalan et la Struma (pont d'Orljak). A l'aile droite et à l'aile gauche, il n'y avait aucune force de résistance.

Des réserves partielles, ou, pour mieux dire, des troupes au repos, existaient derrière le front serbe et les fronts anglais ; il n'y avait à peu près personne en arrière des grandes unités françaises.

Pas de réserve générale.

Quant à une réserve générale, on avait négligé d'en constituer une ; Salonique était vide de troupes combattantes. Parmi les « Jardiniers de Salonique », il n'y avait que des états-majors et des non-combattants.

Un chef qui n'immobilise pas par l'offensive son adversaire est à la merci des événements s'il ne possède pas de réserves. C'est parce que Joffre avait de fortes réserves, qu'il a données au général Pétain, qu'il a pu arrêter le Kronprinz à Verdun, puis le faire refluer.

C'est parce qu'il a trouvé des réserves, que Pétain avait dispensées derrière le front, que Foch, en mars 1918, quand il fut improvisé Chef des Alliés à Amiens, put boucher le vide fait sur la Somme et arrêter la victoire, au moment où Ludendorf croyait la tenir.

Se constituer des réserves, organiser leur tranport vers un point quelconque du front, doit être la préoccupation du commandant en chef qui veut pouvoir manœuvrer offensivement ou défensivement.

Partager le front entre ses subordonnés, et distribuer à ces subordonnés toutes les troupes qu'on possède, est abdiquer, se mettre à la merci de l'imprévu.

Ceux que Sarrail a appelé des « stratèges de Kriegspiel » savaient ça.

Sarrail ne l'avait pas appris au Palais-Bourbon.

Quand une alerte se produira à l'aile droite, il n'y aura pas même un bataillon pour secourir cette aile droite. Quand la division du Danube reculera vers Ostrovo, les Serbes pourront, avec leurs réserves partielles, parer au plus pressé et former crochet défensif ; mais il ne se sera rencontré personne derrière cette division du Danube pour l'aider à modérer son recul. Cependant, la voie ferrée de Salonique à Monastir aurait permis d'accourir au secours de cette division si la chose avait été prévue. L'idée de manœuvre ne germait pas dans le cerveau du commandant du front de Salonique.

Le général Bailloud.

Le général Sarrail avait réclamé et obtenu le rappel du général Bailloud. Celui-ci était en instance de départ. Il fut remplacé à la 156ᵉ division par le général Baston, que Joffre avait bien voulu me donner et qui fut avec moi, à Salonique, un des rares officiers d'un grade élevé qui n'avait pas été limogé sur le front de France.

Il les collectionnait, les limogés.

De Cadoudal.

Quand la 57ᵉ division quittait l'Alsace pour aller en Orient, le général de Cadoudal la commandait : Sarrail n'en voulut point, il lui préféra le général Leblois, qui n'a pas été un Desaix à Rossignol.

Baston.

Ce ne sont pas des raisons de capacités guerrières insuffisantes qui ont pu motiver la demande de rappel du général Bailloud, puisque la 156ᵉ division ne se battait pas quand la demande fut faite. Ce vieux soldat sans peur et sans reproche, qui n'a connu le repos que dans la tombe, était une force morale incommensurable, à Salonique, où tant de choses conseillaient la désespérance. C'était une grave faute que de se priver de cette force morale à laquelle — les Dardanelles venaient de le prouver — se joignaient les talents militaires. Quand j'arrivai à Chantilly, déjà le rappel du chef de la 156ᵉ division était décidé ; on me fit choisir son successeur sur une liste de quelques noms. Je demandai et obtins la désignation du général Baston. Pour une fois, Chantilly n'avait pas souffert qu'une division fût donnée seulement à la politique ou à l'amitié, mais à la valeur.

Jacquemot en demi-disgrâce.

Le lendemain de mon arrivée, je travaillai avec mon chef d'état-major, le colonel Jacquemot, qui, ayant été, jusqu'à la veille, le chef d'état-major de Sarrail, était capable de répondre à toutes les questions que je lui posais.

J'appris ainsi que la 17ᵉ division coloniale, qui était sous mes ordres, allait incessamment être lancée dans une attaque frontale sur les pentes tombant sur la rive ouest du lac de Dojran. Je lus les ordres donnés avant mon arrivée ; je fis mes objections, que Jacquemot ne rétorqua qu'en me disant : « C'est le général Sarrail qui en a décidé ainsi. »

Avant de soumettre ma manière de voir à mon chef, je voulais autre chose qu'un examen de la carte. Aussi, le chef de l'aviation, le commandant Denain, étant venu se présenter à moi, je l'invitai à tenir, pour le lendemain matin, un avion prêt pour me faire survoler le front.

Le commandant Denain.

Le 12 août, vers cinq heures du matin, je partais, ayant comme pilote le commandant Denain, qui avait revendiqué le soin de promener son chef. Un fanion, tricolore et cravaté, claquait à l'arrière de l'avion ; de nombreux officiers assistaient au départ, le commandant Denain ayant profité de l'occasion pour présenter son personnel.

De Salonique, l'avion piqua vers la Bistritza, au point de liaison de la droite serbe avec la gauche de la division Regnault, puis il survola le Vardar, le lac Dojran, longea la chaîne du Bélès, arriva à la Struma pour regagner ensuite Salonique. Il avait quelque peu tournoyé, assez bas, parmi des nuages créés par les obus que lui destinaient les Bulgares, au-dessus de la région où la division coloniale devait attaquer.

Grâce à l'avion, j'avais pu, en moins de trois heures, me faire une impression de la région située entre le lac d'Ostrovo et Sérès, et acquérir la conviction des défectuosités de l'attaque projetée à Dojran.

L'Histoire sous l'œil des dieux.

A mon retour, je me fis remettre des états du personnel et du matériel de l'armée dont le commandement m'était échu, et je réclamai des documents qui m'apprendraient ce qui avait été fait à Salonique depuis le début de la campagne. On me remit un récit quelque peu fantaisiste, écrit « sous l'œil des dieux » par un officier de réserve de l'état-major du commandant de l'armée d'Orient, où l'imagination tenait lieu de connaissances militaires et de méthode historique, et dans lequel l'auteur avait eu plus de souci de parer le commandant en chef de qualités incomparables que de déshabiller la vérité pour la présenter dans sa nudité.

Ce récit était ridicule de flatteries. Il ressemblait peut-être à une de ces élucubrations que des hommes politiques jettent à la face de leurs badauds d'électeurs sous le nom de « compte rendu de mandat ». Ce n'était pas un document à transmettre ni au G. Q. G., ni au Gouvernement pour exposer les faits accomplis.

Je marquai ma surprise à Jacquemot ; mais il en avait vu d'autres. Sa position était difficile, au colonel Jacquemot. Il était en demi-disgrâce, puisqu'il passait de chef d'état-major du général en chef à chef d'état-major du commandant de l'armée française d'Orient (A. F. O.) ; mais peut-être croyait-il que j'étais envoyé à Salonique par *L'Action Française* ou quelque chose d'approchant. Il avait été mon élève à l'Ecole Supérieure de Guerre ; il m'a secondé avec zèle et intelligence ; j'ai gardé de lui un bon souvenir. Mais il n'y a jamais eu là-bas cette intimité qu'on rencontre entre général et chef d'état-major assez souvent ; elle n'était guère possible.

Sarrail laissa passer le compte rendu. Il détestait l'excès de flatterie, mais peut-être a-t-il pensé qu'on pouvait tout se permettre « sous l'œil des dieux ».

Le 12 août, après ma reconnaissance en avion, mon opinion se précisait : l'attaque projetée ne pouvait que conduire à un échec. Je décidai de me rendre, le lendemain, sur les lieux, m'entretenir avec le général Gérôme, commandant de la 17ᵉ division coloniale.

C'était assez étrange, cette répartition du commandement. Il y avait un général de l'armée de terre, il commandait une division coloniale ; Gérôme commandait la 17ᵉ division coloniale. Il y avait un général de l'armée coloniale, il commandait une division métropolitaine : la 57ᵉ division avait pour chef le général Leblois.

Les dieux de l'Olympe sont connus pour leurs fantaisies ; il se passait bien des fantaisies, à Salonique, sous l'œil des dieux, mais bien des tragédies aussi.

Je vis Gérôme, je lui demandai son opinion : elle était conforme à la mienne. « Pourquoi vous lancer dans une opération que vous voyez sans issue? » « Les ordres du général Sarrail sont formels ; je les exécute. »

Coloniaux au sacrifice.

Ainsi, le commandant des armées d'Orient, qualifié de général républicain, agissait en autocrate, en homme qui n'admettait pas que le chef direct, celui qui était sur les lieux, celui qui allait envoyer ses subordonnés à la mort, pût formuler une requête.

J'envoyai le lieutenant-colonel Franck, qui appartenait à l'arme de l'artillerie et que j'avais choisi, à Chantilly, comme sous-chef d'état-major, pour juger de l'emploi à faire de l'artillerie pour aider éventuellement l'attaque projetée et demander l'aide de l'artillerie anglaise du voisinage, puisque les ordres de Londres s'opposaient à une offensive.

Le soir, il me revint avec la promesse du concours des obus anglais ; mais, comme à moi, l'opération lui semblait à ne pas tenter.

Alors, j'allai trouver Sarrail ; je lui exposai ma manière de voir, l'avis que j'avais pris du commandant de la 17ᵉ division coloniale, celui de mon sous-chef d'état-major.

Il n'écouta rien, peut-être ne comprit-il rien.

« On veut que j'attaque, j'attaque.

— Cela ne mènera à rien ; on enlèvera Doldzeli, ce sera tout », répondis-je.

— Que voulez-vous que j'y fasse ? Paris veut un communiqué, il aura un communiqué. »

Le combat eut lieu. Le général Gérôme, le soir

du 15, enleva les approches de Doldzeli, le village de Doldzeli, un retranchement bulgare, dit « La Tortue ».

Il y avait lieu à *communiqué*. On télégraphia un premier succès.

L'affaire avait été menée par les 1ᵉʳ et 54ᵉ régiments coloniaux, et bien appuyée au départ par l'artillerie française et l'artillerie anglaise. Mais, à l'arrivée, nos fantassins, sans appui, éprouvèrent de grandes pertes.

Au cours de la nuit et le lendemain, les coloniaux reculent, laissant six cents des leurs sur le terrain.

Si toute la zone n'est pas abandonnée, c'est parce que le commandant du 12ᵉ corps d'armée britannique, malgré l'attitude défensive recommandée par Londres, agissant en bon camarade, fit donner l'assaut par ses troupes au point de la crête dite « le Fer à Cheval », d'où les Bulgares enfilaient le front de nos coloniaux.

On avait attaqué dans des conditions absurdes ; on avait laissé de nombreux morts sur le champ de bataille. Les Allemands firent aussi un communiqué.

Le général Lanrezac, qui usait du mot qui porte — cela lui a coûté son commandement de la 5ᵉ armée — avait un mot pour qualifier des attaques de ce genre. Il s'en fût servi dans la circonstance.

Chapitre VI

DANS DEUX JOURS,
LES ALLEMANDS SERONT A SALONIQUE

Le chef de l'armée anglaise à Salonique se fâche.

On avait attaqué ; on avait envoyé un communiqué de succès. L'attaque avait reflué, peu après, avec pertes ; l'ennemi avait fait, lui aussi, un communiqué, mais différent du nôtre, qui faisait plus qu'annuler le précédent.

Sarrail voulait recommencer.

J'insistai pour qu'on ne le fît pas, et en insistant je donnai comme argument que rien ne pourrait être fait de bon sans une attaque simultanée des Anglais, sans leur aide.

« L'aide anglaise ? Allez la demander au général Milne, vous verrez comme vous serez reçu. »

Je partis aussitôt pour le Q. G. anglais ; j'y fus accueilli avec beaucoup de courtoisie. On prit une carte ; j'expliquai comment la manœuvre me paraissait devoir être conduite : par une avancée sur l'arête principale.

« On aboutira à un échec fatal, en se portant d'un contrefort à l'autre, tandis que l'arête demeurera aux mains de l'ennemi.

— Je suis bien heureux de vous entendre formuler cette opinion. C'était la mienne, mais je suis enchanté de la voir confirmée par un général qui vient de faire la guerre sur le front français.

— Alors, mon Général, avec l'autorisation du général Sarrail, je viens vous demander d'attaquer en même temps que les coloniaux. »

La physionomie du général Milne changea ; cet homme si calme s'agita de tous ses nerfs ; il se fit répéter la phrase précédente, et déclara que le général Sarrail, en persistant dans une opération condamnée d'avance, mettait les Anglais dans une attitude pénible, faite pour jeter sur eux le discrédit.

Pour défendre son honneur et celui de ses subordonnés, le commandant de l'armée anglaise me déclara, sous le sceau du secret, que son Gouvernement négociait avec les Bulgares, et que ordre lui avait été donné de ne pas attaquer pendant que se faisaient les négociations. La scène fut dramatique, l'indignation fut sans bornes quand le général Milne ajouta : « Le général Sarrail sait cela et il vous envoie me demander mon concours qu'il sait que je ne puis donner ! »

C'est à la suite de cet entretien que le commandant anglais aurait dit : « Le général Sarrail n'est même pas un gentleman. »

La blessure d'amour-propre éprouvée par le général Milne ne se cicatrisera pas ; d'autre part, il a l'opinion que le chef français est un incapable, qui doit sa haute situation à la politique ; cette opinion, il la manifestera à Londres.

L'Unité de Commandement.

Nous sommes au mois d'août 1916, le Ministère Briand fait les plus grands efforts pour créer l'unité de commandement, unité qui ne peut se faire que sur la personne de Joffre.

Comment, en Angleterre, quand on sait que c'est la politique de parti (1) qui décide du choix des généraux, du général qui, à Salonique, commande à des Anglais, peut-on céder aux instances de M. Briand ?

Joffre, par l'autorité que lui donne sa victoire de la Marne, arrive, dans des conférences tenues à Chantilly, à faire adopter un plan d'opérations commun.

Nivelle, revêtu du prestige de Verdun, capable par son origine demi-anglaise d'atténuer certaines susceptiblités, obtient de commander en chef sur le front de France, pour une opération déterminée. Au même moment où M. Lloyd George met ses soldats aux ordres du chef français, MM. Ribot et Painlevé n'admettent, ou n'ont pas la force de faire admettre, que Sarrail dépende de Nivelle.

La question de l'unité de commandement a fait l'objet de nombreuses controverses, où l'égoïsme britannique est pris à partie. On n'a pas tenu le compte qu'il eût fallu de la situation existante à Salonique.

---

(1) « Un Ministre italien (mai 1917), avec qui un de nos diplomates s'entretenait des tiraillements entre Alliés en Macédoine, disait : « Tout cela n'arriverait pas si vous nous aviez donné un « général qui, avec notre sympathie, aurait eu notre confiance. « Mais vous avez mis et vous maintenez, à Salonique, un général « que *seule votre politique intérieure vous impose.* » *Sarrail et les Armées d'Orient.* Mermeix. Librairie Ollendorf.

Au retour de mon ambassade au Q. G. britannique, je sollicitai avec beaucoup d'insistance l'abandon de l'attaque de la position que Gérôme appelait le « Grand Couronné » ; le commandant en chef y consentit, enfin.

J'exprimai au général Sarrail toute ma reconnaissance. Les relations étaient donc on ne peut meilleures et je me félicitais d'avoir conservé une amitié grâce à laquelle du sang français n'avait pas été inutilement versé.

« C'est dans la direction de Monastir qu'il faut attaquer », dis-je.

« Vous croyez ? », me fut-il répondu.

J'avais hâte d'arrêter Gérôme dans son nouvel effort vers le Grand Couronné ; je me saisis du téléphone et je lui prescrivis de s'en tenir à des menaces de nouvelle attaque, sans pousser ; il ne se passa plus rien, vers le lac de Dojran ; c'est ailleurs que l'attention fut brutalement attirée.

La nuit était venue, le 18 août, quand le téléphone m'appela au domicile du général Sarrail.

La panique s'empare de Sarrail.

Une attaque bulgare s'était produite dans la journée ; on ne savait rien de précis sur la direction prise par l'attaque ni sur les effectifs de l'ennemi. Toutefois, le Q. G. anglais faisait connaître que les troupes du général Frotiée avaient repassé en hâte la Struma, au pont d'Orljak, serrées de près par l'ennemi.

« Dans deux jours, les Allemands seront à Salonique ! », me dit le général Sarrail, en proie à la plus vive émotion.

« De qui tenez-vous ces renseignements, mon Général ? », m'écriai-je.

« Du général Milne », me fut-il répondu.

« Vous n'avez donc pas de téléphone direct avec le général Frotiée ?

— Je n'ai pas pu avoir la communication avec lui. »

Je conclus en disant que, si la situation avait un tel degré de gravité, le général Frotiée aurait trouvé le moyen d'en informer Salonique ; le mieux était donc d'y aller voir.

Dans le compte rendu envoyé, le 8 août 1916, à Paris, le général Sarrail avait dit :

« Les troupes qui peuvent être mises, selon les nécessités, à la disposition des Français, Russes, Serbes, Italiens, continueront à dépendre directement de moi.

« Je conserverai donc :

« *a*) Brigade de cavalerie ; 4e et 8e chasseurs avec groupe à cheval, laissant le 1er chasseurs aux ordres du général Cordonnier ;

« *b*) Artillerie lourde... »

La brigade Frotiée était donc aux ordres directs du général Sarrail ; je n'en connaissais ni le commandant, ni les effectifs, ni les emplacements.

J'étais depuis trop peu de temps à Salonique pour avoir pu faire autre chose que de m'occuper des unités que j'avais à commander.

Cordonnier, bonne à tout faire.

Aussi fus-je très surpris quand le général Sarrail me demanda d'y aller voir moi-même.

Le général Sarrail voulait-il esquiver une responsabilité ? Se proposait-il de jeter mon nom dans un compte rendu de défaite ? Ou n'avait-il confiance en personne autre que moi ?

S'il ne voulait pas aller lui-même à la Struma, pourquoi ne pas y envoyer le colonel Michaud, son chef d'état-major, dont le nom est devenu si tristement célèbre en Syrie, ou le chef de son bureau des opérations ? N'avait-il aucune confiance en l'un d'eux ?

Il arrive parfois que le chef, ne pouvant choisir son état-major, donne sa confiance à un officier de son Cabinet. Le général Sarrail ne pouvait évidemment envoyer en reconnaissance le capitaine Mathieu, dont l'instruction tactique laissait à désirer, et encore moins le capitaine Bureau, son officier d'ordonnance !! Quant au colonel Jacquemot, il en parlait en des termes tels, que lui non plus ne pouvait être désigné.

Voilà la situation dans laquelle se place un général qui s'entoure mal ou qui a érigé la méfiance en méthode de commandement.

« J'ignore tout du détachement Frotiée, sa composition, sa mission, le terrain où il combat.

— Demandez cela à Jacquemot, il vous renseignera.

— Bien, répondis-je, je partirai au petit jour, demain matin, en avion. A neuf heures, je vous rendrai compte. »

Le lendemain matin, à cinq heures, le commandant Denain venait me prendre en automobile pour me conduire au camp d'aviation. Son avion était prêt, nous partîmes.

Au cours de la nuit, le colonel Jacquemot m'avait mis au courant de ce que j'avais à connaître ; une étude approfondie de la carte, prolongée fort avant dans la nuit, m'avait donné une connaissance d'ensemble de la zone à observer.

Dans les airs.

Bientôt je survolais, à environ deux mille mètres d'altitude, la Struma, au-dessus du pont d'Orljak ; un vaste panorama se déroulait sous mes pieds ; au nord, je voyais la profonde coupure que fait la Struma dans les hautes montagnes du Bélès et leur prolongement vers l'est. Je portais mes regards vers Demir-Hissar et Sérès, que sépare un contrefort qui vient mourir à Savjak et fait décrire à la voie ferrée un demi-cercle vers Prosenik. Le commandant Denain me nommait les montagnes, les étangs, les villes, les villages : le pays lui était familier. C'est en vain que nous cherchions les combattants. Nulle part ne se voyaient ces nuages de fumée que font les obus en éclatant. Le moteur aurait empêché d'entendre le crépitement de la fusillade, mais s'il y avait eu bataille, il y aurait eu canonnade, donc fumées.

Nous avions pris notre itinéraire au-dessus de la route de Salonique à Sérès ; constatant que le calme régnait entre Salonique et la Struma, je m'étais réjoui de remarquer que l'ennemi ne menacerait pas de sitôt Salonique ; mais voyant qu'il n'y avait pas non plus bataille à l'est de la Struma, je me demandai si le coup de téléphone reçu à Salonique ne provenait pas d'un mauvais plaisant.

J'invitai le commandant Denain à perdre de l'altitude jusqu'à pouvoir distinguer une vache d'un mouton, au-dessus de Barakli Dzuma-Prosenik ; je n'aperçus ni amis, ni ennemis.

L'avion, s'élevant, survola Demir-Hissar, où des groupes de gens parurent en vouloir à l'aéroplane, mais ces groupes étaient-ils des Bulgares ou la garnison grecque ? En tout cas, le canon ne se mit pas de la partie ; nous n'eûmes pas de nuages autour de nous, comme en font les obus qui cherchent un pilote et son passager. Le commandant Denain se dirige vers Sérès : même spectacle qu'au-dessus de Demir-Hissar. Nous revenons vers la Struma, nous descendons à environ deux cents mètres d'altitude ; nous voyons alors des soldats français, saluant de leur mouchoir le fanion aux trois couleurs que ne manquait pas d'arborer le chef de l'aviation quand il avait à bord son commandant d'armée.

J'agite, moi aussi, un mouchoir, échangeant des marques d'amitié avec de nombreux soldats du détachement Frotiée.

A huit heures et demie, j'étais chez le général Sarrail et je lui disais :

« Votre général Frotiée a eu la frousse ; il s'est sauvé sans motif. Il n'y a pas d'ennemis entre la Struma, Demir Hissar et Sérès, mais vos troupes ont regagné la rive droite de la Struma. »

Cordonnier sur la raquette.

Le général Sarrail décida de rappeler le général Frotiée, mais c'est moi qui irais le chercher et qui le ramènerais ; le colonel Descoins prendrait le commandement, et je prescrirais la manœuvre qui me semblerait à faire.

« Donnez-moi un pli, que je remettrai au général Frotiée. Je ne le connais pas, il est sous vos ordres directs.

— Je suis très ennuyé, répond le général Sarrail ; ce pauvre Frotiée est un de mes amis, il s'est très bien conduit pendant la couverture. Il m'a demandé, il y a quelque temps, un congé de convalescence, dites-lui que je lui accorde le congé. Et ramenez-le. »

Entre temps, un communiqué bulgare, par T. S. F., envoyé en clair, avait annoncé une victoire à Sérès, où les Français avaient pris la fuite en abandonnant vivres, fourrages, tentes, bagages...

Je partis en automobile par la grand'route de Salonique à Sérès ; grand'route qui n'était autre chose qu'une large piste, pas même nivelée ; le voyageur fait office d'une balle, alors que l'automobile est la raquette. Près de Likovan, une nuée de travailleurs grecs, au service des Anglais, étaient occupés à niveler et empierrer la route sur quelques kilomètres. C'est au milieu d'août 1916 qu'on commençait à se préoccuper de rendre cette grand'route praticable aux camions par mauvais temps. Ce n'est qu'en octobre 1916 que le général Sarrail songera à amorcer un travail analogue près de Vodena, sur la grand'route de Salonique à Monastir. La guerre de mouvement, on le voit, n'avait pas hanté les rêves du commandant de l'armée d'Orient, de son état-major, ni de son commandant de l'arrière.

Après avoir sauté sur la raquette pendant trois heures, j'arrivai dans le voisinage du pont d'Orljak où j'avais fait, par le téléphone rétabli, demander le général Frotiée et le colonel Descoins.

L'effet d'un renseignement.

Voilà ce qui s'était passé. Le 18 août, le commandant du 8ᵉ chasseurs d'Afrique avait reçu un renseignement de source grecque faisant savoir qu'une attaque bulgare aurait lieu dans la journée, et que cinq régiments bulgares y prendraient part. Il avait transmis ce renseignement au colonel Descoins, que Sarrail avait donné au général Frotiée, fatigué, en qualité de « coadjuteur ».

Peu après, les avant-postes voient venir au contact de la cavalerie et de l'infanterie bulgares. Le colonel Descoins rend compte par téléphone.

Le général Frotiée fait brûler fourrages, vivres... charge ses cantines et gagne le pont d'Orljak, sur la Struma, emmenant les deux bataillons de zouaves et le canon, sous la protection des cavaliers aux ordres du colonel Descoins.

A 19 h. 50, il écrivait au colonel Descoins : « Prière de ramener toute la cavalerie, ce soir, à Orljak. »

Dans la nuit du 18 au 19, les chasseurs d'Afrique franchissaient à leur tour la Struma et, le 19 au matin, le détachement Frotiée, en entier, était à l'ouest de la Struma, près du pont d'Orljak.

Frotiée n'avait pas fait part de ses renseignements, ni de son équipée, au commandant du corps d'armée anglais, dont les troupes vivaient dans une douce quiétude, sur les bords de la Struma, au haut des collines, là où même les moustiques ne pouvaient les atteindre, sans se soucier des Bulgares, puisque le détachement français les couvrait. La journée n'avait pas été bruyante, car le canon bulgare avait peu donné.

Tard dans l'après-midi, nos Alliés, ne voyant plus de Français devant eux, du côté de Demir Hissar, s'inquiétèrent ; une reconnaissance sommaire trouva le vide.

Le téléphone anglais rendit compte.

Les Anglais garnisonnaient, en avant de Salonique, laissant les bas-fonds malsains à qui voudrait bien les occuper. Ils avaient ordre de ne pas attaquer et de se contenter de se défendre si on les attaquait ; or, on ne les attaquait pas.

Le téléphone anglais, qui fonctionnait bien, avait donc jeté l'alarme chez le général Sarrail, lequel, supposant enlevé le détachement français, n'ayant pas même un bataillon en réserve générale, voyait sans défenseurs la route du pont d'Orljak à Salonique, et deux étapes seulement à franchir.

Il n'avait confiance en personne. Je me demande ce qu'il aurait fait, s'il n'avait pas eu le général d'armée Cordonnier, susceptible, à l'occasion, de se faire lieutenant observateur en avion, ou balle de raquette dans une Ford?

Sarrail demeure avec les Jardiniers.

« Pour délivrer le général Sarrail des préoccupations du commandement direct des divisions françaises, il a été jugé utile de donner un chef à ces divisions », m'avait dit Joffre à Chantilly. Il ne pensait certainement pas aux fonctions d'observateur en avion que le général en chef à Salonique m'octroyait généreusement. Quand Sarrail se réservait le commandement personnel du détachement Frotiée, il présumait trop de ses forces, puisqu'il me chargeait d'aller le tirer de la mélasse. Si on lui avait accordé le candidat que, paraît-il, il a demandé, on ne voit pas comment le général Leblois aurait rempli les-fonctions qui furent les miennes, le 19 août 1916.

Si on juge l'amitié du subordonné envers le chef par le dévoûment que témoigne le subordonné au chef, on reconnaîtra que l'amitié était grande. Ai-je trahi Sarrail ? Pas le 19 août 1916.

En cette journée du 19 août, à 16 h. 50, j'arrivai au pont d'Orljak ; j'invitai le général Frotiée à me faire l'exposé de la situation. Quand il eut terminé son récit, je lui fis connaître que le général

Sarrail, faisant droit à sa demande de congé de convalescence, il voulût bien faire ses cantines. Je le ramènerais aussitôt à Salonique dans mon automobile.

Je rédigeai, sous ses yeux, un ordre ainsi conçu :
Combat d'Orljak.

« Pont d'Orljak, 19 août, 17 h. 30.

« Le général Frotiée, étant malade, sera remplacé provisoirement par le colonel Descoins dans le commandement du détachement de la Struma.

« *Signé :* CORDONNIER. »

Je rédigeai, pendant que se faisaient les cantines, un ordre d'opérations pour la journée du 20 août.

Pont d'Orljak, 19 août 1916, 17 h. 30.

Ordre d'opérations pour la journée du 20 août.

« I. Le détachement de la Struma prendra dès ce soir les dispositions nécessaires pour conserver le débouché sur la Struma des ponts d'Orljak et de Komarjan.

« II. Demain, 20 août, ce détachement s'emparera de la ligne Sérès-Kavakli-Kalendra-Cuculuk. Si possible, il poussera vers Savjak et Kjupri. Dans le cas où il se trouverait en présence de forces très supérieures, il se bornerait à élargir les têtes de pont d'Orljak et de Komarjan. Le colonel commandant le détachement de la Struma se tiendra en liaison avec le commandant de la brigade anglaise et cherchera à obtenir de lui qu'il coopère à son opération de l'est de Kopriva.

« *Signé :* CORDONNIER. »

En rédigeant cet ordre d'offensive, je me rendais compte des dangers que présentait une action offensive d'un détachement faible, que rien ne pourrait jamais soutenir puisque aucune réserve générale n'existait, et alors que l'ennemi était annoncé très supérieur en forces.

Mais je ne faisais pas que du Kriegspiel ; je n'avais pas pour seule « maîtresse » la tactique : j'avais à obéir à la politique, alors même que la politique ignorait où j'étais, et ce que je faisais.

L'Armée servante de la Politique.

Nos livres de stratégie disent nettement : « La Politique est la maîtresse, l'Armée est sa servante. »

Les soldats ne font pas la guerre pour faire la guerre ; ils ne se battent pas pour se battre ; ils agissent pour la satisfaction des besoins de la Politique.

Successivement, le Général en chef à Chantilly, le Président de la République à l'Elysée, le Président du Conseil des Ministres au Quai d'Orsay, m'avaient fait l'honneur de m'entretenir de choses qui dépassaient mon rôle de tacticien. Ils m'avaient fait connaître que la Roumanie, peut-être encore hésitante — et non sans raisons, la suite l'a prouvé — allait entrer dans l'alliance franco-anglo-russe. Il y avait lieu de la décider à franchir le pas décisif. Je voyais la nécessité, pour la fraction de troupes que constituait l'effectif que j'avais sous la main, de se faire la servante de la Politique, de cette sainte et grande Politique qui travaillait pour la France, uniquement pour la France. Et pour cela, Descoins devait oser, jusqu'à la limite de l'audace, et ne rien compromettre.

De là, l'ordre élastique que j'avais rédigé.

Descoins et Desaix.

J'avais l'homme capable de comprendre, d'oser, de ne rien compromettre. Quel soldat complet était le colonel Descoins ! Si la 2ᵉ division coloniale avait eu Descoins pour la commander à Rossignol, Desaix aurait pu en être jaloux. Il est mort, Descoins, après avoir bien servi une Patrie qui n'a pas su l'en remercier. Sarrail ne l'a pas voulu.

Le 20, la France a été bien servie par le détachement de la Struma, et j'ai eu la douleur de voir refusée la croix de guerre que j'ai demandée pour Descoins. En revanche, j'ai ramené à Salonique le général Frotiée, et j'ai dû, par obéissance, lui donner la croix de guerre. On ne dira pas que mon amitié pour Sarrail n'a pas été soumise à de sévères épreuves. J'ai vidé le calice jusqu'à la lie.

La Croix de guerre seulement pour le démérite.

Refuser la croix de guerre à un Descoins, l'accorder à un Frotiée, est vouloir démoraliser une armée, et c'est ma signature qui a été engagée.

J'ai été bien malheureux à Salonique.

Allons ! Ne pleurons pas. C'est ça, servir.

Toujours est-il que ces Allemands qui, dans deux jours, devaient être à Salonique, n'y sont jamais venus.

Un chef anglais bon camarade.

Pendant que le général Frotiée faisait ses cantines, j'allai, en compagnie du colonel Descoins, à la recherche du commandant du 16ᵉ corps d'armée anglais. Je le rencontrai qui promenait ses chiens, deux superbes lévriers ; sa tenue était celle d'un gentleman attendant l'heure du dîner, pas plus ému que s'il était en Angleterre à faire le *week end;* nous parlons de la pluie et du beau temps tout d'abord ; ensuite on se met sur le terrain militaire. La lecture de l'ordre d'opérations pour la journée du lendemain amène chez l'officier anglais une réflexion : « Que va-t-on chercher de l'autre côté de la Struma ? On est en sécurité parfaite sur la rive droite, pourquoi courir l'aventure sur la rive gauche ? » L'unité de vues n'existe pas, évidemment, entre Alliés. Pourquoi ? Demandons-le au maréchal Joffre.

Le 24 août 1914, au soir, Joffre a une conception de la situation et de la manœuvre à faire. Il rédige un ordre général d'opérations qui organise une retraite vers le sud, et un déplacement du centre de gravité de ses forces vers sa gauche. Cet ordre d'opérations est remis à tous les chefs d'armée, y compris le chef de l'armée anglaise.

Quand l'ensemble des armées paraît disposé comme il convient, et lorsque les dispositions vicieuses prises par Von Klück offrent une occasion propice, Joffre donne un ordre. L'ensemble des armées s'arrête dans la retraite et court à la bataille selon un plan nettement tracé.

Par deux fois, un ordre général crée l'unité de vues et bientôt l'unité de volontés.

Ces ordres conservent un caractère secret, autant que possible ; c'est aux intéressés qu'ils sont adressés, et non pas à un *Bonnet Rouge* ou d'autre couleur.

Le général Sarrail a peut-être une pensée, ce n'est pas bien certain ; en tout cas, il la garde pour lui. Faute d'avoir exprimé cette pensée, chacun juge les choses à son point de vue spécial.

Le général Briggs envisage sa position au point de vue de l'occupation des avancées de Salonique du côté de Demir Hissar. L'état des lieux, les dispositions qu'il a prises, la qualité de ses troupes, la puissance de son armement, font naître chez lui une impression de sécurité complète. Le seul trouble qu'il pouvait éprouver était pour son flanc droit ; mais, maintenant que des forces françaises sont au pont d'Orljak, ce trouble n'a plus de raison d'être.

Il veut que ses subordonnés, que le repli rapide du général français aurait pu émouvoir, partagent sa confiance. Une promenade en demi-déshabillé, avec de superbes chiens d'agrément, est le meilleur calmant qu'il puisse donner à ses troupes.

Si, le 10 août 1916, un ordre était parti du Q. G. de Salonique, conçu, en substance, ainsi :

« Une attaque principale sera faite à l'ouest du Vardar par la division Regnault et la droite de l'armée serbe.

« Pour tromper l'ennemi, la division Gérôme fera une menace vers la Tortue ; la droite (Anglais et brigade Frotiée) attirera l'attention de l'ennemi en Macédoine Orientale et patrouillera vers Brodi ; la gauche (Serbes) menacera l'ennemi en direction de Monastir. »

Nul n'aurait cru pouvoir manœuvrer à sa guise ; il y aurait eu unité de pensée.

Mais quand le Chef est muet, chacun parle sa langue ; l'unité n'existe pas.

Pour établir un ordre d'opérations, il faut savoir ce qu'on veut. Peut-être le général Sarrail ne voulait-il rien ? Rien de ce que pouvait donner le théâtre de guerre balkanique. Peut-être manquait-il de ce qu'il faut pour savoir vouloir ?

Il serait intéressant de se demander ce qui se serait passé si, voulant produire à l'ouest du Vardar une attaque énergique, il avait ordonné au corps d'armée anglais de foisonner vers Demir His-sar, Sérès, Brodi.

Il aurait rencontré le *non possumus* des soldats

anglais; il en eût rendu compte, la diplomatie française aurait eu une entrée de jeu.

Elle est entrée en jeu, quand le général Nivelle prépara l'offensive d'avril. M. Briand montra une belle énergie pour soutenir le successeur de Joffre, énergie qui fut couronnée par le succès.

Diplomatie, Stratégie s'appuient mutuellement.

La part de M. Briand eût été belle s'il avait pu dire : « Pour décider la Roumanie à entrer dans notre alliance, le général Sarrail a établi un plan d'opérations gros de promesses; les ordres que vous avez donnés, vous Gouvernement anglais, au général Milne, empêchent celui-ci d'apporter le concours nécessaire. A cause de cela, et de cela seulement, l'aide roumaine est différée et pourra être refusée. »

Mais la Stratégie ne donna pas ce point d'appui à la Politique. Et quand je critique la manœuvre sur Dojran, cette Stratégie n'a qu'une raison à présenter : « On veut que j'attaque, j'attaque. »

Le général Briggs, le 19 août au soir, promit son concours ; il le donna, malgré Londres.

Je n'avais pas qualité pour commander au détachement Frotiée. Un ordre écrit avait réservé le commandement direct de la brigade au Général en chef lui-même, aucun papier m'investissant temporairement du commandement ne m'avait été remis, cependant le général Briggs me promit son concours, et ce concours fut donné. L'esprit de camaraderie existait donc ; s'il y eut antagonisme, c'est parce que le commandant en chef de l'armée d'Orient le fit naître, ou ne sut pas s'y prendre pour créer l'unité.

Je ramenai le général Frotiée qui, en route,

m'exprima la crainte d'être l'objet d'une disgrâce ;
je lui répondis que le général Sarrail n'avait parlé
que de convalescence nécessaire.

« Si, au moins, le général Sarrail me citait à
l'ordre de l'armée, nul ne verrait une disgrâce dans
la mesure dont je suis l'objet.

— Evidemment.

— Si vous le lui disiez, il le ferait probable-
ment. »

A cela je répondis : « Je ne sais quels ordres
étaient les vôtres ; je ne connais pas, dans ses
détails, le combat que vous avez livré. Ma mission
était de donner un ordre pour demain et de vous
ramener. Quand je vous aurai ramené à Salonique
et que j'aurai donné copie au général Sarrail de
l'ordre que j'ai laissé au colonel Descoins, ma mission sera finie. »

En effet, vers neuf heures du soir, je rendais
compte de ce que j'avais fait ; je laissais copie de
l'ordre daté de Pont d'Orljak, 19 août, 17 h. 30,
et je rentrais à mon domicile avec la conviction que
j'étais redevenu simplement le commandant de
l'armée française d'Orient ; ma suppléance du
Général en chef semblait terminée.

Descoins sauve l'honneur et sert la diplomatie.

Le 20 août 1916, le colonel Descoins exécuta brillamment sa mission. Il avait franchi la Struma, pris
le contact des Bulgares, acquis une notion exacte
de la résistance à vaincre pour réaliser l'objectif
maximum qui lui avait été indiqué.

Ayant compris que ce maximum était irréalisable
et surtout coûteux au point de laisser, en cas
d'échec, la route de Salonique ouverte, il s'était
rallié à la solution minima.

Pour lui faire face, les Bulgares avaient mis en mouvement, à la hâte, de façon précipitée et maladroite, leurs réserves. Des unités en formations denses avaient été prises sous les canons français et anglais, et comptaient de fortes pertes.

Nous pouvions donner un démenti au communiqué bulgare de la veille, affirmer que nous luttions encore à l'est de la Struma, et que nous y demeurions, au moins par des détachements. Une tête de pont fut conservée à Orljak, une autre à Komarjan.

La bataille fut sévère ; nous perdîmes 319 hommes, tant tués (34) que blessés et disparus ; presque le dixième de l'effectif du détachement. L'ennemi engagea contre nous cinq régiments d'infanterie, sinon six, et une nombreuse artillerie. Les Anglais combattirent de leur côté : à six heures du matin, le 20, trois escadrons de cavalerie, un bataillon d'infanterie et une batterie avaient franchi la Struma sur le pont de Kopriva. Le général Lance, qui commandait de ce côté, conduisit le combat et demeura le soir à l'ouest de la Struma.

Puisque le général Frotiée n'avait été que posé sur le sol, il était mis en état de faible résistance ; mais quand le colonel Descoins dut regagner le terrain abandonné la veille, sa situation était plus précaire encore.

Deux divisions bulgares durent être portées au combat contre les Franco-Anglais ; quand nos batteries à cheval, le soir du 20, repassèrent la Struma, elles n'avaient plus un projectile à brûler. Et Descoins, en conservant de larges têtes de pont, maintenait l'ennemi sous la menace d'une nouvelle attaque.

CHAPITRE VII

LA TRAHISON A SALONIQUE

La perte de la Macédoine occidentale (1).

Le 22 août 1916, la Struma ne causait plus d'inquiétudes ; je m'adonnais entièrement à l'organisation des divisions qui relevaient de mon commandement, et aux mille questions de service courant ; aux heures où ma liberté était entière, j'étudiais sur la carte le théâtre de guerre de la Macédoine occidentale, qui m'apparaissait devoir devenir bientôt le champ des opérations décisives, quand, de nouveau, le Chef de l'armée d'Orient

____

(1) Qu'on ne s'y trompe pas. Je dis « la trahison », et non pas « le traître » à Salonique. Ce n'est pas moi qui ai découvert la trahison et démasqué le traître. C'est Clémenceau qui a ordonné le procès. Ceci dit, Cordonnier continue son récit.

survint avec la figure anxieuse que je lui avais vue le 18, au soir. Il me dit que les Serbes recommencent « leur retraite à toute allure de l'année précédente » ; la division du Danube ne tient pas devant un ennemi qui la pousse ; elle a abandonné toute la région de Florina et la plaine à l'est, se réfugiant en désordre du côté d'Ostrovo.

Les Bulgares avaient, en effet, franchi la frontière grecque, le 19, attaqué avec des forces considérables une division serbe étalée sur une superficie immense : tout s'était effondré. Environ 40 kilomètres de terrain avaient été perdus en trois jours, et le général Bojowitch n'en avisait le Général en chef que le 22 au matin, demandant du secours.

Sarrail n'avait mis aucun agent de renseignement en Macédoine occidentale pour le renseigner ; il n'avait pas su utiliser l'actif consul de France que nous avions à Koziani.

C'était le pendant de ce qui venait de se passer à l'aile opposée, à l'est de la Struma.

Que le général Sarrail jugeât utile de me faire connaître ce grave échec, c'était naturel. Qu'il me commandât de partir avec une de mes divisions au secours des Serbes, Foch l'eût ordonné. Mais Foch aurait eu une division en réserve ; Sarrail n'avait personne.

Foch serait accouru vers l'aile serbe pour voir, pour savoir, pour décider.

Il me semble l'entendre dire: « Cordonnier, mettez immédiatement la division qui est en réserve à Salonique en route pour Ostrovo, de manière à ce qu'elle fasse une étape cette nuit. Venez de votre personne avec moi à Ostrovo. Dites au commandant de la colonne de me faire savoir, à Ostrovo, où je pourrai, demain matin, lui faire parvenir mes ordres. »

S'il n'avait pas eu de réserve, chose invraisemblable tant c'est contraire à tout principe, il m'aurait dit : « Retirez du front la 17° division coloniale ; je donne des prescriptions au corps d'armée anglais de s'étaler de manière à la libérer du front, et dirigez-la sur Vodena, où vous vous rendrez de votre personne pour y recevoir mes instructions. »

Et lui, emmenant le chef de l'armée serbe, il serait accouru vers Ostrovo, apportant toutes les forces dont il disposait : son énergie et son talent, pour gagner au moins du temps. C'est ce qu'il a fait sur l'Yser.

Sarrail n'a pas de réserve, il n'a pas d'énergie, il n'a pas de talent. Il laisse à Salonique le général Bojovitch, dont l'armée avait besoin de sa présence ; il reste, lui aussi, de sa personne à Salonique, et envoie Cordonnier, sans mandat, se mêler des choses d'une armée dont il ignorait tout, même la composition, et sur laquelle il ne pouvait avoir aucune autorité.

Cordonnier toujours bonne à tout faire.

Cordonnier, obéissant, dévoué, part seul avec son officier d'ordonnance, nouveau-venu lui aussi sur la terre balkanique, faire quoi ? Aucune instruction écrite ne lui est donnée. Son képi est sa seule lettre d'introduction vers le général serbe qui est à la bataille.

Ce jour-là encore, Cordonnier n'a pas trahi Sarrail.

Je pars en automobile sur rails — en draisine — je suis six heures en route, le 23 au matin.

Depuis que le général Pellé m'avait remis des cartes, j'avais étudié le pays, autant du moins qu'on pouvait faire, sur les cartes autrichiennes inexactes que possédaient les armées française, serbe et anglaise. Le général Pellé n'avait pas été le seul à me raconter, sommairement d'ailleurs, ce qui s'était passé, fin 1915, quand Sarrail avait eu mission de répondre aux appels désespérés d'une armée serbe à l'agonie. J'avais eu l'occasion de m'entretenir avec le général de Lardemelle, aux environs de Pont-à-Mousson, en mars 1916, de ce qu'il avait fait sur les rives du Vardar.

Le général de Lardemelle attaqué dans son honneur.

J'avais connu, dans ma jeunesse, le père du général de Lardemelle, alors qu'il commandait un bataillon de chasseurs à pied. Le père avait transmis au fils un nom respecté ; le fils faillit, par suite des agissements d'un Sarrail, ne laisser qu'un nom déshonoré.

L'impéritie du Chef avait eu pour résultat de traduire une manœuvre intelligente, faite à propos, comme un abandon, sans raisons, du champ de bataille. Sarrail, mal renseigné par Leblois, obéissant à des mobiles qui n'avaient rien de militaire, incapable aussi de comprendre, avait puni le général de Lardemelle ; il l'avait chassé de l'armée d'Orient, en donnant à ces mesures un motif infamant. Si de Lardemelle n'avait pu se faire entendre à Chantilly, il quittait l'armée déshonoré aux yeux de la masse.

Il a été replacé sur le front de France ; j'ai quelque peu contribué à l'aider à se remettre en valeur. Il a servi admirablement la France ; il était encore, il y a quelques semaines, Gouverneur de Metz. Il laissera un nom plus grand encore que celui que son père lui a transmis.

Sarrail a tout fait pour le déshonorer. Il est des chefs sous les ordres desquels il est malheureux de servir.

L'entretien que j'avais eu avec de Lardemelle, au début de l'année, m'avait édifié sur la contexture de la région voisine du Vardar. Une offensive droit vers le nord, à cheval sur le fleuve, me paraissait impraticable.

Le viaduc d'Eksisu.

Puisque le Gouvernement voulait une offensive de longue haleine, c'est par les ailes qu'il faudrait la lancer. J'avais donc étudié particulièrement, autant du moins que les documents que je possédais le permettaient, la région de l'est de la Struma et la région de Monastir. Aussi, quand le général Sarrail m'apprit la débâcle de la division du Danube, je m'écriai : « Sommes-nous encore maîtres du viaduc d'Eksisu ? »

Ma question : « Sommes-nous encore maîtres du viaduc d'Eksisu », avait produit une forte émotion chez le général Sarrail ; peut-être se souvenait-il des ordres qu'il avait donnés, en réponse aux demandes du colonel Descoins ? « Je vais faire télégraphier de le tenir coûte que coûte », s'écria-t-il.

Ce « coûte que coûte » est une expression dont les chefs de peu de valeur se servent facilement. Une troupe a une force de résistance qui est la résultante des moyens qui lui sont donnés. Employer cette expression, à l'avance, est inciter le chef subordonné à grouper ses moyens vers l'objectif désigné ; mais déclarer qu'une compagnie de zouaves territoriaux est plus que suffisante pour garder le viaduc, puis à la dernière heure télégraphier de tenir coûte que coûte, est peut-être se créer un alibi, ce n'est pas commander.

Le 31 juillet 1916, le colonel Descoins avait écrit de Florina : « La situation sur la gauche du front serbe peut se résumer ainsi: un bataillon du 7ᵉ régiment sur le cours inférieur de la Brod ; à sa gauche, commence la zone d'action du régiment Popovitch, qui a deux bataillons à Pisoderi et un bataillon à Biklista ; une idée logique de la part des Bulgares *serait de déborder par Florina la gauche de la 3ᵉ armée serbe.*

« *Si tel était leur projet, ils pourraient aujourd'hui le mettre à exécution sans la moindre difficulté et arriver en forces jusqu'à Sorovicevo.* »

Les Bulgares ont poussé, le 18 août, entre Brod et Florina ; ils sont arrivés, le 20, sans la moindre difficulté, en n'ayant qu'à ramasser les canons de l'aile gauche de la 3ᵉ armée serbe qu'ils avaient tournée, jusqu'à Sorovicevo, où la division du Vardar, rapidement accourue, leur a barré le passage.

C'est un prophète, ce colonel Descoins, mais, comme tous les prophètes, il n'est pas écouté !

Le colonel Descoins était jeune, alerte de corps et d'esprit, breveté d'état-major, au courant des affaires balkaniques puisqu'il avait commandé, en qualité de membre de la Commission française à Athènes, maintes fois, la cavalerie grecque. Attaché longtemps à M. Etienne, au Ministère de la Guerre, il avait la souplesse de caractère qui convient à un chef d'état-major, que ses fonctions amènent fréquemment à discuter avec des autorités élevées. Il aurait été un précieux second pour le commandant en chef en Orient. On ne se servira pas de lui, ou le moins possible.

Le 22 août, au soir, après avoir causé assez longtemps avec moi des événements de la gauche serbe, le général Sarrail me demande de partir le lendemain matin, de bonne heure, en draisine, pour Ostrovo, et de voir où en sont les choses et, si possible, de faire rester les Serbes sur les positions qu'ils occupent près d'Ostrovo.

Et me voilà, moi nouveau-venu sur la terre balkanique, relevant sur la Struma un général français qui ne dépend pas de moi, donnant des ordres à des troupes qui ne sont pas les miennes, orientant un général anglais avec lequel je n'ai pas qualité pour traiter opérations, donnant des croix de guerre à un disgrâcié mais n'en pouvant accorder là où je rencontre le mérite, partant enfin en sauveur, car je n'ai pas d'autre titre à faire valoir, là-bas, dans un lointain ignoré, vers des troupes qui appellent à l'aide et que ne secourent pas, pas même de leurs lumières, ceux qui ont mission de le faire.

Et le général Sarrail ose dire que je lui ai été imposé, que je n'ai pas d'autre titre à ses yeux que d'avoir « montré sur le front français une incontestable bravoure » !

S'asseoir dans un fauteuil qu'un habile pilote promène dans un air frais, quand on étouffe de chaleur à terre, servir de balle sautant sur une raquette pendant six heures, telle avait été ma bravoure lors de ma mission vers la Struma.

Partir en draisine, par la voie ferrée grecque, et gagner ainsi Ostrovo, ne semblait pas réclamer non plus « une incontestable bravoure ».

Ce n'est pas faute de bravoure que le général

Sarrail s'est abstenu d'aller à la Struma, le 19 août, et à Ostrovo, le 23, où cependant sa présence était tout indiquée, et où sa peau ne courait aucun risque. Ce n'est pas non plus parce qu'à ses yeux, j'aurais été le seul brave de son entourage que le Chef m'employait à des missions qui faisaient partie des fonctions de cet entourage.

Disons donc que le général Sarrail était prêt à me faire entendre de sa bouche les paroles qu'avait prononcées Joffre à Commercy : « Partout où vous êtes, Cordonnier, je suis tranquille. »

Toujours est-il que j'étais bien obéissant.

Le 22, au soir, on prévint le haut commandement serbe, à Ostrovo, de mon arrivée pour déjeuner le lendemain. On commanda une draisine (automobile sur rails).

Le 23, vers 5 h. 1/2 du matin, accompagné du capitaine Febvrel, mon officier d'ordonnance, je partis de la gare de Salonique, vers des pays inconnus, pour y voir des troupes que je ne connaissais pas, et y accomplir une mission qui n'aurait pas dû être la mienne.

Pour aller de Salonique à Ostrovo — trois heures de trajet normal — on met habituellement — Sarrail *regnante* — six heures.

La voie ferrée (août 1916) de Salonique à Monastir est exactement dans le même état qu'avant-guerre ; faite pour un faible trafic, elle n'a pas été améliorée, bien qu'il y ait toute une armée serbe — 100.000 hommes — à ravitailler en vivres, matériel, munitions.

Il n'y a pas de « marche » prévue ; il faut être sous l'égide du commandant de l'armée d'Orient pour voir cela. L'indicateur est muet, et la voie est unique. Quand un train est chargé, on demande par téléphone la voie libre. Le train montant part, le train descendant est arrêté à la gare précédente. Arrivé à la gare n° 1, le train montant s'arrête ; on téléphone à la gare n° 2 pour avoir libre passage...

Mais quand il y a croisement dans une gare, il y a à résoudre un problème presque insoluble : la voie de garage est faite pour des trains de vingt-cinq à trente wagons, et les trains militaires, que forme M. Delaunay, chef du service des Chemins de fer de l'état-major de l'armée d'Orient, ont cinquante wagons. Ils dépassent, à l'avant et à l'arrière, la voie de garage : tout est bloqué.

J'ai passé, dans cette journée du 23, six heures sur le front serbe à Ostrovo, et douze heures en draisine. On ne m'y a pas repris ; j'ai préféré risquer de me casser le cou, en allant atterrir en avion sur un terrain non reconnu que d'avoir de nouveau recours à la draisine.

Le 24 août, j'ai saisi le Général en chef de cette inorganisation ; il m'a renvoyé à M. Delaunay, parfait administrateur d'une exploitation industrielle, mais inapte aux fonctions qui réclament, à la guerre, un officier d'état-major du 4ᵉ Bureau. Je me suis rejeté sur le colonel Sarda, qui n'y connaissait rien. Alors, j'ai compris qu'il n'y avait qu'un remède : voyager en avion.

Quand l'armée que j'ai menée à la victoire s'est ébranlée, j'ai pris sur moi d'ordonner au lieutenant-colonel Franck d'organiser la gare de Verria, où se faisaient les débarquements pour mon armée. En quelques jours, Franck a transformé la gare, allongé et multiplié les voies de garage. Très actif, sachant beaucoup de choses, débrouillard, et de caractère pas commode, il a tout mis en bon état de fonctionnement ; l'armée française d'Orient lui doit de la reconnaissance. Ce que j'ai fait faire en quelques jours, n'avait pas pu être ébauché par Sarrail en six mois.

Il faut retenir de l'inorganisation de la voie ferrée de Monastir que, si le général Sarrail avait eu une réserve générale à Salonique, il n'aurait pu l'en faire sortir.

A 11 h. 1/2 du matin, débarquant à Ostrovo, je me rendis chez le général Vassitch ; après un moment de conversation, il fut décidé qu'on déjeunerait rapidement, puis qu'on monterait à cheval pour aller au champ de bataille. Vassitch était d'ailleurs fort calme, certain de tenir ses positions.

Cordonnier en pays de connaissance.

Une grande tente était dressée, sous laquelle cinquante à soixante officiers déjeunaient. A ma grande surprise, je constatai que j'étais connu de beaucoup, qui vinrent cordialement saluer l'auteur de l'ouvrage : *Les Japonais en Mandchourie.* Je m'étais préoccupé, en rédigeant cet ouvrage, d'en faire un Traité de stratégie et de tactique modernes, l'histoire des faits servant à accrocher les discussions. Le roi Pierre avait fait traduire, sans m'informer de l'honneur qu'il me faisait, mon travail et l'avait envoyé dans les régiments de l'armée serbe.

Le hasard faisait donc bien les choses, puisqu'il permettait au professeur et aux élèves de se serrer cordialement la main.

Le général Vassitch a une physionomie de soldat, une allure vive, un parler net.

On déjeune vite, on monte à cheval et on se dirige vers le colonel Maticht, le nouveau commandant de la division du Danube. Après environ deux heures de cheval, nous sommes dans le voisinage de la première ligne, la discussion commence.

Les Bulgares lancent des « marmites », sorte de tir d'intimidation, mais ne font pas de préparation méthodique d'attaque.

L'artillerie serbe, mal liée ou pas liée du tout, avec son infanterie, fait comme l'ennemi, lance des marmites.

Les fantassins serbes sont massés par compagnie ou demi-compagnie comme pour charger à la baïonnette ; il n'y a pas de tranchées nulle part.

L'aviation fait sa petite affaire sans travailler pour l'artillerie.

Le moral est solide ; je suis en présence de chefs et de soldats de valeur.

Le remède est tout indiqué : employer la pelle, couvrir les poitrines de retranchements, organiser les liaisons, et « on les aura ».

Un képi qu'on promène.

Le général Vassitch, en bon psychologue, promène le Général français partout où il peut le faire, afin que ses soldats sachent que les Français sont là ; et il me demande des fantassins et des canons français, ne serait-ce que pour les montrer.

A minuit, après six nouvelles heures de draisine, je rentrais chez moi, trop fatigué pour pouvoir dîner. Le général Sarrail avait demandé le général Leblois à Joffre ; s'il l'avait eu, il n'aurait pu lui faire faire ce métier.

Le lendemain, je rendis compte de ma mission ; j'exprimai carrément la haute impression que j'avais ressentie à la vue du soldat serbe ; le général Bojovitch vint me voir, et, après lui, défilèrent à mon bureau de nombreux officiers, braves gens qui venaient m'entendre dire le bien que je pensais du soldat serbe.

Il fallait, à la fois, ne pas laisser absorber les troupes qui allaient former mon armée d'opérations, et donner au général Vassitch l'aide promise.

Cordonnier se trompe de képi.

Le général Regnault, commandant la 122ᵉ division, utilisait une partie de la 156ᵉ division à la garde de son secteur et aux travaux d'une voie d'accès vers ses positions ; je réclamai cette 156ᵉ division. On m'en donna la moitié ! A Salonique, on traitait les unités de guerre comme s'il s'agissait d'un gâteau, on les coupait en tranches : état-major, fantassins, canons, services, moyens de transport, tout par moitié. On ne coupa pas le Général, il n'y en avait pas : le général Bailloud était parti, et le général Baston n'avait pas encore rejoint. Tant bien que mal, la coupure se fit ; le colonel Fillonneau quitta, avec sa brigade, les marécages du Vardar pour se rapprocher de Vertekop, où des ordres pour l'emploi de ses troupes lui seraient donnés.

Le 1ᵉʳ chasseurs d'Afrique était enlevé de la région de la Struma et dirigé également vers l'aile gauche.

Le noyau de l'armée que j'allais commander se formait.

Aussitôt que le colonel Fillonneau aurait du monde à Vertekop, il pousserait de l'artillerie et de l'infanterie vers Ostrovo.

J'étais fixé sur la situation stratégique créée par l'offensive bulgare ; j'en avais parlé avec le général Bojovitch, de sorte que je savais, au moins par à peu près, que la route de Kozani à Verria était bouchée par une division de cavalerie serbe, et que le régiment indépendant Popovitch était quelque part au sud du lac d'Ostrovo.

Dans les instants que me laissaient libres les occupations journalières ou les expéditions vers la Struma, j'avais médité sur les opérations offensives à faire et j'avais rédigé une lettre, qui fut expédiée le 23 août ; je me mêlais des affaires de Sarrail ; je me trompais de képi.

Cette lettre est la suivante :

Salonique, 23 août 1916. N° 1310.

Général commandant l'A. F. O. au Général commandant en chef les Armées Alliées.

« J'ai l'honneur de vous demander, maintenant que le secteur situé entre le lac Dojran et le Vardar est devenu un secteur défensif, de laisser la garde de ce secteur aux deux divisions anglaises et de libérer ainsi la 17ᵉ division coloniale et les fractions de la 122ᵉ division qui se trouvent sur la rive est du Vardar, entre ce fleuve et le lac.

« Il résulte des événements de ces jours derniers que les Bulgares tentent une action par les ailes et que leur offensive se dessine contre le front de la Struma d'une part, contre la région : lac d'Ostrovo-Verria, d'autre part.

« Il sera nécessaire de disposer de forces importantes pour parer au débordement de la gauche serbe, et, actuellement, le général commandant la 122ᵉ D. I., devant avoir du monde sur cinq kilomètres à l'est du Vardar et sur quinze kilomètres à l'ouest du Vardar, ne peut suffire à sa tâche sans accaparer le 176ᵉ d'infanterie, si nécessaire à la 156ᵉ division.

« Je vous serais reconnaissant de libérer d'abord la 122ᵉ D. I. de tout son secteur de la rive est du Vardar, pour rendre disponible tout entière et sans délai la 156ᵉ D. I., qui commence à entrer en action, avec trois régiments d'infanterie, dès après-demain, au sud du lac d'Ostrovo.

« Si, ultérieurement, vous devez passer à l'offensive, c'est encore vers le lac d'Ostrovo que l'effort serait à produire.

« Il semble donc que, **en toute éventualité**, la défensive sera à conserver, entre le lac Dojran et le Vardar ; deux divisions anglaises seront certainement suffisantes pour couvrir le front de quinze kilomètres de ce secteur, puisque la 122ᵉ D. I., à elle seule, couvre quinze kilomètres sur l'autre rive du Vardar.

« *Signé* : CORDONNIER. »

L'état-major de l'A. F. O. était dans le même bâtiment que l'état-major de l'armée d'Orient. Une conversation entre les généraux ou entre les chefs d'état-major eût, dans d'autres circonstances, été préférable à l'envoi d'une lettre.

Mais déjà je m'étais rendu compte que les paroles étaient souvent vaines.

Assurer la sécurité de l'ensemble relevait du Chef de l'ensemble. C'était au général Sarrail, ou au colonel Michaud, son chef d'état-major, qu'il appartenait de prendre l'initiative des mesures de sécurité à adopter : je prenais cette initiative.

Quand on sort de son rôle, il faut le faire avec précaution : j'estimai devoir sortir de mon rôle ;

pour cela, une lettre valait mieux qu'une conversation.

Penser à sa Patrie, chercher une forme qui concilie les devoirs envers la Patrie et ceux de la discipline, créer un document qui forcera l'attention, est ce que je voulus faire, car, déjà, je me rendais compte de l'insuffisance du commandement à Salonique.

Si mes propositions avaient reçu exécution, la 17ᵉ division coloniale, qui ne m'a rejoint qu'en octobre, aurait été disponible à Verria dès la première semaine de septembre.

Ma lettre n'a eu d'autre effet que de me faire rendre le 176ᵉ d'infanterie.

Le 23 août, saint Thomas a vu et touché.

A la date du 23 août 1916, j'étais fixé : le général Sarrail était un chef militaire incapable, dont l'attention était absorbée par tout autre chose que le commandement de ses troupes. La voiture s'était surchargée, l'attelage était demeuré le même que quatorze ans plus tôt.

Mais ce qui m'impressionnait plus encore, c'était le génie qui présidait aux manœuvres de Mackensen.

Les Allemands ont-ils un Napoléon ?

Deux fois, plus particulièrement, la stratégie allemande a porté la marque du génie : au Tannenberg, où, par d'habiles manœuvres, Hindenburg, avec des forces très inférieures, avait écrasé les armées russes de Rennenkampf et de Samsonof ; à Salonique, pendant cette semaine du 17 au 23 août, où, presque sans efforts, la stratégie allemande coupait les ailes aux armées d'Orient.

Pendant que le général Sarrail avait bloqué ses forces soit en face de la montagne à pic du Belès, soit de part et d'autre du Vardar, dans une région où il ne pouvait agir, où l'ennemi le contenait avec un masque, il se trouvait, aux ailes, simplement posé sur le sol, sans le moindre ouvrage de résistance, soit avec un détachement de couverture, à l'est de la Struma, soit avec une division largement égaillée dans la Macédoine occidentale.

Depuis ma conversation avec le général Pellé, mes méditations sur la carte des Balkans m'avaient conduit à considérer le front situé entre la Struma et le Caïmaktchalan comme purement défensif ; on y creuserait des tranchées, on y installerait des centres de résistance qu'on tiendrait avec des effectifs aussi réduits que possible. Les forces accumulées seraient employées à une offensive par les deux ailes ; d'une part, une offensive destinée uniquement à retenir devant soi des masses ennemies ; d'autre part, une offensive bien fournie qui briserait les résistances.

Par Demir-Hissar et Sérès, on pouvait renouveler les manœuvres de l'armée grecque contre Sofia, en 1913. Par Florina et Monastir, on pouvait, par un rabattement vers l'est, pénétrer dans la région de Prilep et gagner Velès, puis Uskub.

Je reprochais déjà au commandement de Salonique de n'avoir pas agi par Monastir pour courir, en 1915, au secours de la Serbie.

Je me promettais, dès que l'offensive ordonnée par le G. Q. G. commencerait, de réclamer une diminution des effectifs du front nord, de préconiser une attaque démonstrative par l'est, en direction de Sofia, et d'insister pour qu'une offensive vigoureuse où l'on joue son va-tout fût prise en

Macédoine occidentale. Ma lettre du 23 août, n° 1.310, contient en germe l'idée de la marche sur Monastir.

Mais une armée est chose lourde à déplacer quand elle puise non seulement ses munitions, mais tous ses vivres sur l'arrière. La voie ferrée joue un rôle considérable. Or, la voie ferrée de Salonique à Monastir a de nombreux ouvrages d'art entre Salonique et Ostrovo. Au delà d'Ostrovo, il existait un viaduc, d'une portée d'environ 100 mètres, au-dessus d'une profonde crevasse. Dans ce pays où jamais ne retentit, autrement que dans la littérature qui parle de Vulcain, le bruit du marteau, le viaduc d'Eksisu prenait une importance considérable ; or, pour conserver le viaduc d'Eksisu, **nous** n'avions qu'un : « Je vais faire télégraphier de le tenir coûte que coûte ». Au moment où le télégraphe marchait, le viaduc était entre les mains des Bulgares.

L'armée d'Orient, qui ne pouvait prendre une offensive prometteuse que par les ailes, avait les ailes coupées.

Un grand génie présidait-il aux manœuvres de la stratégie allemande ?

En apparence : oui ; en fait : non.

Clémenceau et le Conseil de guerre.

Il est étrange de constater le soin avec lequel Sarrail, ses amis, et ceux qui aiment leur repos, évitent de parler du procès qui eut lieu, en 1918, au Palais de Justice de Paris.

Ce procès fut jugé à huis clos ; nous étions en guerre, il fallait mettre une sourdine aux débats, ne pas décourager les mères que la trahison privait de façon misérable de leurs chers enfants, ne pas dire à la Serbie qu'elle versait son sang pour de la basse politique française. Mais la presse, si elle n'a pu révéler ce qui se disait à huis clos, ne se privait pas de relater ce qui pouvait être rendu public.

Or, la presse disait que M. Mengin-Bocquet, juge d'instruction, instruisait le procès Mathieu-Paix-Séailles; elle disait que des documents secrets d'une importance considérable, portant les signatures de Joffre et de Sarrail, avaient échappé au coffre-fort de Sarrail, avaient été transportés de Salonique à Paris, par le capitaine Mathieu, qui, déjà à Saint-Maixent, avait été le favori du commandant de l'Ecole et occupait, comme chef du 2ᵉ bureau à Salonique et comme commensal habituel du général commandant l'armée d'Orient, une place qui dépassait sa moralité et ses facultés. Elle disait que ces documents avaient été remis par le capitaine Mathieu à M. Paix-Séailles, secrétaire particulier de M. Painlevé, lequel, vraisemblablement, en avait eu connaissance. Elle disait que ces documents avaient été remis au directeur du *Bonnet Rouge*, Almereyda.

Elle disait qu'Almereyda, comprenant l'importance formidable de ces documents, les avait portés lui-même en Espagne à l'espionnage allemand.

On savait que Clémenceau, le 10 décembre 1917, avait relevé Sarrail de son commandement.

M. Paul Coblentz a soin de reproduire la lettre de rappel :

« J'ai l'honneur de vous faire connaître que le Gouvernement, se basant sur des considérations d'ordre général, a décidé (1) votre rappel en France. »

---

(1) *Le Silence de Sarrail*, p. 175.

Mais ce qu'il a soin aussi de ne pas reproduire, c'est que tout le monde, à Paris, attribuait la cause déterminante de ce rappel à la communication, à Almereyda, des moyens de faire battre les armées alliées d'Orient.

La Liberté disait, un jour : « Le général Cordonnier a été appelé par M. M.-B., juge d'instruction »; un autre jour : « Le général Cordonnier n'a pas encore été convoqué par M. B., mais cela ne saurait tarder. » Une autre fois : « Le général Cordonnier, avons-nous dit, n'a pas été convoqué... ; nous croyons savoir que ce sera pour cette semaine. »

Le général Cordonnier a été convoqué, enfin, par le juge d'instruction ; il a été témoin au procès à huis clos ; son témoignage a été d'importance.

La presse a signalé la présence de M. Daudet, de M. Painlevé, du général Sarrail, et aussi de M. Briand à la barre des témoins.

Pourquoi, dans le livre : *Mon commandement en Orient*, dans les conversations, dans *Le Silence de Sarrail*, ne parle-t-on pas de ce procès ?

Almereyda trahit.

Almereyda a été trouvé étranglé. Tant qu'il a servi les Allemands, il a vécu, écrit et parlé. Quand il aurait pu révéler certaines choses, la vie s'en est allée avec un à-propos singulier, et par deux fois, depuis, on a assassiné des gens qui, ayant fréquenté Almereyda, auraient pu dire quelque chose.

Quand, dans la salle des Pas-Perdus, je demandais à un officier de ma connaissance ce qu'il pensait du jugement qui allait être prononcé, il me répondait : « Mathieu et Paix-Séailles vont être acquittés ; il est évident qu'ils n'ont agi que sur l'ordre de leurs patrons. »

M. Daudet, dans *L'Action Française,* ne s'est pas privé de réclamer maintes fois la divulgation des débats ; ce n'est pas M. Paul Coblentz qui la réclamera, alors que c'est par un déballage au grand jour qu'on verrait si vraiment Sarrail a été étranger à cette fuite de documents.

Aujourd'hui encore, tout reste dans le secret, de sorte que je ne puis dire, sur ce procès, que ce que la presse a dit à tout le monde. Je ne rappelle rien autre chose.

Puisque *Le Silence de Sarrail* réveille des échos, écoutons tous les échos.

Dans *L'Homme Libre* du 29 novembre 1917, le Dr Demetresco-Braila, dans un article ayant pour titre : *M. Painlevé et la Roumanie,* écrit : « La déposition de M. Painlevé dans l'affaire Paix-Séailles, en ce qui concerne la Roumanie, m'impose l'obligation d'une rectification que voici :

« L'ancien Président du Conseil qualifie de « fantaisiste » l'hypothèse d'une certaine influence qu'auraient eu les indiscrétions de M. Paix-Séailles sur la défaite roumaine de Dobroudja... »

Dans cet article, le député roumain dit bien que c'est le 1er septembre 1916 que s'est produite à Kartbounar l'attaque bulgaro-allemande. Les Roumains ont pu l'arrêter par le transport de trois divisions ; mais, entre le 16 et le 19 octobre 1916, quinze divisions bulgaro-allemandes, dont sept bulgares, sont survenues. « D'après nos informations militaires et d'après le témoignage des prisonniers bulgares, nous avons la certitude d'avoir lutté contre *des forces transportées du front Doiran (Macédoine).* »

Elle fut admirable, la stratégie de Mackensen pendant cette période.

Les Alliés ne peuvent avancer entre Struma et Caïmatchalan, puisqu'il faudrait forcer montagne après montagne, sans autre voie de ravitaillement que la voie ferrée du Vardar, rendue inexploitable par la destruction des nombreux ouvrages d'art qui s'échelonnent à des distances rapprochées.

Le général Pédoya avait appris à Sarrail, comme à moi, que la guerre de montagne ne se fait pas par de successifs enlèvements de crêtes, mais par des manœuvres sans cesse renouvelées, en mouvements tournants et enveloppants ; tourner une aile, surprendre un passage, rompre un espace de front et se rabattre sur la ligne de retraite ennemie. Dans ce vaste théâtre de guerre balkanique, c'est par une offensive vers l'aile gauche et un rabattement à droite, par une offensive par l'aile droite et un rabattement à gauche qu'on pouvait marcher en direction de Belgrade.

Mackensen s'en rendit compte. Du 18 au 23 août, les ailes des armées Sarrail étaient coupées.

Agir à l'est, au delà de la Struma, était s'avancer en plaine marécageuse pour avoir à attaquer ensuite le cirque de hauteurs du Belès, de Demir-Hissar, de Sérès ; chose à peu près impossible tant le défenseur possédait d'avantages sur l'assaillant.

Agir par l'ouest d'Ostrovo devenait la seule voie possible. Mais l'attaque bulgare, conduite si vigoureusement du 18 au 23 août, rejetait le point de départ du retour offensif à 50 kilomètres plus au sud et la destruction du viaduc d'Eksisu rendait à peu près impossible une action en masse des forces alliées par la Macédoine occidentale.

Les Bulgares n'eurent plus à défendre que le théâtre de guerre de la Macédoine occidentale ; ils eurent donc le loisir de retirer à peu près à leur gré ces divisions qui apparaîtront sur le front roumain et blesseront si profondément la Roumanie.

Quand, en draisine ou en avion, je courais vers Ostrovo, ce n'est pas l'enfoncement du front du Malkanidzé qui m'inquiétait particulièrement. A quoi bon enfoncer ce front quand le tourner était chose si facile !

Verria était bien plus dangereux que Ostrovo ou Vodena. Les passages étaient nombreux qui arrivaient de la plaine de Kajalar vers Nyausta et la voie ferrée de Salonique à Ostrovo. Sarrail, ni par des troupes françaises, ni par les Serbes, n'avait de moyens disponibles pour barrer ces passages.

Le général commandant la division de cavalerie serbe, dans sa juste et haute conception de la situation stratégique, appréhendait une arrivée de forces bulgares importantes à Verria, et de là sur le Vardar au pont de Topcin. C'était la perte des armées de Serbie. Aussi, en se repliant de la plaine de Kajalar sur Verria, avait-il détruit télégraphes, ponceaux, murs de soutènement, pont à l'ouest de Verria. Le général Cauboue en eut du travail, pour remettre cette route en état.

Et moi de crier à Sarrail de me donner du monde, pendant qu'hébété, il ne trouvait qu'accusations contre la trahison, non prouvée, du commandant de la division du Danube, manque de cran de l'armée serbe, et qualificatifs regrettables contre le général Bojowitch. Je colmatai les passages en montagne par des chasseurs d'Afrique ; j'obtins d'envoyer les Russes s'instruire à Verria.

C'est moi qui ai paré à tout cela, et cela n'entrait pas plus dans mes attributions que dans celles du Chef de l'armée anglaise, puisque ni lui, ni moi, n'avions la garde de ce secteur.

Quand je constatai que les Bulgares ne poursuivaient pas leur mouvement enveloppant, je ne compris plus.

C'est le D' Demetresco-Braila qui donne la raison de ce mouvement interrompu. Les Allemands avaient voulu seulement conquérir leur liberté de manœuvre. Une fois cette liberté de manœuvre acquise, ils porteraient leurs disponibilités là où ils voudraient ; ils écrasèrent la Roumanie.

Pourquoi Sarrail, M. Coblentz et l'ensemble de ceux qui ont écrit sur la guerre balkanique pour prôner ce qui y a été fait, ne parlent-ils pas de cette période ?

La manœuvre de Mackensen est napoléonienne ; c'est une des plus belles manœuvres de la guerre. Ce n'est pas le génie allemand qui l'a enfantée, c'est la trahison ; c'est la communication aux Allemands des documents de Salonique.

J'ai sous les yeux un article du *Paris-Midi* du 6 mai 1918, où il est rendu compte de l'extérieur du procès Mathieu-Paix-Séailles.

« On se croirait aujourd'hui plutôt au Palais-Bourbon qu'au Palais de Justice, mais au Palais-Bourbon un jour où devrait avoir lieu une grande interpellation sur une question militaire. Tous les grades de l'armée y sont représentés. Le général Cordonnier, dans un coin isolé, s'absorbe dans la lecture d'un important ouvrage. Près de lui, un soldat de 2ᵉ. classe parcourt un journal...

« Des députés, d'anciens ministres, des directeurs de journaux forment des groupes...

« M. Peycelon, directeur du *Journal Officiel*, serre des mains. M. Victor-Margueritte parle avec le général Sarrail. M. Steeg semble se dire, dans l'obscurité d'un couloir, qu'il peut arriver à un Ministre même d'attendre...

« Mais M. Steeg n'est pas l'unique Ministre qui se trouve en ces lieux. M. Painlevé, ancien Président du Conseil, dépose longuement. M. Violette a fourni des explications au Conseil de Guerre. M. Briand, dont l'audition n'avait pas été prévue, a été convoqué d'urgence par le Commissaire du Gouvernement... M. Abrami, sous-secrétaire d'Etat à la Guerre, a été cité par téléphone... »

Est-ce que M. Paul Coblentz n'a pas lu les journaux en 1918 ? Ou a-t-il la mémoire courte ?

Le capitaine Mathieu a été condamné à trois mois de prison avec sursis ; le sergent Paix-Séailles à un an de prison avec sursis.

Que sont ces sentences pour un acte qui a eu pour conséquences les malheurs de la Roumanie et la mort de tant de héros à Salonique ? Il y a des dessous que M. Paul Coblentz se garde bien de raconter.

Puisque les Bulgares ne craignent plus rien, ils vont se battre ailleurs. Ils constituent des masses qui agiront en Macédoine occidentale, en Roumanie.

Et Sarrail, avec son pauvre cerveau de chef de bataillon, ne saura pas déplacer les grandes unités qui lui sont confiées. L'armée anglaise tout entière restera à ne rien faire sur un front devenu passif. La 122ᵉ division fera de même ; la division Leblois sera enlevée, mais pour être remplacée par une division italienne. A la bataille de la Malareka, qui aurait pu être d'une portée immense, je n'apporte, à l'aide des Serbes, qu'une division à trois régiments : le quatrième est à fond de cale. Et sur ces trois régiments, deux qui travaillaient en arrière du front ; qui ne garnissaient donc pas de leurs fusils la ligne de bataille. J'avais un régiment russe qui venait d'arriver et n'avait pas été employé. C'est avec ça que Sarrail voulait vaincre un ennemi que la trahison avait éclairé.

M. Paul Coblentz a eu vraiment tort de me tirer d'un sommeil que je ne demandais qu'à prolonger.

C'est lui qui a trahi Sarrail.

La trahison et les bénéficaires.

Puisque j'ai cité les noms des condamnés, je dois prendre garde qu'on les noircisse par trop. Ils étaient les valets d'hommes qui ne regardaient pas les champs de bataille ; ils sont, en cela, excusables de ne les avoir point regardés.

Les maîtres visaient, qui Chantilly, qui la Présidence du Conseil. Il fallait alimenter une campagne de presse qu'Almereyda menait vigoureusement. Nul ne pensait qu'Almereyda fût un espion allemand.

Mais pousser la négligence jusqu'à laisser évader de son coffre-fort des documents si évidemment considérables qu'Almereyda crut devoir les porter lui-même hors de France, est inimaginable.

Le droit romain dit : *Is fecit cui prodest.* Le coupable est celui à qui le crime profite.

Alors, c'est au capitaine Mathieu et à M. Paix-Séailles que la campagne de presse menée par Almereyda, et alimentée par les documents de Salonique, devait profiter ?

Les Allemands tirent gloire de ce qu'ils ont, pendant cinquante-deux mois, tenu tête au monde ; la gloire est à attribuer à autre chose qu'au génie de leurs généraux et de leurs soldats.

Chapitre VIII

ORGANISATION DE L'OFFENSIVE

On n'a connu encore que la défaite en Orient.

Avec le mois de septembre 1916, l'histoire de la guerre des Alliés en Orient change de face.

Jusqu'au 1ᵉʳ septembre, on n'a enregistré dans ce fond de la Méditerranée que des défaites, de sévères défaites.

Sur mer, les flottes française et anglaise, après avoir été narguées par le *Gœben* et le *Breslau*, étaient allées périr ou manifester leur impuissance dans le Détroit des Dardanelles.

Sur terre, l'armée anglaise a vu, dans la presqu'île de Gallipoli, le désastre ; les soldats français qui ont combattu à ses côtés n'ont connu que les sacrifices ; jamais on n'a éprouvé, même un moment, l'espoir de la victoire.

A peine débarquée à Salonique, l'armée franco-anglaise avait subi la déconvenue de Krivolak ; elle semblait n'être allée dans les Balkans que pour manifester l'impuissance des Alliés à secourir leurs frères de Serbie.

Après avoir séjourné dans un camp, retranché à la hâte, sans avoir en face d'elle d'autre ennemi que l'illusion d'en avoir, l'armée d'Orient s'était timidement reportée vers la frontière inviolée. Elle y était demeurée malgré la venue des héros serbes, que la défaite désastreuse et la retraite prolongée n'avaient pas abattus ; elle montrait de nouveau son impuissance en se jetant dans l'aventure de Dojran. Et, à l'heure même où retentissait la voix de France exigeant, sinon la victoire, du moins l'immobilisation de l'armée bulgare, cette armée bulgare, sortie d'une léthargie qui durait depuis plus de six mois, remportait une double victoire à l'est de la Struma et à l'ouest d'Ostrovo.

Salonique, le 19 août, était menacé par une armée bulgare victorieuse en Macédoine orientale. Salonique, le 25 août, était exposé aux entreprises d'une autre armée bulgare victorieuse en Macédoine occidentale.

Impuissante sur son front, l'armée d'Orient était vaincue sur les ailes, vaincue sans même avoir résisté ; Mackensen aurait pu dire : *Veni, vidi, vici.*

Le peloton d'escorte.

« Je n'ai pas hésité à renouveler ce que j'avais fait en septembre 1914, où, le dernier jour de la bataille de la Marne, j'avais comme ultime réserve mon peloton d'escorte », a écrit le général Sarrail (1). Jamais dire ne fut plus exact. Aussi, le 18 août, quand la Struma paraît forcée par l'ennemi, Sarrail s'écrie : « Dans deux jours, les Bulgares seront à Salonique. »

Quand Mackensen attaque sur Ostrovo et menace

---

(1) *Mon Commandement en Orient*, p. 156.

de couper les Serbes du Vardar, il n'a que ma personne à envoyer à l'aide du colonel Vassitch ; la sienne n'est pas disponible.

L'offensive était dans les mots, dans les ordres venus de France ; la défensive impuissante était dans les faits.

Sarrail n'avait, pour prendre l'offensive, à donner au commandant d'armée qui venait de lui être envoyé que « son peloton d'escorte ». Il le conserva.

Cordonnier aurait voulu faire grand.

Cependant, « malgré cette situation, le général Cordonnier aurait voulu faire grand » (1).

J'avais été élevé à la bonne école, à l'école de l'offensive. Aussi, alors même que j'avais les mains vides de troupes, je forgeais des projets d'attaque pour « mon armée ».

Quelle pouvait être la composition de cette armée ? Où cette armée d'offensive pouvait-elle être employée ?

Il était évident, le 15 août, qu'aucune action offensive ne devait être tentée quelque part sur l'immense distance qui s'étendait sur le front nord. Sur toute cette étendue, il fallait prélever des effectifs avec lesquels on constituerait l'armée offensive.

Après le 20 août, la cavalerie française n'avait plus rien à faire à la Struma. La cavalerie, on le savait encore même sous le Second Empire, époque à laquelle l'armée française avait tout oublié des enseignements de l'épopée napoléonienne, est

---

(1) *Mon Commandement en Orient*, p. 156.

l'arme bouche-trou, qu'on envoie tenir les vides et gagner du temps.

La cavalerie est — Murat, après Iéna, a donné à ce sujet des leçons inoubliables — l'arme de la poursuite, de l'exploitation de la victoire.

La cavalerie, dès le 22 août 1916, avait sa place marquée à l'aile gauche de l'armée d'Orient.

Lors de l'alerte du 22 août, à Ostrovo, on aurait dû envoyer le colonel Descoins — le colonel Descoins, breveté d'état-major, appartient à l'arme de la cavalerie — avec les trois régiments de chasseurs d'Afrique et l'artillerie à cheval, dans la région de Kajalar, pour ralentir les progrès de l'aile bulgare et protéger les communications des Serbes.

Le général Sarrail a enlevé le 2° bataillon de zouaves de la Struma ; il a bien fait, mais c'est d'abord la cavalerie française qui aurait dû partir et céder la place au bataillon indo-chinois qui y fut envoyé et aux Anglais. Derrière la Struma, il fallait des armes à feu, le fusil valait mieux que la carabine.

La cavalerie Descoins, répandue dans la plaine de Kajalar, aurait d'abord couvert la réunion de l'armée que j'allais former à Verria ; ensuite, elle aurait pris la gauche, à l'aile marchante. Le lendemain de la victoire que mon armée, en conjugaison avec l'armée serbe, remportera du 12 au 14 septembre à la Malareka, Descoins se serait souvenu du raid si glorieusement accompli par Cornulier-Lucinière sur les derrières de Von Klück ; il serait tombé en trombe sur les derrières des Bulgares, dans un pays qu'il connaissait bien ; il aurait ainsi immédiatement ouvert la route de Monastir et — puisque je voyais grand — peut-être aussi celle de Prilep.

Le général Sarrail était pauvre en camions, et il ne savait guère où trouver ceux qu'il possédait ; il m'a fallu charger Franck de les chercher ; la cavalerie n'a que faire de camions quand les espaces lui sont ouverts. Hommes et chevaux auraient vécu sur le pays.

Le maréchal Franchet d'Espérey a su avoir, en septembre 1918, la cavalerie de Jouinot Gambetta, à l'endroit même où s'est produite la débâcle bulgare. Sarrail l'avait à l'est de ses armées et dans la région de Salonique quand, le 12 septembre 1916, la débâcle bulgare commença à se manifester à l'ouest de mon armée.

Le corps d'armée Briggs, derrière la Struma, grandement pourvu d'artillerie lourde et légère, avec la cavalerie de l'armée anglaise, suffisait pour empêcher l'ennemi de passer le fleuve.

Du lac Dojran à la Struma, une brigade italienne suffisait à préserver le front. Si nous ne pouvions monter aux sommets du Bélès, les Bulgares n'en pouvaient descendre.

La 57ᵉ division française pouvait donc être rendue disponible et venir à mon armée. On pouvait confier aux Anglais la défense du secteur entre Vardar et Dojran et libérer la 17ᵉ division coloniale.

Enfin, le commandant de l'armée d'Orient prit sur lui de faire embarquer, par les grosses chaleurs d'août, le 2ᵉ régiment de zouaves (156ᵉ division) et le 2ᵉ *bis* de zouaves, parce qu'à Athènes, Constantin faisait des siennes. Ces deux régiments furent immobilisés à fond de cale, sans raison, par une chaleur étouffante. Ils auraient mieux fait, en faveur de notre cause et pour calmer le roi de Grèce, en contribuant de bonne heure à une victoire en Macédoine occidentale.

L'armée d'opérations à grouper pour l'attaque, dans la région d'Ostrovo-Verria, pouvait donc comprendre, dès le 6 ou 7 septembre : la 156ᵉ D. I., la 17ᵉ D. C., la 57ᵉ D. I., le régiment russe bientôt porté à une brigade, le 2ᵉ *bis* de zouaves, et toute la cavalerie.

La division Regnault, seule des troupes françaises, aurait été maintenue sur le front défensif.

Une armée franco-russe, forte de trois divisions complètes, de la valeur d'une brigade (russes et zouaves), et des cavaliers de Descoins, partant d'un bloc, sur le flanc et les derrières des Bulgares, attaqués de front par les Serbes, aurait tout submergé. C'est du moins ce qu'espérait Cordonnier, qui voyait grand.

Le plan d'opérations que j'avais conçu était ambitieux, mais il reposait sur des moyens puissants. Avec ces moyens puissants, on aurait pu pousser à toute vitesse.

Le général Sarrail, lent à se réveiller, ayant l'esprit constamment orienté vers Athènes, Paris ou, plus encore, vers la table de bridge de Nana, ne prévoyait rien touchant la guerre qu'il avait à diriger. Il n'y entendait rien, au bridge, où il ne suffit pas de commander pour avoir des as. Il suait sang et eau à cette manœuvre des cartes.

Je voyais grand, trop grand certainement, mais c'est parce que, dans mes calculs, une donnée manquait, qui ne se révélerait qu'après le 12 septembre, l'obstacle qui paralysera l'armée : la destruction du viaduc d'Eksisu.

Mais le responsable de la destruction du viaduc d'Eksisu est le général Sarrail, et cela à un double titre :

1° Parce qu'ayant fait évader ou laissé évader

les documents de Salonique, il a dicté à la stratégie allemande ce qu'elle avait à faire ;

2° Parce que, n'ayant pas su comprendre ce que le colonel Descoins avait porté à sa vue, il avait laissé sans défenseurs le lieu où se trouvait la clé de l'offensive : le viaduc.

Celui qui avait peu de camions n'avait pas su améliorer la voie ferrée, ni en préserver le principal ouvrage d'art des atteintes de l'ennemi.

Je demande à ma Patrie de penser, quand elle jugera si, oui ou non, je voyais trop grand, à ma situation de nouveau-venu sur la terre balkanique, nouveau-venu qui n'avait pu apprendre, au sujet du viaduc d'Eksisu, que ce qu'on en disait à l'état-major du général Sarrail. On n'en disait pas ce qu'il eût fallu, puisque c'est moi qui, le premier, en ai parlé au général Sarrail quand, le 22 août, il m'a appris la débâcle de la division du Danube.

Sarrail flotte.

Dans un télégramme envoyé à Chantilly, le 28 août, le commandant de l'armée d'Orient a dit :

« Ai intention concentrer sous ordres Cordonnier : 156° division, artillerie lourde et à cheval, Russes, détachement volontaires serbes, division Morawa, partie 57° division pour manœuvrer droite bulgare. »

Quand, sur mes instances, le 3 septembre, dans l'après-midi, le général Bojovitch fut appelé à conférer au sujet de la répartition des troupes et du plan d'opérations à suivre, il ne fut pas question de la division Morawa, mais le général serbe aurait volontiers cédé les volontaires serbes, sur lesquels il ne réussissait que difficilement à assurer son autorité, pour recevoir en échange mon artillerie lourde, l'artillerie de 75 de la division Baston et la brigade Fillonneau.

Le 3 septembre, le commandant en chef de l'armée d'Orient n'était donc en rien fixé ni sur la composition de l'armée qu'il allait me donner, ni sur le plan d'opérations à me dicter.

J'avais été plus vigilant que lui :

Grâce à la demande que j'avais faite le 23 août, le 176ᵉ avait été enlevé au général Regnault et dirigé sur Verria ; la division Baston eut ainsi trois régiments sur quatre, le quatrième étant à Salonique à fond de cale, avec Athènes comme destination.

Le régiment russe, sur ma demande, avait été dirigé sur Verria, où il complétait son instruction, puis travaillait à rendre praticable la route de Verria à Kozani.

Le général Cauboue, avec le peu de sapeurs que je pus lui faire donner, aidait à l'organisation d'un camp d'aviation avec zone d'atterrissage près de Verria. Le médecin principal Visbecq et le chirurgien Le Fillâtre étudiaient à Verria l'établissement d'un hôpital-ambulance, et réclamaient une autochir.

Le lieutenant-colonel Franck, suppléant à l'inertie de l'état-major de l'armée d'Orient, s'ingéniait à chercher, un peu partout, des moyens de transport, pour en constituer un convoi de ravitaillement, puis il se portait à Verria pour en transformer la gare.

Le commandant Denain envoyait préparer, près de Verria, le camp d'aviation et dirigeait de ce côté une partie de son matériel.

Le 31 août, je me rendais en avion auprès du général Gérôme pour étudier sur place les possibilités d'enlèvement de sa division du secteur de Dojran en faveur de mon armée.

Dans la soirée du 30, j'avais exposé dans ses grandes lignes ma conception d'une manœuvre à l'aile gauche serbe, avec Verria comme point de départ, et demandé d'en préparer l'exécution ; mes propositions n'avaient pas été repoussées. Je me considérais donc autorisé à marcher.

Cordonnier voulait opérer avec méthode.

Le Général écrira de sa plume... inexpérimentée : « Cordonnier voulait, en un mot, opérer avec méthode, laisser le moins possible à l'aléa, et il fallait au contraire agir vite » (1).

J'essayais, en effet, sans y réussir, à mettre un peu d'ordre, à diminuer la part d'aléa, mais précisément pour aller vite.

Le démarrage était laborieux.

Une Révolution sous l'œil des dieux.

Dans la journée du 30 août, il se fit une révolution. Un homme, en uniforme, est sur son cheval ; il est précédé de portraits de Venizelos et suivi de gens bien paisibles marchant en procession.

L'homme à cheval s'arrête, fait un discours qui se termine par des : « Zito Venizelos » ; le cheval reprend le pas, on fait cent mètres, puis on s'arrête pour un nouveau discours suivi de nouveaux: « Zito Venizelos ». Une population juive regarde, indifférente ; le cortège fait de nouveau cent mètres. La procession vient devant la maison où sont les E.-M. ; le général Sarrail est au balcon, écoutant avec com-

---

(1) *Mon Commandement en Orient*, p. 157.

plaisance le discours qui lui est adressé. Je me mets à ma fenêtre pour m'instruire dans l'art des révolutions ; Nana quitte le premier étage et Sarrail ; elle monte au second, prend place à mon côté, à ma fenêtre, et s'instruit, elle aussi.

Nana me fait visite.

Quand les sermons sont finis — car l'orateur parle longuement et à plusieurs reprises — et qu'on a mêlé les « Zito Sarrail » aux « Zito Venizelos », l'Egérie de Salonique, que la guerre intéresse plus que les révolutions pacifiques, me demande : « A quand c't'offensive ? » Et nos affaires allaient alors si mal que je me demandai si c'était par curiosité ou pour me narguer qu'elle posait cette question. Et quand je lui eus répondu qu'il n'était pas question d'offensive, elle me dit : « Il ne faut pas me la faire, à moi. »

Le lendemain, une caserne grecque est assiégée par des troupes grecques, on fait parler la poudre : « Il y a eu trois morts et cinq blessés », a dit le général Sarrail. « Un paysan et son mulet, égarés parmi les balles, furent les seules victimes de cette journée de combat », dit M. Jacques Ancel.

Tout finit par s'arranger dans les révolutions orientales comme dans la Comédie. On parle, et Sarrail se laisse duper. Notre Chef arrête la révolution. Puisque le feu était à la maison ennemie, il fallait la laisser brûler. Constantin eut son armée, Venizelos la sienne. « Constantin jouait sur l'Allemagne ; Venizelos sur l'Entente », dit, avec candeur, celui qui commanda plus de deux ans « sous l'œil des dieux ».

J'allais partir pour Verria, sans esprit de retour, le lendemain, et cependant, le 3 septembre, rien n'était encore décidé quant à la composition de l'armée et quant au plan à suivre.

Cordonnier donne des ordres à Cordonnier.

Je rédigeai donc, de ma main, aux lieu et place du général Sarrail et de son chef d'état-major, un ordre d'opérations traçant le rôle de tous : Serbes et Français, de manière qu'il n'y ait plus qu'à le signer. Je demandai au commandant de l'armée d'Orient de l'approuver et d'appeler le général commandant l'armée serbe pour en discuter.

Ce fut fait.

Dans mon bureau, en présence du général Bojovitch, les yeux sur la carte, le général Sarrail, avec sa remarquable mémoire, répéta à peu près mot pour mot ce qu'il avait lu sur le papier que je lui avais présenté.

Le général Bojovitch avait été contrarié de voir que les troupes françaises, sauf l'artillerie lourde, lui seraient enlevées ; il avait été piqué de constater qu'on ne se battait pas pour lui prendre les volontaire serbes ; il se fâcha quand le commandant en chef, ayant terminé, ajouta : « Eh bien, Cordonnier, vous rédigerez l'ordre d'opérations d'après ça. » Il oubliait que, pour Bojovitch, je n'étais pas simplement la bonne à tout faire.

La situation du général Bojovitch était fausse : il commandait l'armée serbe, mais en apparence seulement, simplement pour qu'on ne pût dire : « Le prince-régent est sous les ordres d'un général français »; mais le prince Alexandre avait un grand talent militaire — combien de fois ai-je regretté de ne l'avoir pas pour chef ! — et ce talent s'imposait.

D'autre part, ce n'était pas par ma faute, mais cela existait, j'avais été employé à des fonctions qui relevaient de la personne même du commandant en chef ; je l'avais remplacé pour demander au général Milne son concours pour l'opération de Dojran ; c'est moi, et non pas lui, qui avais réglé l'affaire de la Struma ; c'est moi qui, à Ostrovo, avais été porter la bonne parole, les bons fantassins et l'excellente artillerie qui donnait, depuis plusieurs jours, de bonnes leçons aux Bulgares.

Passé encore d'être le chef seulement nominal des Serbes ; passe encore de recevoir des ordres du général qui commande en chef, mais si c'est le Chef de l'armée française qui ordonne, c'est vraiment trop de se mettre en infériorité.

Comment m'a vu celui qui ne m'a pas vu.

Les apparences combattaient évidemment contre moi ; c'était d'autant plus grave que je passais pour peu maniable (1) : « Sa hauteur — haute stature, verbe haut, regard hautain — sa belle prestance, sa voix étincelante, ses gestes dramatiques, son courage personnel qui fait pousser son automobile jusqu'aux premiers rangs de nos troupes s'avançant vers Florina et fait de son avion son P. C. durant la bataille. »

Puisque les apparences étaient contre moi, le général Bojovitch protesta. Sarrail se reprit vivement : « Je rédigerai moi-même, moi-même... l'ordre d'opérations. »

Il le rédigea lui-même, mais pas tout de suite : je ne l'ai reçu que le 6 septembre ; il a fallu trois jours pour faire un travail demandant trois quarts d'heure.

***

(1) *Les Travaux et les Jours de l'Armée d'Orient.* Jacques Ancel.

Le 3 septembre, je vis, pour la dernière fois, le général Bojovitch ; j'espère qu'il est revenu de son impression de jadis.

Le 4 septembre, de bonne heure, je prenais place dans mon « P. C. » aérien, et bientôt je descendais à Verria, qui devenait, pour quelques jours, ma base d'opérations.

Je visite le parc aéronautique, le parc d'automobiles, la gare de Verria ; je fais déguerpir de la maison du chef de gare deux jeunes infirmières russes qui y soignaient deux officiers russes bien portants ; je vois la caserne grecque où l'ambulance allait être installée, et je vais saluer le général Paraskevopoulo, qui s'était obligeamment prêté aux demandes de mon médecin principal.

Je vais travailler avec le général de Clermont-Tonnerre, dont la brigade vient d'arriver. Ses troupes étaient bien installées à l'ouest de Verria, en un lieu sain, à proximité d'une belle eau qui coulait de la montagne.

Ils oublient la « Marseillaise ».

Avec Clermont-Tonnerre, je parcours le camp, où je retrouve le 235⁰, le 242⁰ et le 260⁰, qui avaient servi sous mes ordres, au début de 1915, en Alsace. Nous sommes joyeux de nous revoir ; il n'y a pas de *decorum*, les officiers accourent à moi, les hommes suivent leurs officiers ; on met tant d'empressement à venir se frotter au Général au « verbe haut », au regard « hautain », à la « voix étincelante », aux gestes « dramatiques », qu'on en oublie de jouer la *Marseillaise* ; Clermont-Tonnerre — s'en aperçoit — il a toutes les peines du monde à obtenir le groupement de ses musiciens.

Il n'a pas eu ce spectacle devant les yeux,

l'auteur des *Travaux et les Jours d'Orient*. Ceux qui écrivent l'histoire ne sont jamais ceux qui ont quelque peu contribué à la faire.

La musique joue, elle me devait bien ça car c'était moi qui l'avais mise au monde cette musique.

Le Parlement, qui s'attachait aux choses qu'il ne connaissait pas afin de les mieux juger, avait déclaré inutiles les musiques à la guerre. N'ayant pu, de peur de mécontenter quelques électeurs, supprimer les musiques des régiments actifs, il avait fait décider que les régiments de réserve n'en auraient pas.

Quand j'arrivai en Haute-Alsace, je remarquai que le soldat manquait d'entrain, que Belfort était morne. « Constituez une musique », dis-je à Clermont-Tonnerre. « Il vous suffira d'inviter vos soldats anciens musiciens à écrire chez eux qu'on leur envoie leurs instruments. » D'ailleurs, je ne sais pas comment je m'y pris, mais j'eus bientôt chez moi un grand nombre d'instruments à distribuer. Et la musique fut créée ; un officier composa un livret : *Les Cloches d'Alsace ont sonné...* ; un autre officier fit la musique, des camions emmenèrent bientôt à Belfort musiciens, chanteurs et instruments, la place fut noire de monde, bien que les avions boches eussent de temps en temps la mauvaise idée de venir verser des bombes sur la ville...

Le Général « hautain », au geste « dramatique », écoute avec béatitude, le 4 septembre, à Verria, un *Allegro militaire*, et serre de nombreuses mains.

Il lui faut sortir de cette Capoue improvisée pour pousser plus loin sur la route de Kozani. Là est le général Diterichs, qui lui rend compte de sa situation, de ses effectifs, de ses travaux. Il a mis ses hommes à la disposition des sapeurs du général Cauboue pour contribuer à rendre camionnable la route. Il a poussé une compagnie sur l'autre versant de la montagne, auprès des chasseurs d'Afrique du lieutenant-colonel de Bournazel.

Le général Cauboue.

Je reviens à Verria, où je vois le général de division Cauboue, faisant le métier de chef de chantier, en brave homme qu'il est, en bon serviteur de la Patrie, en homme qui, n'ayant pas à commander les effectifs de son grade, se fait sapeur de 2ᵉ classe comme je m'étais fait observateur en avion ou bonne à tout faire.

Le ruisseau traverse en zig-zags la grand'rue de Verria, il est recouvert de dalles légères suffisamment résistantes pour porter le poids d'un âne lourdement chargé, ou d'un char à bœufs du pays, mais qui s'écroulent sous le camion militaire. Il faut tout refaire.

A la sortie de Verria, la route passe sur un pont, mais à l'annonce — fausse, heureusement — de l'arrivée des Bulgares, la division serbe l'avait fait sauter.

Le général Cauboue organise un passage de fortune, car une semaine lui paraît nécessaire pour faire venir le matériel indispensable à la réparation et aux travaux du pont.

Quand je reviens, le colonel Jacquemot est là, ses bureaux sont installés. Il a eu la visite des autorités civiles, qui veulent me recevoir solennellement.

Je n'aime pas les solennités : j'irai sans prévenir, en voisin, dire un petit bonjour à ces autorités.

Le lendemain 5, je pars en automobile vers l'ouest. Je rejoins le 176ᵉ d'infanterie (division Baston), arrivé de l'avant-veille. Le colonel Salle, un vieil ami d'Algérie, me présente son régiment.

Déjà, nous sommes à des altitudes élevées, en air sain ; si le régiment avait pu passer une huitaine de jours là, il y aurait refait sa santé.

Cordonnier prend connaissance de son armée.

Je fais monter auprès de moi Salle afin qu'il prenne connaissance de la route, des points d'eau, des lieux favorables aux haltes ; nos cartes sont inexactes, l'étape sera dure à cause de la longueur de la montée ; pour éviter toute fatigue inutile à des soldats usés par les fièvres et qui ne sont plus entraînés à la marche, tout doit être réglé minutieusement.

Salle craint pour ses troupes la forte chaleur pendant la montée, qui se fera sac au dos ; il estime devoir partir le soir même, à 18 heures ; il exécutera une première marche jusqu'à un moulin (Ahmed Obasi) situé au delà du col. Là aura lieu un long repos, où les hommes feront le café, puis le régiment se remettra en mouvement. Mon officier d'ordonnance prend note de toutes ces dispositions arrêtées par le colonel du 176ᵉ pour en faire bénéficier les autres régiments d'infanterie.

Au col, on rencontre trois compagnies du 13ᵉ territorial, qui travaillent à réparer la route. Les tournants sont brusques, la descente aussitôt après le col est rapide, les murs de soutènement sont parfois écroulés. Le général Cauboue a réglé les travaux à faire, des hommes du génie dirigeront les travailleurs. Mes territoriaux travaillent avec courage ; quand j'ai fini de causer avec eux, je n'ai plus ni cigares, ni cigarettes, ni pipes ; il ne me restera rien pour les cavaliers de Bournazel.

A 10 h. 1/2, j'arrive à Isiklar, où je fais la connaissance du lieutenant-colonel Bournazel. Il a avec lui deux escadrons du 1ᵉʳ chasseurs d'Afrique ; un escadron de son régiment est dans le Vermion, aux ordres du général Baston ; le dernier escadron est avec le général Sarrail.

« Mon armée » dispose donc de trois escadrons, alors que rien n'empêchait qu'elle eût trois régiments, c'est-à-dire douze escadrons.

J'expose à Salle et à Bournazel ma manœuvre.

Prolonger le front serbe, fixer l'ennemi par une attaque de front ; chercher l'aile bulgare, la déborder, tout submerger.

Le principe qui domine toute action militaire est: *Taper tous ensemble*. Par conséquent, il ne fera pas la guerre tout seul et ne se lancera pas dans une action importante tant que l'infanterie ne sera pas là ; pousser hardiment, au contraire, des éléments de reconnaissance qui éviteront le combat, tout en ramassant des renseignements.

Si la 156ᵉ division et les Russes voient l'adversaire établi solidement sur la Malareka et disposés à s'y battre, je leur ferai attendre l'arrivée de la brigade de Clermont-Tonnerre à Kastoria, pour que tous entrent simultanément dans la bataille.

Si la 156ᵉ division et les Russes voient l'adversaire céder devant la menace, la brigade de Clermont-Tonnerre ne fera pas le tour par Kastoria et marchera de Kozani sur Kajalar. Alors, le lieutenant-colonel de Bournazel rejoindra l'aile gauche russe par Kastoria et se mettra aux ordres du général Diterichs, avec objectif Kastoria.

Alléger les charrois en achetant l'avoine, l'orge et la viande sur place.

Je confirme, dans un ordre écrit, ces instructions verbales.

Je fus satisfait de l'impression que me produisit

le lieutenant-colonel de Bournazel, qui me parut intelligent, actif et disposé à agir vigoureusement. Cette impression s'améliora encore au cours des opérations. La veille, j'avais causé avec les colonels des 176ᵉ, 235ᵉ, 242ᵉ et 260ᵉ. Dans cette journée, je vis le colonel du 1ᵉʳ chasseurs d'Afrique et les commandants des batteries à cheval de la brigade russe.

Principes donnés.

Je donnai à tous les plus grands espoirs dans la réussite d'une manœuvre qui allait conduire de grandes forces sur la ligne de communication des Bulgares. Si la retraite peut leur être coupée, la route Monastir-Prilep sera ouverte, et il faudra marcher hardiment sans se préoccuper de rien : fatigue ou ravitaillements insuffisants.

Mes recommandations tactiques se résumaient en ces deux formules :

1° Taper tous ensemble ;
2° Garder ses flancs.

Taper tous ensemble, parce qu'une action engagée avec de faibles moyens donne l'éveil à l'ennemi, qui évite alors l'effet du tonnerre. Garder ses flancs, c'est-à-dire prendre les plus grandes précautions pour assurer ses liaisons et la protection des ailes. Celui qui a peur se tire d'affaire souvent, en reculant, mais son voisin, qui garde le terrain, est enveloppé par l'ennemi.

Une brigade du 8ᵉ corps, à Thiaumont, avait failli être victime de la prestesse avec laquelle les unités qui devaient couvrir ses ailes s'étaient dérobées aux attaques. Les colonels, en contre-attaquant avec leur réserve les Allemands qui commençaient l'enveloppement, avaient sauvé la situation ; mon brave Theuriet y avait trouvé une mort glorieuse. Avoir ses réserves derrière les ailes est une précaution à prendre.

La guerre aura lieu dans un pays difficile, les mouvements de l'artillerie seront lents, l'infanterie attendra que les pièces aient eu le temps de prendre position et de repérer leur tir ; alors le canon frappera fort pour ménager le sang des fantassins.

Dans l'après-midi, je fais venir à mon bureau le général de Clermont-Tonnerre ; je lui parle de la longueur de la route, de son état d'entretien, je l'invite à envoyer un officier de son état-major faire l'étape avec le colonel Salle pour étudier sur le fait les difficultés à surmonter, les points d'eau, la valeur du débit des sources, car une reconnaissance comme celle que j'avais effectuée avec le colonel Salle en automobile méritait d'être contrôlée par l'expérience. La marche du 176ᵉ donnerait ce contrôle. Le capitaine Boell remplit cette mission, les renseignements qu'il recueillit furent utilisés par ceux qui suivirent.

Au moment où les opérations commençaient, arrivèrent des ordres pour porter les bataillons de quatre à trois compagnies ; comme les effectifs en hommes et en officiers étaient très inférieurs aux effectifs de guerre, l'opération se fit sans laisser de reliquat, sauf au 176ᵉ, qui, d'ailleurs, se fit suivre de ce reliquat qui disparut bien vite.

Dans la journée, Salonique me télégraphie que le reste de la 57ᵉ division me sera envoyé le plus tôt possible, ainsi que le 2ᵉ R. M. A. et le 2ᵉ *bis* de zouaves, l'expédition d'Athènes étant contremandée. Il n'était pas encore question de troupes de la division Gérôme et j'étais avisé d'un retard de longue durée dans l'arrivée du 4ᵉ régiment russe.

J'étais l'adversaire des taquineries, des actions

entamées sans moyens d'en exploiter à fond le succès, je voulais grouper mes forces et les jeter à la
fois sur l'ennemi.

Le compte-gouttes.

Or, l'état-major de Salonique ne me donna mes
troupes qu'au compte-gouttes, alors qu'il me prescrivait d'attaquer immédiatement.

Le tableau ci-dessous donne les dates d'arrivée à
Verria des éléments de mon armée.

TROUPES ARRIVÉES A VERRIA OU DANS LA RÉGION AVANT LE 9 SEPTEMBRE

CAVALERIE. — 1er chass. d'Afrique
(moins un esc.). .... Njausta, 26 août.
INFANTERIE. — 113e brigade d'infant.
(235e, 242e, 260e) .... Verria, du 1er au 3 sept.
311e brigade d'infant. (175e, 1er R.
M. A.) .... Katraniça, 8 et 9 septembre.
176e régim. d'infanterie .... Verria, 3 septembre.
3e rég. russe plus 2 comp. du 4e rég. Verria, 27 et 28 août.
Escadrons à pied (Command. Cor-
deau) .... Verria, 5 septembre.
ARTILLERIE. — Groupe à cheval...... Verria, 31 août.
2 gr. A. D. 57e .... Verria, 6 et 7 septembre.
1 gr. A. D. 156e .... Verria, 1er septembre.
1 gr. A. D. 156e .... Katraniça, 9 septembre.
1 gr. 65 de montagne 17e D. colon. Verria, 5 septembre.
1 gr. 65 de montagne 156e D. I. ... Katraniça, 9 septembre.
1 gr. de 105 .... Verria, 5 septembre.
1 gr. de 155 C. .... Verria, 6 septembre.

TROUPES ARRIVÉES A VERRIA APRÈS LE 9 SEPTEMBRE

CAVALERIE. — Un escadr. du 1er chass.
d'Afrique .... Verria, 9 septembre.
4e régiment de chass. d'Afrique.... Verria, 11 septembre.
INFANTERIE. — 114e brigade d'infant.
(244e, 371e, 372e) .... Verria, 9, 10, 11 septembre.
2e R. M. A. .... Verria, 10 septembre.
2e bis de zouaves .... Verria, 11 septembre.
ARTILLERIE. — Un gr. de A. D. 156e.. Verria, 9 septembre.
1 gr. de 65 de montagne A. D. 57e.. Verria, 11 septembre.
1 gr. de 2 batteries de 105........ Verria, 11 septembre.

Le 6 septembre au matin, les Russes et le 176ᵉ passent le col dans de bonnes conditions. Grâce aux renseignements rapportés par le colonel Boell, le général de Clermont-Tonnerre prépare, au mieux, le départ du premier régiment de sa brigade.

La mise en route.

Les opérations vont commencer ; de grandes distances me sépareront de la brigade Fillonneau ; je crains que cette brigade ne puisse se décrocher de l'étreinte du général Bojovitch, j'estime une conversation nécessaire pour créer l'unité de pensée ; je monte en avion à Verria, et je pars pour Ostrovo. J'y apprends que le général Baston a fait une chute de cheval qui l'empêchera peut-être d'exercer son commandement.

Je prescris au général Dauvé de se faire l'*ad latus* du général Baston si celui-ci peut, quoique très gêné, conserver son commandement ; il prendra la direction de la 156ᵉ division si son chef fait défaut. J'entretiens le colonel Fillonneau du plan que j'ai déjà exposé au colonel Salle, à Clermont-Tonnerre et à Bournazel, et je lui en laisse copie. Avant de partir, je lui répète que, pour aucune raison, d'où qu'elle vienne, il ne laissera à ses voisins son groupe de batteries de 75.

Je rentre par la voie des airs à Verria, et je travaille avec l'intendant de l'armée.

Il sera constitué deux jours de vivres pour toute l'armée à Verria, et quatre jours à Kozani. On achètera sur place dans la plus large mesure : fourrages, avoine, vin, bétail sur pied. On louera des chars à buffles en quantité pour décharger les fantassins et remédier à la pénurie de camions.

On apprend l'entrée en guerre de la Roumanie, on ramasse des déserteurs bulgares un peu partout. Certains de ces déserteurs disent que la nouvelle de l'entrée en guerre de la Roumanie a produit dans l'armée bulgare, où elle vient d'être connue, un grand découragement.

Le soir du 5 septembre, mes troupes étaient déjà sur la route de la victoire, aussi confiantes que je l'étais moi-même.

Je n'avais pas encore d'ordre d'opérations. J'y avais suppléé. Encore une fois, par la force des choses, j'avais fait mon Général en chef.

Les incapacités ne sont pas gênantes quand elles se tiennent à la table de bridge de Nana.

Le lecteur s'étonnera sans doute, après avoir pris connaissance de ce chapitre, que M. Paul Coblentz ait pu écrire : « Cordonnier s'était obstinément refusé, à plusieurs reprises, à comprendre le plan offensif qui lui était conseillé. »

Si Cordonnier s'en était tenu à attendre des ordres pour agir, Nana aurait pu, longtemps encore, demander : « A quand c't'offensive ? »

Chapitre IX

LA MISE EN PLACE

L'Ordre d'opérations.

Le 6 septembre, dans la journée, un officier de l'état-major de Salonique m'apporta l'ordre d'opérations, dont le texte est le suivant :

Commandement en Chef
des Armées Alliées

————

E.-M. 3° B^au. N° 157/3

Q. G. A. A., le 5 septembre 1916.

Le Général Sarrail, Commandant en chef les Armées Alliées, à M. le Général Chef d'E.-M. de l'Armée serbe; à M. le Général commandant l'Armée française d'Orient.

(Instruction personnelle et secrète.)

« L'ennemi, qui a pris l'offensive par sa droite, en partant de la région de Kenali, est arrêté sur le

Malkanidzé, d'où il n'a pu déboucher. Son nouveau front rejoint l'ancien au Kaïmaçalan.

« A la date du 3 septembre, il avait sa droite dans la région Eksisu-Sorovicevo. Il était couvert par une brigade de cavalerie à Bogacko et par une brigade d'infanterie, dont un régiment tenait le front Eksisu-Vlahoklissura, tandis que l'autre s'étendait de ce dernier point à Biklista par Kastoria.

« Les armées alliées vont prendre l'offensive à l'ouest du Vardar, dans le but de rejeter les forces ennemies au delà de la Cerna.

« Cette offensive sera menée par l'armée serbe ainsi que par une armée franco-russe commandée par le général Cordonnier. Elle devra être en mesure de se déclencher le 12 septembre au matin.

« La date précise sera fixée en temps voulu.

« L'armée serbe attaquera l'ennemi en portant son effort principal sur la route Ostrovo-Cornicevo. Sa zone d'action sera limitée par la route Kajalar-Baniça exclue.

« L'armée franco-russe, partant du front Katraniça-Kajalar, agira à la gauche de l'armée serbe, en s'efforçant constamment de déborder les forces ennemies. »

Signé : SARRAIL.

« P.-S. — Elle évitera, d'une part, de se fixer tout entière devant les zones organisées défensivement devant l'ennemi et, d'autre part, de se laisser arrêter par les attaques de flanc que des éléments pourraient tenter contre sa gauche. Elle devra tendre à l'enveloppement de la droite ennemie. »

Signé : SARRAIL.

Dans son ensemble, l'ordre d'opérations du commandant des armées alliées — sauf dans son *post-scriptum* — reproduisait ce qui avait été dit, le 3 septembre, et ce que j'avais dicté à mes troupes la veille et l'avant-veille.

Il est dit dans cet ordre d'opérations : « Les armées alliées vont prendre l'offensive à l'ouest du Vardar, dans le but de rejeter les forces ennemies *au delà de la Cerna.* »

La Cerna a ses sources voisines de la Teska ; elle ouvre passage à la route de Prizrend à Monastir. Elle coule du nord-ouest au sud-est, séparant Monastir de Prilep. Arrivée à Brod, elle change de direction et va vers le nord-ouest.

Rejeter les forces ennemies « au delà de la Cerna », c'est non seulement prendre Monastir, mais c'est aller jusque vers Kruchevo et Prilep.

Sarrail voit grand mais fait petit.

Sarrail voyait donc grand, le 5 septembre 1916, de son cabinet de Salonique ; pourquoi alors me reprocher de voir grand ? Pourquoi faire allusion à mon ancienne situation de professeur à l'Ecole Supérieure de Guerre ? Cet ancien commandant de l'Ecole de Saint-Maixent voyait, au moins, aussi grand que le professeur de tactique générale.

Mais s'ils voient grand tous les deux, le commandant de l'Ecole de Saint-Maixent veut acheter avec deux sous l'Arc de Triomphe, en laissant dans une tire-lire le gros de sa fortune, alors que le professeur de tactique générale jette d'un coup toute sa fortune dans l'affaire.

Sans compter les réserves que Mackensen peut avoir derrière le front, les Bulgares ont, sur des positions organisées défensivement : tranchées et fils de fer, un effectif à peu près égal à celui que me donne l'ancien commandant de l'Ecole de Saint-Maixent et du Palais-Bourbon pour mener l'attaque, puisque les Bulgares ont deux régiments d'infanterie à quatre bataillons de quatre compagnies de 200 hommes et une brigade de cavalerie à huit escadrons.

Quant à la manœuvre à faire, elle est nettement indiquée : « Déborder les forces ennemies... », « ...tendre à l'enveloppement de la droite ennemie », et cet ennemi — l'ordre d'opérations le dit — occupe Vlahoklissura. Pour déborder Vlahoklissura, il faut nécessairement marcher sur Kastoria. Et on ne peut, en partant de Verria, arriver à Kastoria que par la route : Verria, Kozani, Caroseno, Lapzista.

C'était l'opération que j'avais mise en train par mes ordres antérieurs à la réception de l'ordre d'opérations que mon Chef me faisait parvenir le 6.

Le 7 septembre, les Serbes continuent à batailler vers Gornicevo, puissamment aidés par mon artillerie lourde et de campagne, mais sans avoir besoin d'engager mon infanterie. Clermont-Tonnerre est à Isiklar avec le 235ᵉ ; Salle a poussé à Karadzilar le 176ᵉ ; les Russes sont avec lui ; Bournazel tient Lapzista. Le 242ᵉ et le 260ᵉ font route vers Isiklar.

Il y a dix-huit mois que le cavalier Clermont-Tonnerre commande sa brigade d'infanterie et, sous les ordres de son ancien caporal de Saint-Cyr, il est convaincu d'aller à une victoire prochaine. Il a besoin de cet espoir, car la fièvre le mine ; mais c'est un vaillant, une volonté : il battra la fièvre et battra l'ennemi, croit-il.

Clermont-Tonnerre sacrifié à la politique.

Je reçois, hélas ! du général Sarrail l'ordre de donner le commandement de la brigade au lieutenant-colonel Boblet ; le général Clermont-Tonnerre prendra sous ses ordres la cavalerie de l'armée. C'était un coup de poignard donné en plein cœur de cet honnête soldat. La sale politique avait travaillé à Salonique : les généraux Leblois et Sarrail avaient comploté cela ensemble. La brigade était entrée en opérations, et on la décapitait.

Transmettre purement et simplement la notification me parut trop cruel. Je rédigeai une longue lettre. Dans cette guerre, à une aile, la cavalerie éclairera l'armée ; elle aura des espaces, de l'indépendance ; il y a là une occasion de montrer que la cavalerie est encore susceptible de jouer un grand rôle...

Mes arguments étaient sans portée, puisque je n'avais que deux escadrons à donner immédiatement, qu'un troisième seulement rejoindrait.

Cette 57e division avait vu Leblois, le limogé, succéder à de Cadoudal, proclamé indésirable par Sarrail ; de Clermont-Tonnerre était enlevé à sa brigade le 6 septembre ; le général Quais sera renvoyé en novembre. Le seul motif est qu'ils seraient réactionnaires.

De Clermont-Tonnerre ne put supporter un tel coup ; la fièvre prit le dessus. Il est mort désespéré. Le lieutenant-colonel Boblet partit pour Isiklar avec mission de conduire la colonne destinée à marcher sur Kastoria.

Le 9 septembre, le Général en chef, à qui j'avais envoyé, par pli personnel, copie de mes ordres, m'écrira :

« Je viens de lire votre Instruction 1424/3. Elle est antérieure à ce que je vous ai envoyé. Nécessité d'activer, de foncer le 12.

« Les Serbes s'engagent à fond ce jour-là, nous ne pouvons les laisser faire cavalier seul.

« J'ajoute que Bucarest et Paris tiennent essentiellement à nous voir faire quelque chose pour décongestionner le front roumain. Je vous répète par écrit ce que je vous ai dit de vive voix. Nos troupes sont fatiguées ; il n'est pas possible de leur faire faire une guerre de marches longues, fréquentes, répétées.

« Votre mouvement sur Kastoria, s'il est nécessaire, peut s'effectuer par la 114ᵉ et non par la 113ᵉ brigade, à mon avis. Bref, voyez et modifiez.

« Sans doute, il ne faut pas brusquer pour courir à un échec, mais il ne faut pas non plus, avec les faibles effectifs dont vous disposez, voir trop grand.

« Répondez-moi par Le Hugues ce que vous aurez décidé, en m'appelant à l'appareil. On peut causer ainsi. »

Signé : SARRAIL.

Les Serbes sont engagés à fond depuis le 22 août, tellement à fond qu'il a fallu aller à leur aide. Depuis que je les aide, ils se sont rassurés, leur impossibilité de bousculer les Bulgares est évidente, mais les Bulgares sont moins mordants, ce qui m'a permis de retirer le groupe de 75 qui avait été prêté. Le départ de ce groupe peut s'effectuer maintenant, mais cela ne peut que diminuer la valeur offensive de l'armée serbe. Que la bataille décisive ait lieu, le 12, le 13 ou le 14, cela a peu d'importance pour les Serbes, Bucarest et Paris.

Puisque je ne dois pas courir à un échec et que l'ennemi occupe Vlahoklissura, puisque je dois déborder la droite ennemie, il me faut aller à Kastoria. Mettre à l'aile marchante la brigade première arrivée donne un résultat plus rapide que d'y envoyer la brigade dernière arrivée.

La 114ᵉ brigade (voir tableau de la page 185) n'atteint Verria que les 9, 10, 11 septembre ; si je la dirige vers Kastoria, elle n'y arrivera que vers le 15 ou le 16, c'est-à-dire comme les Carabiniers d'Offenbach.

Lorsque mon avion avait survolé Cornicevo, le lac de Petrsko, j'avais vu la barre abrupte de la Malareka, la région de Sorovicevo, de Sotir et du lac de Rudnik. Mes yeux avaient sondé la région de Gjülünc, où la carte marque l'existence de marécages, et j'avais pu me convaincre que le terrain situé à l'ouest de la route jusqu'au lac était couvert de flaques d'eau. Sur 10 à 12 kilomètres à l'ouest de la route, le terrain était impraticable, même à l'infanterie.

Nous devions donc attaquer en colonne par la route, puisque le terrain à l'est était dans la zone serbe, ou attaquer à l'ouest du lac de Rudnik et la hauteur de Vlahoklissura, les Russes à cheval sur la crête avec objectif Vlahoklissura, la brigade Boblet entre Vlahoklissura et Kastoria, la cavalerie couvrant l'aile de l'armée.

On n'aime pas les topographes.

Qu'on vît grand ou petit, il n'y avait pas d'autre issue, si l'on voyait juste.

Mais personne ne se doutait, dans l'entourage du Général en chef, de l'état des lieux. Pendant des mois, nous avions été maîtres d'Eksisu, c'est-à-dire en mesure d'en étudier les environs : nul ne l'avait fait.

Sarrail n'avait pas eu affaire à ses topographes. M. Paul Coblentz insulte le général Bourgeois, grâce auquel nous avons eu des cartes en France. Si, à Salonique, on méprise les topographes, on n'a que des cartes fausses, et le général Sarrail donne des ordres que le terrain montre inexécutables.

Ce que j'avais vu, en un instant, de mon P. C. aérien, nul ne le savait à Salonique. On pensait à autre chose sous l'œil de la déesse.

Le 8, le général Diterichs pousse son poste de commandement à Komano et prend contact avec une flanc-garde du général Baston ; il échange ses batteries à cheval pour des batteries de montagne. Bournazel pousse quelques pelotons jusqu'à Krupista, où il fait quinze prisonniers plus ou moins déserteurs, plus ou moins pillards, et apprend que Kastoria n'est que faiblement occupé. Il rend compte que le pont de Lapsista est détruit, difficilement réparable, mais qu'on peut passer ailleurs.

Le sous-intendant Phillebois est satisfait de ses travaux, ses beaux efforts seront récompensés ; on trouvera la viande sur place et des chariots à buffles.

Le général Cauboue est quelque peu optimiste. Avec un grand esprit d'organisation, il pourvoit à tout ; avec l'aide de la main-d'œuvre civile payée, il répondra aux besoins de l'armée.

Mon état-major fournit, avec intelligence, une somme de travail considérable ; Jacquemot se montre très supérieur à la réputation que lui faisait son ancien grand chef. On se débrouillait, mais nous étions sur la corde raide.

Le grotesque survint pour nous dérider.

Un Orphée moderne.

Un certain lieutenant-colonel grec, portant le nom harmonieux d'Orphaélidès, commandant des pontonniers de Verria, vint se mettre à ma disposition ; il voulait faire la guerre avec son bataillon de pontonniers, à côté des Français. Mais, s'il peut venir avec ses hommes dans les rangs de la France, son honneur veut qu'il rende au roi le matériel qui appartient au roi. Je lui donnerai donc des wagons, qui conduiront les équipages de pont à Ekaterini ; son honneur dégagé, il marchera avec ses hommes contre les Bulgares. Je refuse les wagons, il me demande des chevaux ; je refuse les chevaux. Alors, le descendant d'Orphée va réfléchir en ville.

Une heure se passe, mon officier grec revient triomphant : ses officiers et ses soldats avec le matériel sont à mes ordres. Je l'en félicite, je télégraphie, comme il le demande, son adhésion au Gouvernement de la Défense Nationale.

La journée se passe et M. Orphaélidès vient, le soir, me demander de fournir des soldats français pour garder son parc, parce que tous ses subordonnés ont déserté le bataillon.

Je lui ai ri au nez.

Le général Sarrail avait pris soin d'embarquer à Salonique, pour Athènes, les officiers dont Constantin avait besoin pour commander cette armée, soi-disant toujours prête à lui tirer dans le dos. A moi, on demandait de donner à cette armée son matériel. Je n'ai pas pris les ordres de Sarrail pour agir comme je l'ai fait. Je craignais une bêtise comme celle qu'il avait commise à Salonique. Je ne me faisais plus d'illusions sur le Monsieur.

Le 9 septembre, les opérations allaient pouvoir

commencer ; un travail considérable avait été accompli en une semaine.

La route de Salonique à Verria avait reçu des ponceaux capables de supporter le poids des camions, la gare de Verria était organisée, la traversée de Verria pouvait se faire sans difficultés, le passage de fortune établi pour remplacer provisoirement le pont détruit à la sortie de Verria suffisait aux besoins, la longue route de Verria à Kozani était mise en assez bon état et des équipes la maintiendraient praticable aux camions. L'hôpital de Verria était prêt et le Dr Visbecq en installait un autre de 500 lits à Kozani. Dans ces deux hôpitaux, bien installés, dans un pays sain, à altitude convenable, nos fiévreux se guériraient mieux qu'à Salonique. L'Intendance avait ce qui lui serait nécessaire.

Le 10 septembre, le capitaine Decrais, du Q. G. A. A., arrive à Verria pour savoir où en sont les choses ; je fais connaître que les ordres seront exécutés : on attaquera le 12. Je lui exprime le regret d'une attaque lancée avant l'arrivée d'effectifs suffisants ; je le prie de demander que cette attaque soit retardée. Puisque c'est le Gouvernement qui exige, je prie le général Sarrail de télégraphier à Paris que c'est moi qui déclare ce délai désirable, tout en assurant que, si aucune autorisation de retarder l'attaque ne m'est donnée, je courrai ma chance le 12.

Je laisse le général Leblois, arrivé de la veille, à Verria, avec mission d'y mettre en route sa 114e brigade et de pourvoir à ses besoins, et je demande un avion pour me transporter dans la région de Kozani, où un terrain avait été reconnu pour les atterrissages.

Les nuages coiffent les sommets du Vermion ; le commandant Denain déclare le voyage impossible.

Ces nuages persisteront plusieurs jours ; les avions demeurent à Verria, faute d'avoir des moyens de transport par route.

Cordonnier passe dans le Train des Equipages.

Je pars en automobile, je me heurte à un convoi de camions qui ne sait pas marcher. On ne savait décidément rien dans cette armée de Salonique. Un officier commande le convoi ; il a bloqué toutes les voitures à la file, sans sectionnements, sans distance d'une voiture à l'autre ; la route est difficile, dans un médiocre état, le moindre incident cause un arrêt de l'ensemble. Je m'arrête et je fais la théorie sur l'art de conduire un convoi.

A l'avenir, on fera des sections, et on n'attendra pas que tous les camions soient chargés et prêts pour partir. Mon état-major donnera le jour même, par écrit, une instruction sur la conduite d'un convoi.

Il aura fallu attendre septembre 1916 pour cela.

Les croisements sur la route ne peuvent se faire, sauf en de rares endroits aménagés par le général Cauboue. Aussi, je décide qu'en principe les convois iront de la voie ferrée à l'armée de jour, et de l'armée à la voie ferrée de nuit. Six heures de route, six heures de repos pour le déchargement au lieu de livraison, six heures de route et six heures de repos au lieu de chargement. Mais, du principe au fait, il y a loin ; les conducteurs n'auront pas le repos que je voulais leur ménager: hommes et matériel ont beaucoup souffert.

Le colonel Curie.

En route, je rencontre le 2ᵉ zouaves ; il n'a pas poussé son camp assez près du col, de sorte que, le lendemain, il aura à faire une trop longue montée. Il aurait dû se mettre en rapports avec l'état-major de l'armée, avec les régiments voisins, puisque la carte prêtait à erreurs. J'eus sans doute « le verbe haut... la voix étincelante » ; le lieutenant-colonel avait du sang ; il y eut un moment de l'électricité dans l'air... « Quand vous mériterez des compliments, je vous en ferai », fis-je en terminant et en lui tendant une main amicale.

Il mérita grandement des compliments ; alors « ça tapait » ; néanmoins, sur un ton calme, d'une voix malicieuse, il me demandera s'il méritait des compliments: « J'ai cité le lieutenant-colonel Curie à l'Ordre de l'Armée. »

Plus loin, je rencontre le commandant Obé, de l'A. D. 156ᵉ; j'inspecte son groupe, je fais former le cercle et je fais connaître ma haute opinion du canon de 75 quand il est bien conduit et travaille pour le fantassin. « Dans la guerre de mouvement, il faut au début coller le canon dans les jambes du fantassin, afin de pouvoir l'accompagner avec des projectiles dans ses progrès en avant, sans avoir à se déplacer. Ne jamais laisser le fantassin sans appui du canon : donc, se déplacer par échelon, et, avant de partir, savoir où on va se placer à nouveau et quel itinéraire suivre. »

Baptisez vos pièces.

J'aborde un sous-officier : « Quel est le nom de votre pièce ?... »

Il me regarde, ahuri.

On les avait baptisés, mes canons, le 10 août 1914, le soir de la victoire de Mangiennes: *L'Invulnérable, Le Vengeur, Le Terrible...*

Je recommandai le baptême des canons pour le soir de la première victoire.

Le contact se prenait ; il fallait faire connaissance et jeter dans le mouvement en avant des troupes qui, sur la terre d'Orient, n'avaient connu que le recul ou la stagnation.

Plus loin, je vois le commandant Roux, chef des sections de munitions ; il me montre, d'un geste douloureux, ses chevaux épuisés par le climat et mal nourris, ses hommes que ruine la fièvre.

Plus loin encore, j'aborde un commandant de brigade d'infanterie ; il est seul. Un de ses régiments étant d'un côté de la montagne et l'autre sur l'autre versant, il flâne entre les deux. « Il faut, mon cher ami, être avec les deux à la fois. » Il y parvint.

On n'utilise pas le Consul de France.

J'arrive à Kozani à treize heures. M. Berne-Lagarde, Consul de France, me retient à déjeuner. Il connaît admirablement le pays de Monastir : Florina, Kastoria, Kozani ; il eût été sage de lui confier le service des renseignements auprès du général Sarrail ; on ne s'en sert que fort peu ; on préfère les lumières du capitaine Mathieu.

A quinze heures, je pars pour Kajalar, où je sais devoir rencontrer les généraux Baston et Diterichs.

Une imprudence.

Une imprudence a été commise : une compagnie est venue la veille au soir, pendant la nuit, camper à portée de canon de l'ennemi ; au petit jour, des obus sont tombés dans le camp ; il y a eu 63 tués ou blessés, parmi lesquels les trois officiers sont blessés. « Evacuez-les, sans leur donner la moindre récompense ; je les traduirais en Conseil de Guerre, s'ils n'étaient pas blessés, ces officiers », dis-je à Baston.

Cette armée, que j'allais jeter à la bataille dans des conditions détestables puisque la moitié de ses effectifs seraient encore à la traîne, était bien difficile à réveiller ; le réveil coûtait du sang.

La route de Kozani à Kajalar a un caniveau effondré près de Komano, un autre s'écroule sous un camion à la sortie de Kozani ; le général Cauboue répare tout dans la nuit.

Je demande au groupe de 105 de faire doubler l'étape, au moins à une batterie, pour aider Baston ; tout le groupe double l'étape ; il y avait dans cette armée une bonne volonté admirable.

En avance de deux jours.

C'est le général Diterichs qui commence la campagne offensive ; le 10, au soir, un de ses bataillons enlève de vive force Vlah Blaca et fait des prisonniers.

On pouvait donc, dès le 10, télégraphier à Paris et à Bucarest que l'offensive avait été déclenchée.

Le 11, je passe la matinée à travailler avec mon chef d'état-major ; M. Berne-Lagarde vient déjeuner avec moi ; le succès de Vlah Blaca est connu des soldats du roi qui garnisonnent à Kozani ; alors la garnison est en train de faire ses préparatifs de départ, et en ville on crie : « Zito Cordonnier » ; on prononce : « Kredeni ».

M. Berne-Lagarde me décrit le pays que parcourt la route de Kozani à Kastoria par Lapzista.

Après déjeuner, je pars en automobile pour prendre contact avec le lieutenant-colonel Boblet, à Caroseno.

Le 11 septembre, à midi, le 235ᵉ avait atteint Caroseno (35 kilom. ouest de Kozani) ; le 242ᵉ était à Sarihandlar (12 kilom. ouest de Kozani); le 260ᵉ à Harazilar (5 kilom. est de Kozani). Le lieutenant-colonel Boblet était à Caroseno.

Un officier du génie, marchant avec les cavaliers, avait été reconnaître le pont de Lapzista ; sa reconnaissance faite, il avait traversé Kozani et continué vers Verria rendre compte au général Cauboue.

Comme il avait omis de passer à l'état-major de l'armée, le colonel Jacquemot n'avait pu me renseigner sur un point qui était capital pour la direction des opérations. On dormait aussi au Q. G. de l'armée franco-russe puisqu'on ne mâchait pas la besogne suffisamment aux agents d'exécution.

Des Grecs endimanchés.

A Caroseno, je vis le lieutenant-colonel Boblet en conférence avec des Messieurs grecs endimanchés, venus de Kastoria le saluer.

Belle occasion pour bavarder un peu.

Je dévoilai mes projets. A des gens d'une sûreté douteuse et vraisemblablement bavards, il faut non pas se taire, mais donner quelque chose à dire.

Deux armées de Français et de Russes, en attendant les Italiens qui débarquaient en ce moment à Salonique, se portaient contre la droite des Bulgares. Je marchais avec la plus grosse partie de mon armée sur Kastoria, Rula, et je contournerais

Monastir. Avant trois jours, la Grèce serait libérée du Bulgare.

J'appris des Grecs — que mon képi à liseré blanc et « mes gestes dramatiques » n'étaient pas sans émouvoir — que les Bulgares occupaient fortement Vlahoklissura ; ils n'avaient presque personne à Kastoria : un ou deux bataillons au plus avec deux ou trois escadrons se trouvaient dans la région de Rula-Biklista. Ces renseignements concordaient avec ce que pensait M. Berne-Lagarde. On se serre les mains, on prononce le nom de M. Venizelos avec un attendrissement partagé, et on laisse partir Messieurs les Grecs bien pourvus de choses à dire.

Puisqu'il y avait si peu d'ennemis de ce côté, je pouvais alléger momentanément le groupement Boblet ; je me promettais de le renforcer ultérieurement par la transversale Kajalar, Konop, Mokreni, Vlahoklissura. Trois escadrons de cavalerie, deux bataillons d'infanterie, deux batteries de montagne constitueraient la flanc-garde Boblet. Légère, sans convois pour l'embarrasser, elle marcherait vite, couvrirait le flanc gauche des Russes dans leur mouvement de Vlah-Blaca sur Vlahoklissura, et les aiderait par une action débordante s'ils étaient arrêtés de front.

Je prescrivis au lieutenant-colonel Boblet de faire comme si toute sa brigade devait suivre ; il serait seul à savoir que le 242° et le 260° ne viendraient pas à Caroseno.

A mon retour, passant par Sarihandlar, je prévins le Colonel d'avoir à attendre les ordres avant de faire un mouvement quelconque, et de donner du repos à son régiment.

Il était fort tard quand je rentrai à Kozani. Les ordres ne furent rédigés qu'à 23 heures et portés par des officiers. A cette heure tardive, les espions grecs dorment et le Hughes ne parle pas à Salonique.

Qu'avais-je à dire à Salonique ? Rien, puisque j'allais fidèlement entrer dans le cadre des ordres.

Les troupes qui me sont données sont, le 10 septembre au soir, en face de leurs objectifs ; il leur reste à pousser de l'avant.

La Stratégie — si le mot n'est pas trop gros — a fait l'œuvre que lui permettaient les moyens mis à sa disposition.

Le 12 au matin, Vlahoklissura a été enlevé, après un brillant combat, par les Russes, qui cherchent à s'emparer des hauteurs au nord du col.

Le 175ᵉ, maître de Mokreni, tente de s'élever sur le Subrec ; le 176ᵉ débouche de Konop et vise à jeter dans le lac de Rudnik les adversaires, qui ont ce lac à dos.

Le 1ᵉʳ R. M. A. a son front, entre Konop et la route, sur la hauteur Kailar Ovasi; sa droite en liaison avec les volontaires serbes.

Nouveau petit succès.

Le soir du 12, la situation est la suivante :

L'artillerie à longue portée bulgare est près de Caldzilar, sur la hauteur 649 ; elle bat, par rafales rapides et courtes, sur un large front, Nalbankoj et la route au delà de la côte 610.

L'infanterie ennemie a cédé devant la nôtre plus à l'ouest.

Notre 1ᵉʳ R. M. A. est entre Rakita, qu'il a enlevé dans la matinée, et Rudnik ; sa gauche seule a progressé.

Le 176ᵉ, parti de Konop le matin, a dépassé la pointe ouest du lac de Rudnik et est près d'Insko.

Le 175ᵉ a gagné beaucoup de terrain vers le Subrec ; sa gauche, encore au-dessous de la crête 1348, est en liaison avec la droite russe.

Le général Diterichs avance lentement mais avec succès vers la hauteur 1414 ; un escadron de chasseurs d'Afrique couvre sa gauche, qui n'est pas inquiétée. Le lieutenant-colonel Boblet a poussé son infanterie au nord de Lapzista ; il a perdu beaucoup de temps au passage du ravin ; sa cavalerie nettoie le pays de ses nombreux Comitadjis ; il a eu deux affaires à Bogacko et à Krupista.

J'ai passé une partie de la journée auprès du général Baston, le champ de bataille sous les yeux.

A la date qui m'avait été fixée, j'avais engagé la bataille.

Chapitre X

LA MALAREKA

La barre de la Malareka.

Entre le bassin lacustre de Monastir-Kenali et celui de Kajalar-Kozani, existe un barrage naturel formé par la Malareka.

Tandis que, vers le nord, la Malareka descend en pentes douces, elle tombe brutalement vers le sud, constituant une falaise dont le pied est jalonné par Eksisu, Ajtos et Insko. Plus au sud, est l'ensemble des marécages des lacs Rudnik-Petrsko ; plus vers le sud encore, il y a une avancée de hauteurs, sur lesquelles l'ennemi avait tenu, le 12.

Le combat, au sud de la coupure Rudnik-Petrsko, m'apparaissait avoir été une affaire d'arrière-garde ayant pour objet de gagner du temps ; je fus confirmé dans cette opinion, le soir, quand, montant en automobile à Kajalar, je vis les obus allemands pleuvoir un peu partout, à bout de portée.

Au petit jour, le 13, je quitte mon Q. G. de Kozani pour le P. C. du général Baston, près de

Konop. Le canon lourd allemand ne tire plus, les obus qu'on reçoit sont du 77.

Le 1ᵉʳ R. M. A. a enlevé, pendant la nuit, le village de Rudnik. A neuf heures, il fait connaître à son artillerie qu'il se porte en avant et lui demande d'allonger son tir.

Le canon de 77 a cessé de se faire entendre.

La rupture du combat.

« Les Bulgares ont rompu le combat, ils se replient sur la Malareka », m'écriai-je quand j'appris que Schneider avançait.

« C'est bien possible, mon Général, mais il faut vérifier la chose.

— Faites vérifier ; je tiens, moi, la chose certaine ; je vais en informer Salonique et donner les ordres de poursuite. »

J'ai auprès de moi le capitaine Grunfelder, de mon état-major ; je lui dicte l'ordre suivant :

Les ordres pour la bataille.

Est de Konop, 13 septembre 1916, 9 h.

Le Général Cordonnier, commandant l'armée provisoire d'aile gauche, à :

Général commandant la 156ᵉ division ;
Général commandant la 57ᵉ division ;
Général commandant la brigade russe.

« I. — Dans la journée d'hier, l'ennemi a été repoussé au nord de la ligne marquée par 1414-1348-Subrec-Pointe S. O. du lac de Rudnik-Rakita-côte 633.

« D'après des renseignements de prisonniers, il y aurait le 23ᵉ régiment bulgare devant le 175ᵉ et les Russes et un régiment plus à l'ouest avec deux escadrons du 7ᵉ régiment de cavalerie bulgare.

« II. — L'attaque se poursuivra dans les conditions suivantes :

« La 57ᵉ division entrera en ligne, le plus tôt possible, à cheval sur la route Kozani-Banica.

« Le 1ᵉʳ R. M. A., dès qu'il aura été dépassé par la 57ᵉ division, sera rassemblé et conduit vers Konop, aux ordres du Général commandant la 156ᵉ D. I.

« Le mouvement en avant se poursuivra donc par unités accolées, à savoir, de la droite à la gauche :

« 57ᵉ division avec objectif : Eksisu ;

« 156ᵉ division avec objectif : le front d'Eksisu (exclu) à Neveska (inclus) ;

« Brigade russe avec objectif : Vic ;

« Flanc-garde Boblet, tenant la route de Florina et liant son action avec la brigade russe, et éclairant vers Biklista et Florina.

« III. — La 156ᵉ division aura son centre de ravitaillement... »

Signé : CORDONNIER.

L'exécution de cet ordre faisait entrer en ligne la division Leblois, qui avait le 260ᵉ à Komano, le 242ᵉ au nord de Kozani, la brigade Quais tout entière sur la route de Verria à Kozani, en marche sur Kozani. Il aurait manqué au général Leblois le 235ᵉ régiment, à deux bataillons, puisque Boblet restait en flanc-garde du côté de Kastoria, mais il était encore favorisé puisque le général Baston n'avait pas reçu le 2ᵉ zouaves (trois bat.), retenu si longtemps en vain à Salonique.

L'armée franco-russe allait donc pousser vers le nord ; si l'ennemi tenait sur la Malareka, le renforcement de la gauche de la ligne de bataille par le 1ᵉʳ R. A. M., rendu à Baston, puis par le 2ᵉ R. M. A. qui suivait à deux étapes en arrière, permettrait d'accentuer le mouvement tournant par notre aile gauche qui avait donné le succès de la veille. Si la Malareka était forcée, le général Leblois, entrant à la bataille avec ses forces échelonnées en profondeur, aurait pu alimenter la poussée droit sur Monastir.

Je remets une copie de l'ordre au général Baston et je fais partir Grunfelder pour Kozani, avec mission d'inviter le chef d'état-major à rendre compte par le Hughes de ce premier succès, et d'expédier les ordres.

Je n'avais plus rien à faire auprès du général Baston ; aussi, montant à cheval avec mon officier d'ordonnance et quelques cavaliers d'escorte armés de fusils, je me dirigeai sur Mokreni où je me fis rendre compte, par le lieutenant-colonel du 175ᵉ, de ce qu'avait fait son régiment.

Ensuite, je poussai jusqu'à Vlahoklissura, où un officier de l'état-major du général Diterichs me mit au courant des opérations effectuées par les Russes depuis le 9 au soir ; je lui fis faire par le capitaine Febvrel, pour son Général, une expédition de l'ordre : « Est de Konop, 9 h. »

Cordonnier en reconnaissance.

Remontant à cheval, je gagnai le col de Vlahoklissura, puis je marchai vers Kastoria, pendant environ 500 mètres, jusqu'à ce que la région de Kastoria m'apparut nettement. La route descendait par de nombreux lacets parfaitement dessinés, dans un pays qui rappelle nos Alpes de France ; à mes pieds, le lac de Kastoria reflétait un soleil ardent ; la ville de Kastoria, le pays voisin étaient calmes, respirant la paix chez un peuple que favorise la nature.

D'après mes calculs, Boblet devait être là et, puisqu'on ne s'y battait pas, c'est qu'il n'y avait pas de Bulgares.

Je connaissais depuis longtemps le lieutenant-colonel Boblet. C'était un esprit clair, ordonné. Mais passer subitement du commandement d'un bataillon à celui d'un détachement des trois armes, lancé dans l'espace, était faire un saut trop brusque. C'est de Clermont-Tonnerre qu'il aurait fallu : Sarrail me l'avait enlevé.

Pour donner de la hardiesse à Boblet, je dictai au capitaine Febvrel l'excitant ci-dessous :

Col de Vlahoklissura, 13 septembre, midi.

Général Cordonnier, commandant l'armée provisoire d'aile gauche, au Lieutenant-Colonel Boblet, commandant la flanc-garde à Kastoria.

« Les Bulgares sont en pleine retraite ; ils ont profité de la nuit pour rompre le combat. L'armée franco-russe a atteint Noveska et le pied des hauteurs de la Malareka ; elle continue sa marche vers le nord. Poussez votre détachement le plus vite possible.

« Honneur à celui qui entrera le premier à Florina.

« Votre ligne de ravitaillement passe toujours par Caroseno, mais vivez surtout sur le pays.

« La transversale Kastoria-Vlahoklissura-Caldzillar est votre ligne de liaison avec moi. »

Signé : CORDONNIER.

J'avais laissé Boblet, le 11, à Caroseno, c'est-à-dire à 40 kilomètres de Kastoria ; le 13, à midi, il devait être, j'en jugeais ainsi, au moins à Kastoria avec son infanterie ; il foulait une terre sacrée que, 200 ans avant J.-C., les soldats de Sulpicius avaient parcourue. Resna, Pisoderi, Vlahoklissura étaient les portes de la Macédoine, que Philippe avait défendues. Nouveau Sulpicius, Boblet allait donc — je l'incitais à le faire — entrer dans l'ancien royaume de Philippe par la porte de Pisoderi.

Mon beau-frère en péril.

Je fus tiré de mes rêveries sur les temps antiques par un coup de fusil que l'écho de la montagne répéta douloureusement à mes oreilles. Jean Febvrel, mon beau-frère et mon officier d'ordonnance, escorté de deux chasseurs d'Afrique, était parti pour Kastoria avec l'ordre que je venais de lui dicter. Ce coup de fusil, c'était sans doute un Comitadji qui l'avait tiré, tiré en visant mon beau-frère ; j'attendis. La poudre ne parla plus, il ne revenait pas de chasseur d'Afrique chercher du secours ; j'allai où le devoir me réclamait.

Jean Febvrel put remplir sa mission et me revenir indemne de cette folle équipée, que j'avais été bien imprudent de lui faire entreprendre. Boblet s'était attardé ; mon officier d'ordonnance le trouva, vers Krupista, en route sur Kastoria où il arriva dans la soirée.

Le Général vainqueur.

Je redescendis du col vers le lac de Rudnik ; je pris contact avec le colonel Salle, qui me fit le récit des opérations du 176° et m'expliqua comment, le lendemain, il poursuivrait ses attaques. Je fus rejoint, sur la route de Monastir, par le lieutenant-colonel Schneider, alors que je festoyais avec une partie du contenu de la musette d'un chasseur d'Afrique qui avait eu compassion de la misère de son chef qui n'avait, de la journée, absorbé que la tasse de thé matinale.

Le Colonel du 1ᵉʳ R. M. A. me mit au courant des opérations accomplies par son régiment ; il m'apprit que le 105 avait fait merveille contre les batteries bulgares. Je lui parlai de l'ordre que j'avais donné le matin, en insistant sur la nécessité de demeurer à ses emplacements jusqu'à ce que le 260° l'eût relevé.

Mon automobile arrive, je pars pour Kozani, brisé de fatigue. Je rencontre un caisson ; les canonniers ont dans leurs bras un zouave, inerte, en proie à une crise de paludisme. Je le fais mettre assis à côté de moi, il préfère se coucher sur mon épaule ; je l'amène ainsi à l'ambulance de Kajalar, où des médecins s'occupent de lui ; il n'était plus qu'un paquet de chiffons ce zouave que la fièvre terrassait.

Je continue sur Komano, où je m'arrête pour causer avec le lieutenant-colonel Boigues, du 260°.

Notre succès est connu, exagéré quelque peu, tant la trompette de la renommée a peine à sonner juste. Les officiers et soldats sont de bonne humeur, on entoure le Général vainqueur.

Je dis à Boigues de gagner Kajalar, pour diminuer l'étape qu'il aura à faire cette nuit ; le général Leblois ne tardera pas à envoyer ses ordres ; qu'il les attende à Kajalar, c'est-à-dire à 12 kilomètres plus au nord.

« Laissez-moi le temps nécessaire pour que les hommes «aient mangé la soupe», me dit le Colonel, en faisant découvrir une marmite. La marmite était pleine d'écrevisses énormes. Dans le pays, on dédaigne l'écrevisse; le régiment s'est montré moins dédaigneux.

Un soir de victoire, quand le champagne manque, on se rattrape sur ce qu'on a ; l'essentiel est d'avoir prétexte à bonne humeur.

Le 260° laisse un officier à Komano pour y recevoir l'ordre du général Leblois, et gagne Kajalar.

Je rentre à Kozani, je passe une heure ou deux avec mon chef d'état-major, je dîne et je rêve d'écrevisses et de victoires. C'était mon premier beau rêve depuis que j'avais mis le pied sur la terre d'Orient. C'était un 13, hélas !

Le 14 septembre, au petit jour, je prends connaissance des renseignements arrivés pendant la nuit, je travaille quelques instants avec mon chef d'état-major : l'avant n'a rien dit de nouveau, l'arrière continue à affluer, les ravitaillements se font ; le bruit des succès d'hier amène, de la part des habitants, des partisans au Gouvernement de la Défense Nationale ; tout le monde est vénizeliste pour le moment; la garnison grecque a filé sur Servia ; le roi craint qu'elle se joigne au vainqueur. Je pars pour la bataille.

A sept heures du matin, je rencontre vers

Komano le général Quais et le 242°. Le Général a marché avec le régiment de tête de sa brigade ; il connaît notre succès de la veille et il enrage ne n'avoir pas été de la partie. La brigade est en bon état, les marches se sont faites sans laisser de traînards, seulement il a fallu marcher lentement et faire de fréquentes haltes. Il s'y connaît, ce vieux fantassin, pour régler une marche, et il ne s'est reposé sur personne pour en fixer le détail.

Je continue en automobile sur Kajalar ; à l'entrée du village, j'ai l'occasion de féliciter l'Intendance de la rapidité avec laquelle je vois faire les déchargements et les distributions. Je m'entretiens avec les automobilistes ; leur service est dur, jamais une nuit de repos ; les douze heures que je leur ai ménagées — deux fois six heures — sont très raccourcies par des retards en route, à l'arrivée, au départ, et par les soins à donner au matériel. Tous ont quelque peu la fièvre, il n'y a personne pour les remplacer dans leur service, et ils savent qu'à Salonique, si on supprimait les automobiles de certaines parties prenantes que rien n'autorise à en avoir, les remplaçants ne manqueraient pas.

Je leur parle de victoire, de la haute mission qu'ils remplissent. On est bientôt camarades ; ces braves gens feront l'impossible.

Un ordre attendu.

A la sortie de Kajalar, je vois le colonel Boigues qui attend, depuis la veille au soir, sur le bord de la route, les ordres que je lui avais annoncés la veille.

Le Général de la 57° division n'avait pas, comme le Commandant de la 114° brigade, pris la tête de son unité, ni laissé près de cette unité de tête un officier de son état-major. Il était demeuré à Kozani.

De Kajalar au pont de Gjulunc, où le 260ᵉ devait dépasser les avant-postes du 1ᵉʳ R. M. A., il y a environ 20 kilomètres ; il y en a 12 de Komano à Kajalar. Pour éviter à ce régiment une étape à faire d'une traite sur un aussi long parcours, de ma propre autorité, m'affranchissant de passer par l'échelon hiérarchique de la division, je l'avais fait avancer de 12 kilomètres dans cette journée du 13 où il n'avait pas eu à marcher.

Le général Leblois, plus âgé que moi, qui avait été général de division alors que je n'avais encore que les galons de colonel, me paraissait mériter, de ma part, une grande déférence. Pousser en avant le régiment, j'avais cru indispensable de le faire, mais lui donner moi-même, à Komano, l'ordre d'entrer à la bataille, je ne m'étais pas cru autorisé à aller jusque-là.

Je ne pouvais pas supposer qu'un ordre que j'avais rédigé moi-même, le 13, à neuf heures du matin, et envoyé par automobile à Kozani aussitôt, n'aurait pas touché le colonel Boigues, au cours de la nuit.

Le 260ᵉ aurait pu, la nuit, parcourir les 20 kilomètres, après les douze déjà franchis, passer le pont de Gjulunc et se mettre à même de pouvoir donner l'assaut à la Malareka, comme j'avais compté qu'il le ferait, le lendemain.

Je me repentis de mon excès de scrupule ; je me reprochai de n'avoir pas compris que le Chef, à qui, dès le début de la guerre, Joffre avait enlevé son commandement, était inapte à commander sa division.

Je laissai Boigues et je partis à toute vitesse vers le front, inquiet de Schneider.

Je rencontrai Schneider à peu près à l'endroit où je l'avais laissé la veille ; vainement il avait attendu qu'on le dépassât.

Avec lui, je me rapproche du pont de Gjulunc ; je m'élève à droite de la route sur le versant d'un contrefort où se trouvent le lieutenant-colonel Marinkovitch et le lieutenant-colonel Popovitch. J'apprends par eux que, pendant la nuit, leurs hommes ont franchi le ruisseau qui fait communiquer le lac de Rudnik avec celui de Petrsko, et enlevé Eksisu d'où ils ne peuvent déboucher. De là, on voit qu'un combat a lieu à Ajtos ; c'est le 176ᵉ qui commence à en sortir.

Les obus de 80 aident le 176ᵉ dans ses tentatives pour gravir la Malareka; le canon de 105 placé près des avant-postes de Schneider frappe, d'un peu loin, tantôt au nord d'Ajtos, tantôt au-dessus d'Eksisu, et souvent dans l'intervalle qui sépare Ajtos d'Eksisu.

Entre la droite du 176ᵉ et la gauche serbe, il existe un vide causé par l'absence du 260ᵉ.

Je suis au point de liaison des deux armées, à 400 mètres au sud-est du pont de Gjulunc, un peu en arrière de l'arête d'un contrefort qui m'abrite des vues de l'ennemi.

Un officier d'état-major, venu avec moi de Kozani, est allé prendre au P. C. du général Baston le compte rendu des événements de la nuit et de la matinée.

Il est dix heures du matin, le 14 septembre 1916; le commandant Gerhardstein et le colonel Schneider sont auprès de moi.

Des batteries audacieuses.

Le Commandant d'artillerie, sur mon ordre, pousse son groupe près de moi, à 300 mètres plus à l'est ; des cavaliers serbes s'écartent pour laisser place libre aux pièces.

Il me dit : « J'ai vainement cherché un itinéraire défilé, pour venir des anciens emplacements de 649 et 578 ; il faut aux batteries, pendant près d'un kilomètre, marcher en terrain découvert, à portée du canon ennemi. On avancera par échelons. »

Une batterie passe et se met en surveillance ; la seconde arrive sans accident ; la troisième est vue en marche ; les obus tombent, mais ne font que peu de victimes : un homme blessé, deux chevaux tués.

Les camarades serbes saluent les prouesses de nos artilleurs.

Les batteries ouvrent le feu, cherchant le canon ennemi, et règlent sur le vide qui existe entre Eksisu et Ajtos. Un officier d'état-major de la division de cavalerie serbe vient peu après remercier Gerhardstein de l'avoir débarrassé d'une batterie ennemie qui lui occasionnait des dommages.

Un compte rendu m'arrive de la division Baston.

Des assassins.

« Ajtos a été enlevé, ce matin à cinq heures, par une compagnie du 176ᵉ, sur des réguliers bulgares qui se sont enfuis dans la montagne. Mais, au moment où la compagnie allait déboucher du village, elle a été accablée par une fusillade partie des maisons et des jardins. Ce sont les habitants, hommes et femmes, qui, se servant d'armes qu'ils avaient cachées, ont fait feu sur les nôtres.

« La compagnie, surprise par ce feu, a reculé,

abandonnant le village. Telle est la réponse à votre note datée de ce matin, sept heures.

« Après une nouvelle préparation par l'artillerie, Ajtos a été repris ; nous avons trouvé nos blessés, achevés et atrocement mutilés. »

Le colonel Marinkovitch me dit : « Ce sont des Comitadjis d'Ajtos, le village est bulgare, les femmes sont encore plus mauvaises que les hommes. »

Aussi bien le 176ᵉ, d'Ajtos, que les Serbes, d'Eksisu, ne peuvent progresser si, entre les deux villages, une troupe ne fait pas la liaison.

Un ordre qui a dormi.

Je montre à Schneider la situation ; il la comprend ; un bataillon doit passer par le pont de Gjulunc, puis gravir la côte entre le 176ᵉ et les Serbes.

« Pour une pareille mission, il faut des légionnaires, mon Général ; je vais mettre en mouvement immédiatement une compagnie du bataillon de la Légion sur Spanca », et, avec une assurance qui honore à la fois le chef et les soldats, il ajoute, en me saluant : « Vos ordres seront exécutés. »

Il est des instants dans la vie qui laissent dans l'esprit un souvenir ineffaçable ; celui pendant lequel j'entendis le : « Vos ordres seront exécutés », est, pour moi, un de ceux-là.

La situation était angoissante. Un groupe de batterie de 75 avait exécuté une manœuvre des plus dangereuses pour se mettre à très bonne portée de l'arête de la Malareka. A l'autre bout du lac, il y avait un autre groupe de batteries, mais l'intervalle d'un groupe à l'autre était de 10 à 12 kilomètres ; d'autre part, de l'est de la Malareka, au-dessus d'Eksisu, une batterie bulgare prenait en caponnière Eksisu ; cette batterie, Gerhardstein la cherchait.

Je n'avais toujours pas d'avion; les nuages ayant retenu les appareils à Verria plusieurs jours, il n'avait pas été possible d'en donner au groupe pour diriger son tir.

A ce moment, arrive près de moi le général Leblois.

Je lui demande, d'une « voix étincelante » peut-être, mécontente à coup sûr, pourquoi mes ordres n'ont pas été transmis.

Il n'y a rien de sa faute, dit-il ; il n'a pu obtenir d'essence de mon état-major pour son automobile, ni hier, ni ce matin de bonne heure ; à cause de ce manque d'essence, il n'a pu aller jusqu'au 260°.

Cette explication ne me satisfait pas ; je lui fais observer que l'ordre aurait pu être porté par un officier à cheval, par un cycliste : « Je voulais le faire moi-même et donner à Boigues des explications verbales. »

A ce moment, un groupe de cinq à six légionnaires sort de la ferme de Novoselo, marchant par bonds vers le pont de Gjulunc ; une batterie ennemie s'acharnait sur eux : « Vous aurez ces morts sur la conscience », lui dis-je, en rompant l'entretien.

J'aurais dû lui enlever son commandement en lui infligeant une punition d'arrêts. Cela aurait cassé les vitres, mais tranché la question avec Salonique. Depuis ce jour, je fus en butte à la guerre sourde, faite avec des moyens malpropres.

Le général Leblois avait été relevé de son commandement dès le début de la guerre ; la politique l'avait replacé et, pour le replacer, la politique avait arraché à sa division de Cadoudal.

Cette politique tuait, en ce moment, les légionnaires de Schneider ; elle faisait payer trop cher la victoire qui se préparait.

Les ordres que j'avais dictés la veille, à Konop, auraient eu pour effet de mettre un régiment frais dans l'intervalle qui sépare Eksisu d'Ajtos. Le 260ᵉ, fort de deux bataillons, aurait gagné, pendant la nuit, Spanca et Lubetino, au moment même où les volontaires serbes passaient de Sorovicevo à Eksisu et quand le 176ᵉ était à Ajtos, et Schneider aurait combattu vers Vlahoklissura.

Le matin du 14, le champ de bataille se serait étendu, sans vides, du Kaïmatchalan au col de Vlahoklissura, pendant que le lieutenant-colonel Boblet, arrivé de la veille avec son infanterie, à Kastoria, aurait montré ses chasseurs d'Afrique sur les derrières des adversaires du général Diterichs.

Les ordres adressés au général Leblois, et reçus par lui le 13, vers onze heures du matin, auraient eu pour effet de porter le 260ᵉ sur la ligne de bataille près d'Eksisu, et le 1ᵉʳ R. M. A. à la disposition du Général commandant la 156ᵉ division.

Ma faible armée aurait pu avoir en ligne, le 14 septembre : le 235ᵉ, le régiment russe, le 175ᵉ, le 176ᵉ, le 1ᵉʳ R. M. A. et le 260ᵉ, soit six régiments d'infanterie; c'était peu pour toute une armée. Par la faute du général Leblois, cette armée fut privée du tiers de son effectif : le 260ᵉ restait à Kajalar et le 1ᵉʳ R. M. A., qui l'avait attendu sur ses positions de la veille, ne fut pas en situation de combattre à l'ouest du lac de Rudnik, ni d'entrer dans la bataille vers Eksisu.

Bonaparte à Eksisu.

Le 14 septembre 1916, un Bonaparte, placé au poste d'observation que j'occupais, aurait admiré le soldat serbe ou français à la bataille ; il aurait déclaré n'avoir jamais vu autant de courage que chez ces légionnaires qui s'arrêtaient sous la mitraille pour saluer leur chef d'armée.

Mais c'est avec d'autres sentiments qu'il aurait parlé aux généraux.

Combat classique.

Une bataille front contre front entre Serbes et Bulgares durait depuis trois semaines ; c'est le combat d'usure classique, cher à l'école napoléonienne. Le 14, apparaissait, sur un flanc bulgare, une armée nouvelle cherchant le flanc bulgare pour le bousculer et le déborder. C'est du Napoléon. A partir du moment où l'armée française arrive, il n'y a plus qu'une seule bataille, à laquelle il faut un chef présent.

Ce chef n'est pas là. Sarrail est cloué à Salonique, et il ne permettrait pas au Prince de Serbie de prendre autorité sur Cordonnier ; Cordonnier aurait fait volontiers acte de subordonné à l'égard d'un Chef d'Etat si éclairé et que des malheurs sans exemple éprouvaient, puisque chassé de sa patrie, avec son armée.

Napoléon, appelant à lui le commandant de la division de cavalerie serbe, lui aurait demandé ce qu'il faisait là, avec ses escadrons, entassés derrière des marais infranchissables : « Allez à l'aile gauche », aurait-il dit au Bessières serbe. Le Bessières serbe aurait sorti de sa sacoche l'ordre, donné de Salonique, le 5 septembre, n° 157/3, disant que les Serbes auront leur « zone d'action limitée par la route Kajalar-Baniça exclue ». Il aurait appelé à lui Cordonnier et Cordonnier n'aurait pas gardé longtemps cet air « hautain » qu'un historien lui prête.

« Pourquoi ce vide entre Eksisu et Ajtos ? Pourquoi si peu de monde à l'aile gauche, qui mène l'action décisive ? Pourquoi le régiment Schneider n'y est-il pas ? Pourquoi n'avoir pas attendu la brigade Quais, puisqu'il n'y avait pas péril en la demeure ? Pourquoi n'avoir pas les cavaliers de votre armée et les avoir laissés si longtemps sur la Struma ? Pourquoi n'avoir pas à votre portée la 17° division coloniale ? »

Bonaparte interroge.

« Et ces forces maintenues sur le vaste front de bataille, depuis le Caïmatchalan jusqu'à l'embouchure de la Struma, combattent-elles ? retiennent-elles devant elles l'ennemi ou se contentent-elles d'un masque pendant que, de partout, les Bulgares vont au secours de l'aile que vous attaquez ? »

Il eût fallu répondre à Bonaparte que défensive signifie, à Salonique, partie de bridge, et que nul ne se souciait des Bulgares, entre Caïmatchalan et Struma, quand les Bulgares n'attaquaient pas. Il eût fallu dire que si cavaliers restaient à la Struma et coloniaux au lac de Dojran, c'est parce que le Chef n'avait pas pensé à eux. Il eût fallu aussi montrer l'ordre impératif d'attaquer le 12, alors que la moitié de la division Leblois n'était pas à portée. Enfin, la nouvelle du sommeil intempestif du commandant de la 57° division aurait expliqué le reste.

Et Cordonnier se fût plaint si amèrement de toutes les entraves que Salonique lui apportait que

Bonaparte l'aurait consolé en disant : « Vous faites votre Sainte-Hélène. » Et, tenant de la main droite l'oreille du Chef de l'armée serbe, secouant de la main gauche celle de Cordonnier, il aurait demandé ce qui avait causé l'état du Chef de Salonique : « La politique », aurait été la réponse. Bonaparte, rentrant en lui-même, aurait pu dire : « Nous faisions, nous autres, de la politique, et nous savions cependant gagner des batailles. »

Un rêve.

Il y a un vrai Général à Salonique. Il ordonne à la division Regnault, aux corps anglais, à la brigade italienne, à l'aile droite serbe de tenir l'ennemi en haleine par des combats continuels. Il appelle de la Struma les régiments de cavalerie qu'un bataillon anglais, pris sur place, remplacera momentanément, en attendant le bataillon indochinois. Il appelle à Verria la 17ᵉ coloniale.

Tout a été fait avec promptitude et décision.

Le 14 septembre, ce Général est depuis deux ou trois jours au point de jonction des deux armées. Il a ordonné à l'armée serbe de redoubler d'activité dans ses attaques de front ; il a poussé parallèlement les divisions Leblois et Baston contre la Malareka, avec la division de cavalerie serbe du côté de Vlahoklissura ; plus à l'ouest, à Kastoria, est Boblet, mais avec une brigade de cavalerie française.

Tous sont à la bataille, quand la droite bulgare, écrasée sous le nombre, cède. Alors, le Bessières serbe, mettant sabre au clair, se précipite en trombe dans la plaine, prend à revers les masses que les Serbes ont accrochées par leur combat de front.

L'extrême-gauche française, ayant le vide devant elle, court sabre au clair, baïonnettes basses, dans la vallée de Pisoderi, débouche de Florina. Serbes, Français, artilleurs, cavaliers courent à la curée. Monastir tombe, Vélès... la guerre est finie, peut-être, en octobre 1916. Mais il eût fallu faire vite, car la destruction du viaduc d'Eksisu, empêchant tout ravitaillement, ne permettait pas de recommencer une sévère bataille.

Si le Sarrail de 1916 avait été le Sarrail que Cordonnier avait cru voir, dans les Alpes, en 1897, ce rêve n'avait rien d'irréalisable.

Le 14 septembre 1916, c'est Sarrail qui trahissait les espérances que j'avais eues en lui.

CHAPITRE XI

LA VICTOIRE DU 14 SEPTEMBRE 1916

L'insolente Légion.

De mon poste de commandement, je voyais la droite du 175° approcher du sommet de la falaise de la Malareka ; les éclatements des obus de ses batteries de montagne marquaient, pour moi, la progression de la ligne de combat. Je voyais le 176° gagner également du terrain à gauche et au centre, tandis que sa droite, prise en travers par une batterie bulgare, n'avançait que péniblement. A Eksisu, la gauche serbe ne débouchait pas, soumise qu'elle était aux feux de la même batterie bulgare qui entravait la marche du 176°.

Plus à l'est, le canon tonnait de temps en temps, la lutte n'était guère plus intense que les jours précédents, mais elle se poursuivait.

En face de moi, à deux ou trois cents mètres de distance, les légionnaires passaient, faisant montre d'une bravoure insolente.

Un groupe de sept à huit légionnaires sort des meules de paille qui avoisinent la petite ferme de Novoselo, un officier les précède de quelques pas ; ils marchent par bonds sur une large piste en vue de l'ennemi ; ils font 50 à 100 mètres, se couchent un instant et repartent par un nouveau bond.

Après plusieurs bonds, ils ont été découverts par l'ennemi, qui leur envoie des rafales d'obus ; ils continuent leur marche par bonds ; quand ils arrivent en face de moi, l'officier salue, les légionnaires portent les armes et me fixent du regard, la tête haute, les yeux défiant la mort. Je rends le salut, plus ému du geste qui m'est adressé que ne le sont les légionnaires des obus qu'on leur destine.

« Faites taire cette batterie bulgare », criai-je à l'agent de liaison Gerhardstein ; le groupe bat de ses rafales la zone où la batterie est supposée : cette batterie continue son œuvre de massacre.

Un autre groupe passe, le salut se renouvelle, et moi, debout, impressionné au plus point par cette marche au sacrifice, je rends les saluts. A quelques pas de moi, à l'écart, est le général Leblois avec un de ses officiers. Auprès de moi, coude à coude, il y a trois officiers serbes.

Le point difficile à passer est le pont de Gju-lunc, car c'est là que les obus tombent sans cesse, c'est là que s'accumulent les morts ; les groupes passent, ce spectacle de camarades tombés ne les étonne pas ; ils savaient, en commençant la marche par bonds, que cela devait arriver.

Je n'ai laissé qu'une compagnie marcher au sacri-fice, puisque notre canon ne pouvait faire taire le canon ennemi.

Les légionnaires qui ont passé sont peu nom-breux, mais ce n'est pas devant le nombre qu'on recule, c'est devant les courages ; il y eut un tel courage de dépensé qu'on recula au nord de Spanca devant les légionnaires.

J'avais ce spectacle devant les yeux, quand m'arriva un télégramme parti de Salonique à 1 h. 55, arrivé à Kozani et transmis aussitôt par téléphone à mon P. C. :

« Les Serbes se plaignent que vos troupes d'Ajtos et de Neveska ne bougent pas cette après-midi. Je pense qu'il y a erreur, car vous avez ordre formel marcher vite, et je vous le répète encore. »

Je hausse les épaules et je passe le télégramme à mes voisins serbes qui imitent mon geste de mépris. Quand le Commandement veut se faire déconsidérer, il lui suffit de manquer d'à-propos de façon aussi manifeste.

Que faisait à Salonique le commandant de l'armée d'Orient pendant que se livrait la première grande bataille de la campagne ?

Un second télégramme arrive bientôt, demandant si le viaduc d'Eksisu était entre nos mains.

Peu après, vers 15 ou 16 heures, une détonation formidable retentissait : « C'est le viaduc d'Eksisu qui saute », me dit le colonel Popovitch.

Si le viaduc est détruit par les Bulgares, c'est qu'il ne peut plus être défendu ; nous sommes donc victorieux.

Cette détonation était, pour nous, le signal de la victoire, mais, en même temps, elle nous annonçait le commencement de difficultés qui allaient être insurmontables. Je fis télégraphier au général Sarrail la réponse à sa question.

Le soir venait ; le 176ᵉ s'élevait de plus en plus, sur la falaise ; sa droite se voyait près du sentier qui conduit d'Ajtos à Négovani ; l'artillerie de 80 et de 105 l'appuyait avec efficacité. Vers l'ouest, le 175ᵉ, dont l'artillerie de montagne dominait celle de l'ennemi, dépassait Nevoska, et j'apprenais que les Russes, qui s'étaient heurtés à un ouvrage de campagne à Vic, en préparaient l'attaque.

L'ennemi avait sa droite compromise, sa ligne de retraite était menacée.

Le soir de la victoire.

Le 260ᵉ avait reçu, enfin, de son Général de division l'ordre de quitter Kajalar et de se rapprocher du champ de bataille ; je le rencontrai non loin sur la route et lui ordonnai de profiter de la nuit pour prendre, entre le 176ᵉ et les Serbes, la place qu'il aurait dû occuper vingt-quatre heures plus tôt.

Il était fort tard quand je rentrai à Kozani ; la victoire me paraissait acquise, mais je sentais que, pour l'obtenir, mes troupes avaient fait un tel effort que poursuivre, autrement dit exploiter la victoire, était au-dessus de leurs forces restantes, et je n'avais pas de troupes fraîches sous la main, sauf le 260ᵉ.

Mon beau-frère n'était pas de retour ; j'avais pensé le revoir dans la matinée du 14, quelque part du côté de Kajalar; la nuit était venue, il n'était pas là.

Le coup de fusil que j'avais entendu, la veille, retentissait encore à mes oreilles; je craignais d'être la cause d'un malheur pour ma famille. Le malheur est d'ailleurs survenu, mais plus tard, en France.

J'avais persisté dans mes habitudes d'autrefois, je circulais librement, sans me soucier des mauvaises rencontres. Au début de la guerre, on avait mis dans les automobiles, à côté du conducteur armé, un soldat armé ; chacun des voyageurs portait près de lui un fusil ; on racontait que partout, sur nos routes de France, il fallait être prêt à se défendre contre l'espion et ses attaques ; cela n'a duré qu'un temps. Aussi, à Salonique comme en France, je ne portais sur moi d'autre arme que mes jumelles.

Si j'avais donné deux cavaliers à Febvrel, c'était pour l'aider matériellement, beaucoup plus que pour lui créer des défenseurs ; le coup de fusil que j'avais entendu démontrait que des défenseurs étaient plus que nécessaires.

Le colonel Salle avait rendu compte des atrocités commises par les hommes et les femmes d'Ajtos, et le colonel Popovitch m'avait fait mention des localités nombreuses de la région où existaient des colonies bulgares, nids de Comitadjis.

Le 15, au matin, le capitaine Febvrel entra dans ma chambre ; je lui sautai au cou et lui réclamai le récit de ses aventures. En effet, une balle avait sifflé près du groupe, mais elle venait de loin ; ils avaient pris le trot, un tournant de la route les avait abrités. Les trois cavaliers avaient ensuite, sans incident, gagné les abords du lac ; ils avaient rencontré une patrouille de chasseurs d'Afrique qui leur avait fait connaître que le lieutenant-colonel Boblet était à Krupista (huit à neuf kilomètres au sud de Kastoria).

Dans la journée du 13, le lieutenat-colonel Boblet, avec le gros de son infanterie, s'était porté à Kastoria, où il avait passé la nuit.

Le lendemain matin, 14, l'infanterie était partie, se dirigeant vers le nord, par la route de Rula, éclairée par les chasseurs d'Afrique qui signalaient de forts contingents ennemis.

Le 15, je croyais avoir une victoire à mon actif. Sans diminuer en rien le grand mérite de l'armée serbe, je pensais que l'insolente Légion, les 175e, 176e et les Russes, ainsi que l'artillerie de mon armée, étaient pour quelque chose dans cette importante victoire, qui était la première que les Alliés avaient obtenue en Orient.

Nous nous trompions lourdement. Sarrail, né en France, nommé par le Gouvernement français, niait même un peu de gloire pour nos morts.

Sarrail, relevé de son commandement de l'armée d'Orient, en décembre 1917, fut placé dans le cadre de réserve l'année suivante par Clemenceau, sanction du procès Mathieu-Paix-Séailles, dès qu'il eut ses 62 ans. Pendant les loisirs de cette retraite, il composa un livre : *Mon Commandement en Orient,* où il a écrit (p. 158) :

L'armée française ne serait pour rien dans la vic-
toire.

« L'action était générale. Le 14, elle aboutissait à un résultat tangible. Les Serbes, soutenus par une partie de notre artillerie mise sous leurs ordres et remarquablement commandée par le commandant Docquin, enfonçaient le centre adverse à Cornicevo ; 32 canons restaient entre leurs mains, et leur détachement d'aile gauche atteignait Eksisu.

« C'était une belle victoire.

« Les Bulgares avaient pu, des hauteurs où ils se trouvaient, voir se dessiner au loin le mouvement enveloppant du général Cordonnier, mais nos progrès étaient trop lents.

« Ce même jour, les Anglais avaient enlevé Makukovo, à l'est du Vardar.

« Il était pénible pour le Commandant en chef de télégraphier au général Cordonnier, sous le n° 324/2 : « Le Général en chef ne doute pas que les succès de l'armée française seront à la hauteur de ceux des armées serbe et anglaise. Il faut marcher jour et nuit en poussant la cavalerie en avant... »

Les Bulgares n'auraient fait que *voir* le mouvement tournant, et cela des hauteurs ?

Le général Sarrail tomba mal. La plaine n'est pas sillonnée par mes troupes. Le 260° aurait pu être vu ; le général Leblois, dans son sommeil, a omis de le mettre en vue. Les légionnaires, c'est tout ce que l'ennemi a pu voir des hauteurs.

A l'ouest du lac de Rudnik, le pays est couvert ; les troupes françaises et russes ont pu s'abriter des vues lointaines ; on en est venu aux mains dès le 10 à Vlah-Blaca ; le 12, la bataille a été acharnée et a duré jusqu'au 15, au matin.

Le 14, au soir, les Bulgares jugent cette bataille perdue ; ils font sauter le viaduc d'Eksisu et profitent de la nuit pour prendre du champ.

Ils fuient tellement vite qu'ils laissent tout sur place : canons, matériel de tranchées, outils, fils de fer, fourrages, vin, moutons.

Il y avait des canons, même une batterie démolie par les batteries de Gerhardstein, devant les Serbes; ces canons sont abandonnés; les Serbes en prennent possession, naturellement.

Devant le front de l'armée franco-russe, les Bulgares avaient accumulé du matériel de tranchées, des fourrages et des troupeaux ; tout cela est tombé entre mes mains. J'ai ravitaillé mon armée et la division de cavalerie serbe avec ces fourrages, j'ai pu distribuer du pinard à mes soldats, mes troupes ont eu de la viande pour plusieurs semaines. On verra, pendant longtemps, derrière mes régiments, des bergers en bleu horizon menant au pacage d'immenses troupeaux de moutons. Un troupeau de moutons, ça voyage. Si les Bulgares avaient laissé leurs moutons dans les pacages de la Malareka, c'est que l'inquiétude pour leur flanc droit n'a précédé que de peu de temps la débâcle. Aussi croirais-je volontiers que le mouvement de Boblet, dont on s'est exagéré les forces, par la route de Kastoria vers Florina, dans la journée du 14, a été pour beaucoup dans la décision prise par les Bulgares de regagner en hâte la région de Neokasi, Petorak, Florina.

Le général Sarrail donne, dans son livre, de l'importance à une opération toute locale effectuée par une unité anglaise contre un village que cette unité prend et reperd, sans attacher de prix à sa conservation.

Il nie le mérite d'une armée, en grande partie française, qui coopère à la victoire, avec une grande énergie, après des marches longues, rendues extrêmement pénibles par l'état des chemins, la chaleur, l'état de santé des hommes.

L'Histoire, plus juste, dira que les Russes, le 175ᵉ, le 176, le 1ᵉʳ R. M. A. et les batteries qui ont combattu avec eux, sont pour beaucoup dans les victoires des 12, 13 et 14 septembre 1916 ; une part légitime de gloire sera attribuée également au détachement Boblet.

Pour quelles raisons le général Sarrail, qui m'avait fait si bon accueil à mon arrivée sur la terre balkanique, m'appréciait-il si injustement ? La façon dont j'avais traité le général Leblois y était pour beaucoup. Les bruits qui venaient de Paris, pour beaucoup également. Sa faiblesse de caractère pour le reste.

En se reportant à *Mon Commandement en Orient*, on peut juger des craintes du général Sarrail pour sa personne :

> *Hypnotisé par sa gamelle, Sarrail ne voit pas son armée.*

« Dans les premiers jours d'août 1916, j'avais appris que les Anglais, sur l'instigation du haut commandement français, avaient demandé mon remplacement.

« Au commencement de septembre, j'étais informé que de Maud'huy ou Gouraud seraient mes successeurs désignés. Je recevais même à Salonique des lettres adressées au général Gouraud par des amis trop pressés. »

« ...que, le 7 septembre, MM. Albert Thomas, Viviani, Painlevé, Combes devant être absents, la nomination du général Gouraud devait être annoncée au Conseil, mais que la chose s'étant ébruitée, M. Painlevé avait fait décider que le Conseil devait être au complet à l'avenir lorsqu'une mesure grave serait envisagée au sujet de l'armée d'Orient » (1).

« ...Cet imbroglio grec, la venue escomptée de Gouraud ou de Castelnau exacerbaient les esprits, influençaient et rendaient peut-être explicable l'inexplicable conduite du général Cordonnier, dans les opérations cependant purement militaires des mois d'août, septembre et octobre. On ne vient pas impunément de France, imprégné de la men-

---

(1) *Mon Commandement en Orient*, p. 175.

talité du G. Q. G. dans la fournaise balkanique » (1).

Un dimanche matin, à Salonique, j'étais entré dans une église, entendre une messe basse ; le 14 septembre, je rabrouais Leblois ; le Gouvernement et le G. Q. G. voulaient se débarrasser du chef qui venait de se faire battre sur la Struma et à Ostrovo ; les journaux vantaient mon action à Salonique ; parmi les remplaçants, figurait le nom de mon grand ami, le général de Maud'huy, dont j'avais été l'adjoint pendant quatre années à l'Ecole Supérieure de Guerre ; telles étaient les raisons qui empêchaient de mettre mon nom auprès de celui du prince Alexandre le jour où les Alliés remportaient leur première victoire.

Quant à moi, perdu dans les régions macédoniennes, pris toute la journée par la conduite laborieuse des opérations, ne pouvant recevoir que la correspondance que Salonique voudrait bien me transmettre, je ne savais rien de Paris, et ne pouvais rien savoir.

La conduite du général Sarrail, dans les journées qui ont suivi le 14 septembre, ne s'expliquait pas à mes yeux, puisque je ne savais rien ni de Salonique, ni de Paris.

La seule explication, je la trouvais dans l'absence totale de valeur militaire de celui à qui la France avait confié ses enfants. Celle-là était si évidente que je n'avais que faire d'en chercher une autre.

La course vers Florina.

Au cours de la nuit, le général Baston avait fait connaître que l'ennemi battait en retraite, et qu'il

---

(1) *Mon Commandement en Orient*, p. 176.

le suivait de près ; il n'y avait pas de manœuvre autre à faire qu'à pousser droit devant soi avec l'infanterie, puisque les seuls escadrons présents sur le champ de bataille étaient à l'aile gauche, sur l'itinéraire Rula-Pisoderi, et que le 4ᵉ chasseurs d'Afrique avait sa place à cette aile gauche.

Il ne faisait pas jour encore, que je quittais mon Q. G. pour me rendre à Eksisu, où je comptais établir mon premier P. C. C'est là que je rejoindrais le 260ᵉ, qui formait la seule troupe fraîche disponible près du front.

Près de Komano, je vis le général Quais, à qui je donnai directement l'ordre de pousser tous ses éléments en avant par la route de Monastir. A Kajalar, le général Leblois me rendit compte que le 260ᵉ avait dépassé Eksisu.

Je fus bientôt rejoint par une automobile qui portait le capitaine Bouet, conseiller de préfecture, gendre du général Sarrail, et le capitaine Quégnot, administrateur colonial, envoyé par le commandant de l'armée d'Orient en qualité d'agent de liaison, à tous points de vue. Tous deux avaient quitté Salonique la veille et avaient touché barre au Q. G. du général Leblois ; quand ils me rejoignirent, ils étaient au courant de la friction qui s'était produite, au moins dans la mesure où une conversation prolongée avec le commandant de la 57ᵉ division le leur avait permis.

Le capitaine Quégnot me dit que le général Sarrail ajoutait une grande importance à ce que les Français fussent les premiers à Florina et non pas les Serbes ; je résolus de faire l'impossible pour lui donner satisfaction ; j'y conduirais moi-même les troupes qui seraient disponibles.

Le 1ᵉʳ R. M. A. fut dirigé droit en direction de

Florina par le chemin de montagne qui suit l'itinéraire Eksisu, Negovani, Leskovacs.

Le 260ᵉ, qui avait marché sur les traces des Bulgares et avait poussé, la droite à la route, faisait halte à la station de Cerovo, ayant, depuis la veille midi, fait 30 kilomètres et une marche en ordre de combat en tiraillant sur les arrière-gardes ennemies.

Le 175ᵉ aiderait les Russes, avec son artillerie de montagne, à surmonter la résistance que les Bulgares leur opposaient à Vic et dans la montagne.

Quant au 176ᵉ, il marcherait, même sans artillerie, par Plesnica sur Florina.

La barre de la Mareka ne se prêtait pas aux mouvements d'artillerie ; la montée d'Eksisu était presque impraticable ; il fallait, pour passer du bassin lacustre de Kajalar-Kozani dans celui de Florina-Kenali, emprunter pour l'artillerie de campagne la route de Monastir qui doublait la voie ferrée.

Les Russes, qui avaient pu dépasser Vlahoklissura dès le 12 au soir, étaient, de toutes les troupes de l'armée, celles qui avaient le moins de chemin à faire pour atteindre Florina ; mais le soldat russe est peu apte aux coups de main, et le général Diterichs ne voulut pas s'aventurer vers le nord avant d'avoir capturé la garnison du fortin de Vic.

Dans la traversée de Zagoricani, Lehovo, Gresnica, Losnica, Blaca, il ne rencontra que des habitants paisibles, assistant indifférents — en apparence — au passage des soldats russes, mais ces habitants devenaient des Comitadjis, dès que des isolés se présentaient près de leurs fusils.

Le Commandement russe, pour punir les coupables, manqua de mesure ; il eut surtout le grave tort de prendre pour responsables des crimes commis ceux qui, de toute évidence, en étaient innocents. On fusilla toute une compagnie de soldats bulgares faits prisonniers à Vic.

Cet acte coupable eut la malheureuse conséquence de persuader les Bulgares que les Français et les Russes fusillaient les déserteurs, comme l'affirmaient les Allemands.

Faute de déserteurs bulgares, le service de renseignements de l'armée franco-russe fut sans nouvelles sur ce qui se passait devant elle.

Les Russes s'étant attardés au siège de Vic, le détachement Boblet n'ayant pas de cavalerie en quantité désirable, ni l'avance qu'il eût fallu, la gauche de l'armée franco-russe resta en quelque sorte le pivot de la manœuvre de poursuite. L'aile marchante fut l'aile droite, celle qui, d'ailleurs, avait le 1ᵉʳ R. M. A., qui n'avait pas bougé, ou guère, la veille, et qui comptait le 260ᵉ qui n'avait pas eu encore à combattre, mais avait 30 kilomètres dans les jambes, du fait de la sieste du général Leblois.

Ce régiment de la 57ᵉ division, après avoir escaladé la falaise de la Malareka avec son bataillon de gauche et suivi la route avec son bataillon de droite, se trouva arrêté par le flot des Serbes qui dévalaient du Malkanidzé. Ayant besoin de repos, il avait été groupé près de la station de Cerovo (cote 769).

C'est là que je le rejoignis.

Les Serbes avaient l'avance.

Il est un fait que l'histoire des guerres a mis en évidence : c'est avec de la cavalerie et une infanterie fraîche qu'on mène une poursuite.

La faute initiale d'avoir exigé la marche à la

bataille avant l'arrivée des effectifs nécessaires pour mener la bataille et en exploiter les résultats heureux, se payait durement.

Les Serbes, rivés au Malkanidzé depuis plus de trois semaines, possédant une division de cavalerie à pied d'œuvre et de forts effectifs d'infanterie en réserve, avaient dévalé de Gornicevo et atteint rapidement la plaine à l'ouest de Baniça ; lutter de vitesse avec eux ne pouvait se faire. Mais il ne s'agissait pas de faire un match entre Serbes et Français ; c'était tirer grand parti de la victoire gagnée en commun qui était intéressant. On n'en tira pas le fruit désirable parce que la division de cavalerie serbe, placée au centre de bataille, rencontra bientôt une ligne de résistance que des chevaux ne pouvaient forcer, et parce que, faute de cavalerie, Cordonnier ne pouvait déborder l'ennemi par l'ouest.

Dire : « Marchez! Marchez! Attaquez! Attaquez! Soyez les premiers à Florina ! » était chose que l'Egérie de Salonique aurait pu ordonner, aussi bien que le Général qui comptait plus de quarante ans de service sous l'uniforme.

Toutefois, ce que le Chef voulait, je ferais l'impossible pour l'obtenir.

Je donnai au 1er R. M. A. et au 260e l'ordre d'abréger leur repos, et de pousser le plus rapidement possible en avant ; je marcherais avec le 260e, j'en fis prévenir mon état-major, et je prescrivis à mon porte-fanion d'amener mes chevaux, qui étaient à Kajalar, à la station de Baniça. Un poste de liaison serait établi à cette station, par les soins de mon état-major.

Il y avait 25 kilomètres à parcourir pour approcher de Florina, par la grosse chaleur, en plein après-midi, à travers champs, dans un pays presque inhabité, avec une carte au 1/200.000ᵉ, fausse.

La marche à tâtons.

On marcha ; aussi le 260ᵉ avait-il 55 kilomètres dans les jambes quand il arriva, le soir, près de l'objectif visé.

Le 1ᵉʳ R. M. A. et le 260ᵉ devaient se rejoindre à Vrtolom. Sur la carte, Vrtolom est près de la voie ferrée : le 260ᵉ suit donc la voie ferrée, et ne trouve pas le village. Le 1ᵉʳ R. M. A. marchant, par la Malareka, sur le Vrtolom de la carte, le rencontre dans un fond de vallée à quatre kilomètres plus au sud qu'il ne pensait.

On se rejoint tant bien que mal et on continue même par la nuit, à tâtons, vers l'ouest.

On rencontre un village dans le noir, c'est Pésosnica ; à sa sortie, on se heurte à des Serbes.

Des cavaliers serbes et les volontaires du colonel Popovitch, qui avaient pris, dès le matin, une grande avance, avaient essayé de s'emparer de Florina ; ils n'avaient pu surmonter la résistance de leurs adversaires bulgares.

Le colonel Popovitch est de sa personne à Armenohor et il tient Lozani, où nous allons arriver.

Il est dix heures du soir ; la nuit est noire, une carte détaillée manque ; monter une attaque est chose impossible.

Les Français n'entreraient donc pas à Florina, le 15 septembre, ni les premiers, ni les seconds ; mais il était amplement démontré que, personnellement, j'avais fait même l'entraîneur pour combler les vœux de celui qui stationnait à Salonique à l'heure où le destin disait si oui ou non les Alliés allaient ramasser la victoire.

Voyant qu'il n'était pas possible de tenter une attaque de nuit, je me préoccupai de donner aux deux régiments que j'avais sous la main un dispositif qui les mît à l'abri du canon ennemi quand le jour se lèverait.

Le 260° reporterait ses gros vers le sud, près de Kuckoveni, tout en maintenant le contact avec les Serbes et les Bulgares.

Le 1ᵉʳ R. M. A. regagnerait les fonds de Vrtolom et s'y abriterait.

Pour moi, rejoignant mon automobile qui avait suivi le 260° à Pesosnica, je regagnai la station de Baniça, où étaient mes chevaux et un groupe de cavaliers faisant la liaison avec Eksisu. A la station de Baniça, un groupement important de Serbes était campé ; mon ordonnance se procura quelques bottes de paille, et sur cette paille, dans une chambre de la gare, je cherchai le sommeil.

La poursuite avait affirmé la victoire ; le contact avec l'adversaire avait été repris.

C'était la première victoire que les Alliés aient eu à enregistrer.

La nuit dans l'horreur.

Moi, le vainqueur, je me couchais sans souper, et je passais, sans me déshabiller, sur une botte de paille, dans une chambre immonde, une courte nuit.

Lorsque, le matin du 16 septembre, vers quatre heures, un peu de jour se montra dans cette chambre sans rideaux, Febvrel et moi, nous poussions un cri d'horreur. Le plafond, les murs étaient couverts d'une épaisseur de plusieurs couches de mouches superposées, de ces mouches sales entre toutes, qu'on ne rencontre que... on sait où.

Nous sortîmes bientôt de cette horrible gare ; mon automobiliste se procura auprès des Serbes du café et m'apprit que le général Douchan Vassitcht, commandant la division de cavalerie, avait sa tente près de la gare.

De plus en plus ridicule.

J'allai voir le général Douchan, qui me remercia de l'aide que la batterie de Gerhardstein lui avait donnée la veille ; il me fit connaître ce qu'il savait de la situation. Il voulut bien s'excuser de n'avoir pas connu ma présence la veille au soir, sans quoi, m'a-t-il dit très courtoisement, il m'aurait offert une tente pour passer la nuit, et à dîner.

A Salonique, on avait une impression bien particulière de cette situation.

Le 15 septembre, sous le n° 253/3, à 17 heures, partait de Salonique, à l'adresse de mon état-major à Kozani, le télégramme suivant :

« La première armée serbe a passé le ruisseau de Brod, à Krusograd et Neokasi.

« Le Général commandant cette armée se demande où se trouvent les troupes françaises à sa gauche (*sic*).

« Je n'ai, pour lui répondre, que votre télégramme m'annonçant que vous marchez dans l'ordre : Baston, Russes, Boblet. C'est insuffisant. Alors que le Commandement serbe me tient rigoureusement au courant de sa situation, je n'ai de vous que des renseignements vagues (*sic*).

« Assurez constamment· vos liaisons télégraphiques, téléphoniques, optiques... Ce qui vous permettra d'être renseigné et de me renseigner.

« Poussez rapidement sur Florina, votre droite à la voie ferrée, et marchez du moins à hauteur de l'aile gauche serbe et en liaison constante avec elle, si vous ne pouvez la précéder.

« Vous êtes responsable de la sûreté de son flanc gauche, ne l'oubliez pas (*sic*).

« Evitez les manœuvres compliquées, les relèves (*sic*)...

« Je répète que vous avez à fournir un effort violent, prolongé et rapide, dont les résultats peuvent être énormes et auraient dû être énormes, en transformant la retraite de l'ennemi en déroute.

« Poussez rapidement (*sic*) votre A. L. pour attaquer violemment l'ennemi sur sa principale ligne de résistance avant qu'il ait pu se remettre de sa défaite. Marchez, marchez, marchez (*sic*). »

Signé : SARRAIL.

J'étais à m'informer auprès du Général commandant la cavalerie serbe de la situation des armées voisines quand ce télégramme me parvint, le 16, au matin.

Or, dans la matinée précédente, mon chef d'état-major, que je laissais toujours à mon Q. G. quand je m'absentais, avait été informé de la poursuite.

Le gendre du Général et son agent de liaison m'avaient rejoint, dans la matinée précédente, près d'Eksisu. Quelle est la mission d'un agent de liaison ?

Est-ce de clabauder ? Il avait clabaudé, cet agent de liaison, puisque, dans le télégramme, il est dit : «Evitez les manœuvres compliquées, les relèves...»

Le général Leblois, « ce pauvre Leblois », me disait le capitaine agent de liaison, avait trouvé compliquée une manœuvre qui consistait à continuer droit devant soi une étape sur une route qu'on suit depuis cinq jours. Une relève, qui consiste à dépasser quelqu'un qui est arrêté, est chose qui sort de l'ordinaire ?

Le Général commandant l'armée serbe ne sait pas où je suis avec mes troupes ?

Le 12, Gerhardstein a, de sa personne, été offrir son groupe.

Le 14, le même Gerhardstein amène son groupe dans la zone serbe ; la division de cavalerie se dérange pour lui faire place ; le général Douchan Vassitch le remercie de l'aide qui lui est apportée. Les colonels Popovitch et Marinkovitch sont à mes côtés quand les légionnaires bravent la mort, et expriment leur admiration de tant de bravoure. Popovitch partage mon déjeuner, et suit des yeux, comme moi, l'ascension de la Malareka par le 176° et le 175°.

Pousser rapidement sur Florina ? Je l'avais fait.

Assurer la sécurité du flanc gauche serbe ? Je le faisais par le 175°, les Russes, Boblet.

Pousser rapidement mon artillerie lourde ? La caractéristique d'une artillerie lourde est d'être lourde. Quand on veut l'avoir avec les éléments avancés, on la met en route avec les éléments avancés. Tout d'abord mon A. L., commandant Docquin, a été donnée aux Serbes. Il a fallu m'en constituer une autre.

Le 105 n'est pas de l'artillerie lourde, à proprement parler, mais je n'eus que cela, avec un groupe de 155 court, ancien modèle — pas un Rimailho. Un groupe de 105 me fut livré à Verria, le 5 septembre ; il a pris part au combat du 12, après avoir doublé l'étape le 11.

Le second groupe de 105 ne m'a été donné à Verria que le 11 septembre ; il avait beau marcher, « marcher », il ne pouvait être, le 15, à Florina.

Le 155 court, à cause de son poids énorme et de sa largeur de voie, éprouva les plus grandes difficultés à traverser Verria, à franchir le cassis qui remplaçait le pont détruit de la sortie de Verria, à monter au col, et à prendre les tournants ; il ne pouvait être, le 15, à Florina.

Le général Sarrail, lent à prendre une décision militaire, laissa au général Regnault une artillerie lourde dont l'emploi était normalement ailleurs. Ce n'est que le 1er octobre qu'un groupe lourd, enlevé du Vardar, m'est parvenu ; le 13 octobre, il m'en fut donné un second.

Si le général Sarrail s'était trouvé, le 16 au matin, à la station de Baniça, il aurait appris notamment que les Serbes n'étaient ni à Neokasi, ni à Krusograd, mais que j'enserrais Florina par l'est et par le sud, pendant que les Russes s'avançaient pour investir la ville par l'ouest.

Ce télégramme était tout le plan d'opérations que le Général en chef donnait aux armées alliées. Si je l'avais suivi, j'aurais jeté le désarroi dans les deux armées.

« Poussez rapidement sur Florina », « Votre droite à la voie ferrée », disait le Général. Si je dispose mes troupes la droite à la voie ferrée, j'aurai la droite de mon armée à Armenohor-Station de Florina. Autrement dit, toute l'armée franco-russe sera bloquée entre la station de Florina (où ma droite a ordre de se tenir) et le col de Pisoderi. Il m'eût fallu faire venir par avion mon artillerie lourde.

J'étais en conversation amicale avec le général Douchan Vassitch, ayant en main le fameux télégramme. Je demandai à mon camarade serbe si les ordres du début, qui fixaient la route de Monastir comme ligne de liaison des armées, avaient été changés. Il me répondit que rien à ce sujet n'avait été modifié : la division de cavalerie avait débordé vers l'ouest pour faire place à l'infanterie, mais elle allait, dès l'arrivée de nos troupes, repasser à l'est de la route.

Les volontaires de Popovitch avaient l'habitude d'agir avec une certaine indépendance, mais on les rappellerait.

En un mot, la droite de mon armée devait rester à la route et non pas suivre les zigzags de la voie ferrée. Je ne marcherais pas comme un homme ivre, de part et d'autre de la direction ; je ne me jetterais pas, par exemple, avec toute mon armée, à quatre ou cinq lieues à l'ouest du droit chemin.

Je savais que les ordres partis de Salonique ne méritaient ni le crédit, ni le respect que j'avais accordés, en France, à la lettre et à l'esprit des écrits de mes anciens chefs.

Sans en chercher les motifs, je compris que le général Sarrail avait un besoin urgent de télégraphier la prise de Florina.

Je partis aussitôt vers Florina pour en préparer l'attaque. Le lendemain, moi Cordonnier, je prenais Florina, au cours d'une bataille dont je réglais tous les détails.

Chapitre XII

LA PRISE DE FLORINA

Leblois a encore dormi.

Le front bulgare constituait un grand arc de cercle, appuyé à l'est au Caïmatchalan, au centre à Pétorak et Florina, et à l'ouest au fortin de Vic. Le centre, fort en retrait, sur l'aile ouest surtout.

Mon flanc gauche était en retard, et il ne me semblait pas que le détachement Boblet pût le dégager.

De ma personne, j'étais à la station de Baniça ; un escadron du 4ᵉ chasseurs d'Afrique avait établi des postes de correspondance entre Eksisu et la station de Baniça ; le téléphone s'avançait pour remplacer ces postes de correspondance.

Je reçus, alors que j'étais encore auprès du Général serbe, un télégramme envoyé de Salonique, ainsi conçu :

« Dès que vos forces seront à Florina, rendez-moi compte de la direction que vous donnerez à chacun de vos éléments principaux, *vous rappelant que la voie ferrée sépare votre zone d'action de celle des Serbes.* Si la résistance de l'ennemi sur son front l'exige, utilisez le détachement Boblet pour exécuter un mouvement tournant et enveloppant. Monastir et les ouvrages qui le couvrent au sud étant l'objectif à enlever. »

Cela était clair ; il fallait faciliter l'avance de Boblet, c'est-à-dire de mon aile gauche.

Je fis porter à Eksisu mes instructions, en invitant mon chef d'état-major à expédier l'ordre d'opérations pour la marche vers le nord ; j'obtins du général Douchan Vassitch qu'il laissât provisoirement Popovitch à Armenohor, et ses cavaliers à Vlaseno et Boresnica ; je me portai ensuite de ma personne à Pesosnica, où le général Leblois et le général Baston avaient ordre de me rejoindre.

Le 16 septembre au matin :

Le 1ᵉʳ R. M. A. était au bivouac à Vrtolom.

Le 175ᵉ, venu par Plesnica, avait atteint Leskovec.

Le 2ᵉ R. M. A. passait le pont de Gjulunc.

Le 176ᵉ avait dépassé quelque peu Leskovec vers Kuckoveni, gardant la gauche du 260ᵉ.

Le 260ᵉ se tenait dans la région de Pesosnica.

Le groupe léger du commandant Cordeau ne faisait qu'un avec le 260ᵉ.

Le régiment russe était quelque part, dans la montagne, au nord de Vic.

Le détachement Boblet n'avait pas dépassé Gabres.

L'artillerie montée et le groupe de 105, qui avaient dû faire le tour par la station de Cerovo et la plaine située entre le pied des pentes nord de la Malareka et la voie ferrée, profitaient du brouillard du matin pour se rapprocher de leur unité, puis attendirent le soir pour terminer leur mouvement parallèle au front ennemi.

Tard dans la soirée, un groupe de 65 (A. D. 156e) a une batterie aux approches de Plesnica, le reste arrive ; un groupe de 75 (groupe Grommer) au sud de Leskovec, deux groupes de 75 (groupe Schaller et Obé) près de Vrtolom.

Le P. C. du général Leblois est à Pesosnica ; celui du général Baston à Leskovec.

Le 242e (brigade Boblet) est à Kajalar.

Le 4e régiment de chasseurs d'Afrique vient d'arriver à Eksisu.

Il y avait à attaquer sans retard Florina et à se mettre en mesure de remplacer, le plus tôt possible, les Serbes à l'ouest de la route de Monastir.

Puisque le général Leblois était privé du 235e, qui était avec Boblet, du 242e que j'envoyais de Kajalar sur Kastoria pour renforcer le détachement d'aile gauche, et de la brigade Quais, qui se tenait encore à une bonne étape en arrière, je plaçai sous ses ordres le 176e et le groupe Cordeau. Il aurait ainsi six bataillons pour attaquer Florina, dès le lendemain matin.

Le général Baston se porterait en première ligne, entre la route et Armenohor, et relèverait les Serbes dans ce secteur.

Le colonel Popovitch demeurerait à Armenohor provisoirement.

Le 4e chasseurs d'Afrique, qui venait d'atteindre Eksisu, relierait la gauche du 176e avec les Russes, dont on n'avait pas de nouvelles précises.

Mon Quartier général était encore à Kozani, avec échelon avancé à Eksisu, où l'on étudiait son installation éventuelle ; j'espérais d'ailleurs pouvoir pousser d'un bond ce Q. G. de Kozani à Florina.

Je donnai moi-même, à Pesosnica, les ordres d'ensemble pour l'armée. J'en laissai une expédition au général Leblois. J'espérais qu'il aurait là l'occasion d'un succès qui effacerait dans mon esprit les souvenirs précédents.

Vers quinze heures, je roulais en automobile sur Kozani, pour voir où en était l'arrière et mon aviation.

Mes dernières quarante-huit heures avaient été activement employées et, conformément aux ordres de mon Chef, Florina allait être attaqué.

Il était regrettable que le général Diterichs ne fût pas en mesure de coopérer à l'attaque de Florina, mais, si des estafettes parvinrent à lui faire parvenir l'ordre que je lui envoyais de pousser vivement, il n'avança guère.

Le 17 septembre 1916, à sept heures du matin, j'étais de nouveau à Pesosnica, auprès du général Leblois.

« Que s'est-il passé dans la nuit ? Donnez-moi copie des ordres que vous avez établis pour l'attaque. » Telles furent les premières questions que je lui adressai dès mon arrivée. J'étais impatient de recevoir ces réponses, car le Général n'avait fait passer aucun compte rendu depuis la veille, et l'acharnement avec lequel les batteries bulgares avaient accompagné mon automobile quelques instants auparavant, pendant sa course en plaine, parallèlement à la voie ferrée et à peu de distance de cette voie ferrée, indiquait, de la part de l'ennemi, un moral intact et la volonté d'accepter la bataille.

De l'ennemi, le Général commandant la 57° division ne savait rien.

Il avait entendu des coups de fusil, pendant la nuit, du côté d'Armenohor ; en ce moment, les artilleries échangeaient des coups de canon.

Pour l'attaque, il n'avait rien ordonné. Il a communiqué mes ordres de la veille.

Mes ordres n'étaient pas destinés aux subordonnés du Général de division, mais à lui-même ; ils n'entraient pas dans les détails d'exécution qu'un commandant de division doit régler. Il y a des objectifs à indiquer, des liaisons à organiser, des appuis à créer, parfois des phases à réglementer, des rôles à fixer aux diverses batteries, des comptes rendus à réclamer, des courages à exalter.

Quand je demandai comment la liaison de l'infanterie avec l'artillerie était faite, il me fut répondu : « Cazalis s'en charge et est de taille à l'assurer. »

Le lieutenant-colonel Cazalis avait commandé, sous mes ordres, mon artillerie en Alsace. Officier d'état-major en même temps qu'officier d'artillerie, il avait parfaitement mené la tâche que je lui avais jadis donnée ; j'avais pour lui beaucoup d'estime et, s'il avait eu le commandement de la 57° division, j'aurais été tranquille.

Le général Leblois était fort jaloux de son autorité ; le colonel Cazalis le savait parfaitement; aussi se gardait-il de sortir de son rôle.

Il ne s'était pas substitué au général Leblois ; je le fis.

Cordonnier se fait commandant de la division.

Je causai avec le lieutenant-colonel du 260° à Pesosnica, par lui je sus quels emplacements ses bataillons occupaient ; mais personne ne put me dire exactement où le Colonel du 176ᵉ avait son P. C. Les liaisons avec le 176ᵉ étaient encore incertaines, nul ne se préoccupait de les assurer.

Laissant le général Leblois à ses méditations, je quittai Pesosnica, pour me diriger vers le sud, tout en discutant avec Cazalis sur les missions qu'il avait à assigner aux divers groupes de batteries. Bientôt, Cazalis se dirigea seul du côté de Leskovec, vers l'artillerie d'appui de l'attaque de Florina, pendant que, en compagnie de Febvrel, j'allais, en tâtonnant, à la recherche du poste de commandement du colonel Salle.

Voilà où nous en étions, le 17 septembre 1916, dans cette armée d'Orient.

Cazalis avait des qualités supérieures de soldat, d'artilleur, d'officier d'état-major.

Boigues était la conscience même ; il n'ignorait pas combien se lier aux voisins avait d'importance ; il avait vu, en Alsace, sous mon commandement, quelle attention il faut apporter à la recherche de l'appui de l'artillerie; il savait quelle amitié j'avais pour lui. Tout le rendait susceptible d'agir et de bien agir ; cependant, à Pesosnica comme à Kajalar, il avait dû demeurer dans l'attente d'ordres qui ne venaient pas.

Le 176ᵉ et une partie des batteries d'appui provenaient de la 156ᵉ division, mais toute la soirée du 16 et la nuit du 16 au 17 avaient été laissées au Général commandant la 57ᵉ division pour prendre en main le groupement accidentel formé devant Florina.

Déjà quatre heures de jour s'étaient écoulées, le 17 septembre, quand Cazalis me quitta avec mes instructions pour mettre la machine en mouvement. Le moteur n'avait pas fonctionné.

Les soldats étaient excellents, les divers éléments du commandement avaient fait la preuve de leurs qualités, mais si la carlingue, les ailes, l'hélice étaient parfaites, le moteur — le général Leblois — ne valait rien et on le savait, même en France. Ce moteur avait été adapté de nouveau à la 57ᵉ division, par la politique, mais il avait fortement grippé le 14 ; je l'avais huilé, graissé, le 16 dans la journée, néanmoins il n'avait pas fonctionné. Alors tout ce que l'appareil avait de qualité n'avait servi à rien.

Il me fallait faire fonction de moteur, aux abords de Florina.

Le 17 septembre, vers huit heures du matin, je me faisais le moteur de l'appareil de forces qui allaient monter à l'assaut de Florina ; j'en explorais la carlingue, les ailes, l'hélice, les transmissions...

J'étais pérégrinant avec Febvrel, à pied, sur un terrain que les Bulgares, placés sur les hauteurs qui dominent Florina, découvraient dans tous ses détails ; je cherchais le 176ᵉ quelque part, dans la direction de Nevolani. Je passai par une région absolument vide de troupes, près de moulins abandonnés ; puis, vers l'ouest, je me heurtai à une compagnie du 176ᵉ. Il était temps, car ce pays sans soldats commençait à me donner des inquiétudes ; une patrouille bulgare pouvait me ramasser. Un officier de compagnie me conduisit au colonel Salle.

Colonel Salle.

Le colonel Salle était une vieille connaissance pour moi ; il avait été, en 1900, officier d'ordon-

nance du Gouverneur général de l'Algérie, quand
j'étais officier d'ordonnance du Général commandant la division d'Alger. Je l'avais revu avec joie à
Verria, et j'avais remarqué avec quelle virtuosité il
avait conduit son régiment à l'attaque de la Malareka. Aussi, quand, le 17 septembre, à 9 h. 1/2,
je le retrouvai au sud de Florina, ma confiance en
lui était entière. Le colonel Salle était tapi contre
un talus, ayant auprès de lui ses adjoints, ses agents
de liaison, ses téléphonistes. Chacun serrait de près
le talus, car les obus allemands tombaient drû.

Le Colonel du 176° m'expliqua qu'au cours de
la journée précédente, après une marche longue et
fort pénible, il avait pris contact avec l'adversaire,
poussé devant lui ses patrouilles. Il avait pris liaison avec la gauche du colonel Boigues, depuis
quelques instants, et combattait vers l'ouest contre
des Bulgares qui inquiétaient son flanc gauche et
gênaient son mouvement en avant.

Dans la matinée, à six heures du matin, le bataillon Laumonnier et le bataillon Simonet avaient
commencé le combat.

Nevolani avait été enlevé, mais, depuis ce
moment, le régiment, que n'appuyait qu'une batterie de montagne, ne pouvait avancer. L'ennemi,
maître de la hauteur de Kalugjerico, arrêtait le
bataillon Laumonnier, face au sud, et les Bulgares,
postés dans un monastère près de Florina, obli-
geaient le bataillon Simonet à demeurer abrité.

Il fut convenu que, pour le moment, il fallait
organiser l'action et les liaisons avec l'artillerie ;
l'heure de l'infanterie n'était pas venue.

En somme, il y avait à se lier intimement avec le
régiment de droite, à s'entendre avec lui pour agir

simultanément contre Florina par l'est et par le sud, quand l'aide de l'artillerie serait obtenue.

Le plus urgent est de rapprocher de Nevolani, vers le Kalugjerico, le bataillon Laumonnier et une batterie de montagne, en se faisant ouvrir la voie par un groupe de 75. Le commandant du groupe de batteries est appelé, l'entente s'établit ; on se met aussitôt à rapprocher les batteries pour leur permettre d'accomplir la mission qui vient d'être déterminée.

Cela fait, je vais du côté de Simonet.

Je rejoins une compagnie blottie contre de hauts talus du chemin creux qui va de Kuckoveni à Florina, au pied des pentes qui tombent du monastère, dans la plaine, à environ 500 mètres des murs de ce monastère d'où partait une grêle de balles.

« Collez-vous contre le talus, mon Général », se mit-on à crier au moment où j'approche.

On avait crié un peu fort ; cela me donna à penser que le moment était venu de montrer plus que du calme. Je m'arrêtai, je mis mes jumelles à mes yeux pour contempler le monastère. On redoubla de bons conseils ; je continuai mon examen, tremblant un peu pour mon beau-frère qui, bien sage, se tenait auprès de moi, en vue.

Pendant que je lorgnais, on me visa: on me manqua.

Mes jumelles repliées, je me dirigeai vers le talus, où le brave Simonet se montra fort empressé de me faire les honneurs de la compagnie et du talus.

On est bien auprès du soldat.

Je passai d'heureux moments avec ces vaillants soldats. On me raconta l'attaque de la Malareka, les marches, la prise de position au pied de ce monastère.

« Et maintenant, qu'allez-vous faire ?

— On va donner l'assaut, mon Général.

— L'assaut, comme ça, en grimpant la côte, ça sera dur. »

J'entends des : « Oh oui ! », car la conversation se fait à haute voix.

« Je ne veux pas que vous vous lanciez comme ça, sous les balles ; je tiens à votre peau, si vous ne vous en souciez pas. Je veux que vous alliez là-haut la canne à la main. »

On serait assez de cet avis; je m'en rends compte. Alors, je raconte comment je ferais si je commandais là. On ferait venir un sous-officier d'artillerie qu'un téléphone relierait à une batterie de 75. On dirigerait un tir violent sur ce nid à obus qu'est le monastère, et, quand les obus auraient tout massacré, on irait tranquillement au monastère ramasser les Bulgares qui n'auraient pas déguerpi.

Ce plan fut adopté à l'unanimité.

La tristesse qui me tenaillait depuis deux jours avait disparu ; je trouvais des âmes de soldat, j'aimais à communiquer avec ces âmes.

J'irais donc, tout à l'heure, auprès du Colonel, et j'enverrais à Simonet l'agent de liaison d'artillerie nécessaire.

« C'est vous, Simonet, qui donnerez les ordres, l'artillerie vous obéira, et vous ne partirez à l'assaut qu'après avoir jugé le travail d'artillerie bien fait. »

A mesure que je parlais, les auditeurs se faisaient plus nombreux, on se serrait moins contre le talus.

Tout à coup, je fus pris d'une fringale inexplicable ; je demandai un quignon de pain. Un soldat m'en donna un.

« Du pain sec, je n'aime pas beaucoup ça », m'écriai-je ; « heureusement, voilà des poireaux dans le jardin, je vais en chercher un. »

Et je grimpe le talus, à la grande frayeur de Febvrel, qui ne tremblait jamais que pour moi.

« Ne passez pas le talus, vous allez vous faire tuer, mon Général », s'écrie un soldat.

« Mais non, mon ami ; en Orient, les balles, c'est comme les serpents : ça siffle, mais ça ne mord pas. »

Je passe le talus, je choisis deux beaux poireaux, je les cueille tranquillement, les balles sifflent et ne mordent pas, je franchis de nouveau le talus et j'offre un de mes poireaux à celui qui m'avait donné du pain. Je sors mon couteau, j'épluche le poireau et, d'un air heureux, je croque dedans, à la grande joie de mes voisins.

Le rire était venu, ma tâche était finie.

La mort n'avait pas voulu de moi.

Au moment où je prends congé, le commandant Simonet s'approche de moi et me dit à l'oreille :

« Merci, mon Général, de l'exemple que vous nous donnez ; nos Généraux ne nous y ont pas habitués. Vous êtes le premier que j'aie encore vu sur la ligne de feu.

— Vous m'y verrez souvent. A bientôt, mon ami. »

Je pars, en me dirigeant vers une fontaine située près du chemin, d'où coulait une belle eau claire.

« N'approchez pas de la fontaine, un homme vient d'y être blessé », me crie-t-on.

« A la guerre, je ne connais que deux choses : manger et boire. J'ai mangé, je vais boire », m'écriai-je en riant.

Je vais à la fontaine, et, tranquillement, je bois à la régalade.

A la guerre, homme visé est homme manqué ; qu'on se le dise.

Je retrouvai le Colonel du 176ᵉ et je me blottis à côté de lui, bien près du talus.

Le Commandant de l'artillerie est là. Les affaires sont minutieusement réglées, il n'y avait plus qu'à laisser faire, le moteur avait fonctionné.

Le lecteur ne m'accusera pas d'être sorti de mon rôle. Ma place n'était pas avec la troupe à l'assaut, je n'y ai pas pris part ; j'en avais bien envie, car le souvenir de l'assaut de Saint-Thomas du 14 septembre 1914 n'était pas fait pour m'en détourner ; si, le 17 septembre 1916, j'avais commandé la division, j'aurais couru avec Simonet à l'attaque de Florina.

Les batteries sont bientôt en place, les obus cherchent les objectifs et les trouvent ; un tir violent les écrase.

A cinq heures de l'après-midi, Salle était maître de Florina. Simonet était allé au monastère, la canne à la main.

Cordonnier n'aurait pas pris Florina ?

La nouvelle de la prise de Florina est portée aussitôt à la station de Baniça, d'où le téléphone, maintenant établi, la transmet à Salonique.

Le général Sarrail voulait que les Français fussent les premiers à Florina, les Français furent les seuls à entrer à Florina. La prise de Florina me valut l'ordre suivant :

« Le général Sarrail adresse ses félicitations aux troupes françaises et russes qui ont pris Florina. Il est même certain que ce sera là un premier succès.

« Il prie le général Cordonnier de continuer le plan qui lui a été indiqué.

« Il le remercie également. »

Ce n'est pas le style qu'employait Napoléon pour rédiger ses bulletins de victoire ; mais tout le monde n'écrit pas comme Napoléon.

Il m'était fait une part dans les remercîments ; cette part ne m'était sans doute pas due, puisque, page 162, le général Sarrail écrit dans son livre :

« Le 16 au soir (1), le général Cordonnier, avec une musique et une compagnie, était à Pesosnica qu'il croyait être Florina et où il voulait faire une belle entrée. Mais Florina était occupé. Il fallait un combat pour le prendre. Le lendemain seulement, Florina était enlevé par le général Leblois et des fractions des 57ᵉ et 156ᵉ divisions appartenant à trois brigades différentes (1ᵉʳ R. M. A. (2), 176ᵉ et 260ᵉ). »

Seul, le 176ᵉ était entré dans Florina au pas de course, la baïonnette au dos des Bulgares ; il avait traversé la ville et commencé à gravir les hauteurs qui la dominent au nord. Il se heurta bientôt, à mi-pente, contre une ligne de tranchées protégées par un épais réseau de fils de fer.

Il fallut s'arrêter.

La situation du 176ᵉ était dangereuse, car son flanc droit était mal protégé par le 260ᵉ et les volon-

---

(1) C'est le 15, au soir, par nuit noire, que je suis à Pesosnica, avec la compagnie d'avant-garde et le Colonel du 260ᵉ; la musique, en effet, n'est pas loin derrière.

(2) Le 17, le 1ᵉʳ R. M. A. est à l'est d'Armenohor et non près de Florina.

taires de Popovitch qui n'avaient pu progresser autant que lui, et son flanc gauche était complètement en l'air.

Pendant la journée du 17, le 1ᵉʳ R. M. A. et le 175ᵉ avaient gagné la voie ferrée entre la station de Baniça et celle de Florina ; à la nuit, ils libéraient la division de cavalerie serbe de toute garde du secteur.

L'armée franco-russe avait donc, au cours de la nuit du 17, sa droite appuyée à la route de Monastir (est de Boresnica), et son front jalonné par Boresnica, Armenohor, pentes nord de Florina. Sur ce front, le lieutenant-colonel Popovitch tenait une partie d'Armenohor, le 260ᵉ et le groupe léger Cordeau ayant dû s'employer tout entiers à déblayer le terrain entre Armenohor et la droite du 176ᵉ.

Le flanc gauche du 176ᵉ était exposé à être pris à revers. En effet, le général Diterichs n'avait pas dépassé Turia ; il se plaignait d'avoir à combattre en montagne et de la difficulté de ses ravitaillements.

Plus vers l'ouest, le lieutenant-colonel Boblet avait atteint Zelova avec son avant-garde, mais il avait alors affaire à de fortes arrière-gardes paraissant bien soutenues.

Le 242ᵉ (lieutenant-colonel Borie), dont l'ardent chef, bravant la fièvre, avait quitté l'hôpital pour conduire son régiment à la bataille, avait poussé, le 17, son gros à Vlahoklissura et pris liaison avec le lieutenant-colonel Boblet, qui avait une compagnie à Kastoria, protégeant sa ligne de communication.

L'aviation avait profité de la première éclaircie pour voler de Verria vers Kozani. Là, le commandant Denain avait aussitôt reçu mission de porter au lieutenant-colonel Boblet avis de nos succès et mention de l'arrivée du 242° pour le libérer de toute préoccupation pour ses derrières.

Enfin, le général Quais, avec la 114° brigade, arrivait à la crête de la Malareka, prêt à entrer en ligne.

Le 17, au soir, je prescrivis au général Quais de se diriger sur Florina.

Je donnais ainsi au général Leblois quatre des six régiments de sa division, les deux autres (235° et 242°) étant à sa gauche ; ils ne seraient séparés de lui que par le régiment russe, que je me proposais de mettre sous son commandement si les susceptiblités du général Diterichs n'y faisaient pas obstacle.

A la première occasion, le 176° se laisserait doubler et, redevenu disponible, il rejoindrait sa division. Je marcherais alors par divisions accolées, la 156° division à la route de Monastir, la 57° à gauche, le 2° *bis* de zouaves me servant de réserve générale, et la brigade de cavalerie (1ᵉʳ et 4° chasseurs d'Afrique) sur le flanc extérieur. Telles étaient mes intentions.

Je voulais agir avec méthode ; je fus réduit aux improvisations, à la tactique de bouche-trous.

Un avion que j'ai envoyé en reconnaissance me fait savoir que le détachement Boblet est engagé dans une lutte sévère, au nord de Zelova.

L'artillerie éreintée.

Je suis mécontent de mon artillerie : le 155 court n'avance pas ; ses roues s'enfoncent dans les ornières de la route de Monastir et, quand il veut par la plaine se rapprocher de Vrtolom, il s'enlise tout à fait. Cependant, le 175ᵉ a besoin de ce groupe pour préparer l'attaque de Pétorak, et le commandant de la 57ᵉ division déclare que, si ce 155 court ne lui est pas donné, il ne pourra enlever Armenohor. On se le dispute, ce 155 court, et il ne peut aller à personne.

Je rabroue Baston et son commandant d'artillerie Rougié, mais il ne leur faut pas longtemps pour me convaincre qu'ils font l'impossible pour aider l'infanterie.

Rougié a été admirable à l'attaque de la Malareka ; s'il a été lent à pousser de l'avant, c'est parce que ses chevaux sont maigres, insuffisamment nourris, mal soignés et pas assez nombreux ; les conducteurs font en grande partie défaut à cause de la fièvre qui les décime ; les canonniers sont réduits de moitié ; les mêmes hommes sont tantôt conducteurs, tantôt canonniers ; quand une pièce a gagné du terrain, on dételle pour aller chercher l'autre ; après une journée de marche ou de combat, on n'a plus la force de faire le pansage. Dans ce pays dénudé, il faudrait avoir des perches pour porter le fil téléphonique, on n'en a guère ; aussi le fil traîne à terre et est sans cesse coupé.

On fait de son mieux, mais on ne fait pas vite. Cependant, de Salonique, on « Hughes » le « Marchez, marchez ».

Les avions bulgares survolent nos lignes et laissent tomber leurs bombes.

Les fraternelles remontrances.

Febvrel, la veille, avait trop largement usé de sa qualité de beau-frère pour me reprocher de m'exposer trop de ma personne ; le soir du 18 septembre, j'étais en automobile, bien en arrière du front, dans le voisinage de Cerovo ; je rentrais à Eksisu, quand un avion bulgare s'avise de me prendre pour objectif ; les bombes tombent en avant, en arrière, à droite, à gauche, elles manquent l'automobile que conduit, d'une main que le danger ne trouble pas, mon fidèle Leleu.

Depuis, Febvrel a économisé ses fraternelles remontrances.

Chapitre XIII

COMBATS POUR LA CONSERVATION
DE FLORINA

Continuer le plan d'opérations de coupure en coupure.

Le plan d'opérations que j'avais suggéré, le 3 septembre, au général Sarrail, à Salonique, était en train d'échouer.

Le général Sarrail l'avait fait sien, ce plan.

L'ordre d'opérations qui m'avait été remis, le 6, à Verria, adoptait l'idée d'une action débordante par l'ouest, et, depuis, il avait été ordonné à maintes reprises « d'envelopper », de « tourner », de « manœuvrer constamment l'ennemi par sa droite ».

Il n'avait pas compris toute la portée de ce qu'il disait, ce triste Chef de l'armée d'Orient, puisqu'il avait émis l'idée de faire faire le mouvement enveloppant par la brigade Quais, qu'il envoyait à Verria avec quatre jours de retard sur cette 113° brigade qu'il me fallait pousser en avant : « Marchez ! Marchez ! » Néanmoins, même à l'heure où les félicitations de la prise de Florina me parviendront, il sera ordonné « de continuer le plan ».

Des raisons, impérieuses autant que mystérieuses, avaient obligé la droite de mon armée à ne pas attendre que la gauche eût gagné assez de terrain pour esquisser un mouvement enveloppant, mais, le 19 septembre, j'avais à rentrer dans le plan.

Rentrer dans le plan était donner à la gauche de l'armée une puissance de marche supérieure à la puissance de marche de la droite.

Continuer le plan avec objectif Monastir, c'était marcher relativement lentement, ou pas du tout, avec la division Baston, par la plaine, cette droite demeurant appuyée à la route Baniça, Kenali, Monastir, c'était marcher aussi rapidement que possible avec le détachement Boblet par la rive orientale du lac de Prespa et au besoin par la rive occidentale.

En résumé, la manœuvre à faire consistait à fixer l'ennemi sur le front Vrbeni, Petorak, Armenohor, Florina et Armensko, pendant que Boblet déborderait Pisoderi.

Quand la transversale Florina-Armensko-Pisoderi serait entre nos mains, l'armée franco-russe organiserait une manœuvre analogue pour faire tomber la transversale Monastir-Resna ; pour monter cette manœuvre, on passerait au besoin par l'ouest du lac de Prespa.

Si l'armée alliée avait eu un Chef, elle aurait reçu un ordre d'opérations qui aurait mentionné ces directives, un ordre d'opérations qui aurait peut-être prescrit aux Serbes d'étendre davantage leur front vers l'ouest et d'accumuler vers leur gauche les moyens d'artillerie. Vouloir marcher par la gauche était ne laisser à la droite que le minimum de forces et donner à la densité du front une importance allant croissant de la droite à la gauche.

Le Chef qui a le commandement d'un front étendu ne peut évidemment pas entrer dans les considérations de détail ; c'est par la répartition, par le jeu des densités qu'il fait réussir ses combinaisons, et aussi par le jeu des dates des offensives qu'il ordonne.

Il avait été absurde de vouloir agir par l'aile extérieure, par l'aile marchante, sans vouloir attendre l'arrivée de cette aile marchante, et plus absurde encore de prétendre constituer cette aile marchante avec l'infanterie la plus en retard. Il n'était pas logique, le 19, de vouloir exécuter un mouvement débordant avant d'avoir doté l'aile marchante de moyens de marcher.

Leblois en cercle avec les vivres des Russes.

Les Russes du général Diterichs n'avançaient pas ; ils donnaient entre autres raisons la difficulté de recevoir leurs ravitaillements par Vlahoklissura. Je décidai de porter le ratelier non plus en arrière des Russes, mais en avant. Je fis diriger le convoi du 3ᵉ régiment russe directement d'Eksisu sur Mahala ; le général Leblois, auquel je confiai des chasseurs d'Afrique, ferait parvenir les vivres à Turia, où ils seraient remis au général Diterichs.

Le général Leblois s'y prit avec tant de maladresse que le convoi parti de Mahala vers Turia se retrouva, à sa grande surprise, à son point de départ, après avoir accompli une marche éreintante en montagne.

Le général Leblois est un lettré qui lit Thucydide

dans le texte, c'est parfait ; mais il y a des heures pour lire Thucydide et en montrer les beautés à son état-major. Pour le moment, il y avait lieu de faire conduire, par un officier d'état-major de la 57ᵉ division, le convoi russe de Mahala à Turia ; ce ne fut pas fait. Le 3ᵉ régiment russe perdit une journée à attendre le convoi et « se brossa le ventre ».

Le 4ᵉ régiment russe arrive, par chemin de fer et par fractions, à Eksisu. Son chef ne paraît pas pressé d'entrer à la bataille ; ses hommes, qui avaient perdu au moins une semaine avant de s'embarquer à des affaires où la discipline n'avait pas toujours eu le dessus, ne savaient ni se servir de leur fusil, ni lancer des grenades.

J'envoyai ce régiment à Mahala : « Vous serez à portée de votre Général, et vous compléterez là, sous sa direction, l'instruction de vos hommes », dis-je au Colonel. Ce fut fait ; de plus, à Mahala, ce régiment habitua ses oreilles aux coups de canon et ses poumons à la poudre. Il avait été travaillé par les Soviets, en France.

J'aurais, à Mahala, sous la main, des effectifs qui renforceraient le général Diterichs, à l'occasion.

Je ne ferai porter d'accusation sur personne, peut-être ne put-on faire mieux, mais ce n'était pas faciliter ma besogne que de m'envoyer un régiment avant de l'avoir instruit.

Pour augmenter la densité de l'aile gauche de l'armée, j'avais envoyé au lieutenant-colonel Boblet le régiment Borie, 242ᵉ (deux bataillons), et je me proposais d'y adjoindre le 4ᵉ régiment de chasseurs d'Afrique.

Le 4ᵉ régiment russe irait rejoindre son Général vers Armensko-Bigla.

La brigade Quais remplacerait les 176ᵉ et 260ᵉ à Florina.

En résumé, presque tout ce qui m'arrivait de troupes nouvelles allait à l'aile marchante, et toute ma cavalerie serait à cette aile prête à contourner par l'ouest le lac de Prespa s'il était nécessaire de donner cette envergure au mouvement enveloppant.

Je ne fusille pas.

Pour ravitailler des troupes aussi nombreuses, il fallait dégager le goulot formé par la route de Monastir, entre Eksisu et Banica. J'avais examiné dans ses détails le viaduc d'Eksisu ; le mal m'avait paru difficilement réparable. Le viaduc, d'une longueur d'une centaine de mètres, était soutenu par des piliers d'environ trente mètres de hauteur ; rétablir piliers et tabliers dans ce pays sans industrie ne pouvait être, avant longtemps, dans les moyens de l'armée ; Sorovicevo serait donc, durant des mois, la tête d'étape de l'armée serbe et Eksisu la tête d'étape de l'armée franco-russe. De ces deux stations de la voie ferrée, les transports lourds emprunteraient, pour arriver à l'armée, l'unique goulot de Cerovo, route non empierrée, c'est-à-dire inapte à supporter un intense trafic. Le lieutenant-colonel Franck fut chargé de transformer la gare d'Eksisu et de rendre praticable pour les caissons, les arabas, les chariots à buffles, le chemin d'Eksisu à Florina par Leskovec.

La plupart des habitants d'Ajtos, d'Eksisu, et des environs, avaient plus ou moins trempé dans les assassinats commis précédemment ; un peu partout, on rencontrait dans la campagne des isolés suspects, et parfois un coup de fusil cherchait un des nôtres.

Une battue de chasseurs d'Afrique avait ramené pas mal de monde.

Un Conseil de Guerre à Eksisu aurait eu des coupables à fusiller. Je ne réunis pas de Conseil de Guerre. Je pris sur moi de substituer les travaux forcés à la peine de mort ; grâce à ces travailleurs, Eksisu, le chemin de Florina, la route, furent mis en état de supporter les transports, au moins provisoirement.

L'armée franco-russe s'organisait donc en vue de la continuation du plan d'origine. Si la méthode subissait des accrocs, l'idée directrice subsistait.

L'accumulation des forces, en montagne, vers l'ouest.

Le général Baston ne disposait que du 175° et du 1ᵉʳ R. M. A. pour tenir tout l'espace entre Armenohor et la route, en attendant le 2° R. M. A. qui commençait à lui arriver.

Le groupe à pied Cordeau s'implantait le plus tôt possible à Armenohor, pour y remplacer les volontaires de Popovitch que les Serbes me réclamaient à cor et à cri ; les volontaires ne se souciaient d'ailleurs pas de demeurer stabilisés dans un village.

Tout le reste de mon armée combattrait à Florina et à l'ouest.

Il importait, avant toutes choses, de chasser les Bulgares de la crête nord de Florina, d'où leurs balles enfilaient les rues de la ville, et de dégager le flanc gauche de l'armée que Boblet et les Russes ne parvenaient pas à débarrasser de l'ennemi.

Le 19 septembre, après avoir, en un temps de trot, été au P. C. du général Baston, à Leskovec, d'où l'on avait sous les yeux tout le pays, depuis la route de Monastir jusqu'à Florina, et où arrivaient les renseignements recueillis par les chasseurs d'Afrique sur les événements de la montagne, j'étais de retour à mon Q. G., vers midi, quand on m'apprit que le général Sarrail était à mon état-major.

Sarrail me détraque les nerfs.

J'allai à lui, de mon air le plus attendrissant, lui offrir un déjeuner qu'il refusa, mais qui se transforma cependant en une tasse de thé, et, toujours avec un empressement marqué, je lui fis le récit de ce qui s'était passé depuis le 3 septembre, date à laquelle je l'avais vu avant de quitter Salonique.

J'évitai de lui dire des « je », de lui parler de Clermont-Tonnerre et surtout de Leblois ; je lui décrivis les efforts accomplis par la division Baston pour l'enlèvement de la Malareka, notre parfaite entente avec les Serbes nos voisins, mais aussi les difficultés avec lesquelles le retard des Russes et de Boblet mettait l'armée aux prises.

« Florina n'est pas encore dégagé et le flanc gauche de l'armée m'inspire des craintes », dis-je. Cela me valut le reproche de passer d'un optimisme exagéré à un pessimisme irraisonné.

C'est en vain que j'essayais de faire comprendre à ce Général français que les soldats de France avaient été pour quelque chose dans la victoire du 14. J'obtins la cravate de commandeur pour le colonel Salle, mais uniquement à cause de sa conduite à Florina.

Le siège était fait, et je connaissais assez l'homme pour ne pas tenter davantage de le faire revenir sur

un parti-pris. Cette conversation se poursuivait à
la sortie d'Eksisu.

Le Général veille.

Dégoûté, je plantai, en pleine rue, le général
Sarrail, faisant demi-tour après un haussement
d'épaules et un regard de mépris, les yeux dans les
yeux, et je rentrai découragé dans ma chambre. Je
me jetai sur le brancard qui me servait de lit, et je
cherchai dans le repos un calmant pour mes nerfs.
Comme j'aurais été heureux de recevoir l'ordre de
rentrer en France !

Mon beau-frère avait sa chambre donnant sur la
mienne ; il vint s'asseoir auprès de moi, et, par des
paroles des plus affectueuses, il pansa des blessures
morales qui saignaient fort.

Quand je sortais de Saint-Cyr, mon oncle le
général Rollet, alors colonel, me conseilla de ne pas
aller dans son régiment ; il était général quand
j'eus mon brevet d'état-major ; il ne voulut jamais
m'avoir sous son commandement direct, de peur
d'avoir à me donner un ordre qui causerait peut-
être ma mort. A cause de cela, j'avais hésité à
prendre Febvrel. Que serais-je devenu dans ce
milieu infect, si je n'avais pas eu un parent auprès
de moi ?

La maison où j'étais installé appartenait à un
Grec qui avait cherché le calme dans d'autres
régions ; sans doute s'essayait-il à lire du français,
car je trouvai dans un tiroir un roman de la collection Nelson. J'ouvris ce roman, cherchant une
diversion à mes pensées ; je lus fort tard. Un docteur, revenant de soigner ses malades, passa sous
ma fenêtre, vit de la lumière, et s'imagina avec

bonheur que son Chef veillait. Dans l'*Illustration*, il y a quelques pages bien pensées et bien écrites où, parlant du Chef, on dit avec un profond respect : « Il veille », pensant dire : « Il travaille à préparer la bataille du lendemain. »

C'est ainsi qu'on écrit l'Histoire.

Travailler, je ne le pouvais pas ce soir-là, tant mes nerfs étaient malades. Qu'ai-je lu ? Je n'en sais rien, et je ne suis pas convaincu de n'avoir pas pleuré.

Un chef d'un grade élevé doit toujours avoir ses nerfs en état de recevoir une impression exacte de la situation de ses troupes, en un point quelconque du front, sur les flancs, en arrière. Tout renseignement nouveau qui modifie l'équilibre établi doit suggérer sur les nerfs le remède nécessaire. Tout se fait, pour ainsi dire, de soi-même, sans efforts, automatiquement.

Quand, le 8 septembre 1914, Gérard me fit porter l'ordre de reculer sur Saint-Dizier et chercha à savoir si j'allais « rouspéter », j'aurais été bien embarrassé pour expliquer au capitaine Schweisgut pourquoi je ne voulais pas reculer. Ma résistance au recul était une impression harmonique d'un ensemble de mon système nerveux, qu'on avait laissé libre de s'établir à la demande des possibilités. C'est à cause de cela que, Gérard et moi, nous avons sauvé l'armée Sarrail, à la Marne.

Sarrail venait de me détraquer, je n'étais plus en état de commander.

Toute la nuit, ma fenêtre resta éclairée ; toute la nuit je lus ce roman ; toute la nuit le docteur qui, lui aussi, travailla, pour ses malades, vit que le Général ne dormait pas.

« Le Général veille », a-t-il écrit (1), pensant que je me livrais au travail. C'est peut-être vrai, puisque le matin, au petit jour, j'avais repris possession de mes nerfs. Un travail psychologique avait été produit.

M. Paul Coblentz pensera peut-être qu'aucun lien d'amitié ne me rattachait plus à l'ancien commandant de l'Ecole de Saint-Maixent.

J'avais à servir la France. Je la servirais. La discipline, je l'observerais jusqu'à la mort.

Combat de Pétorak.

Le principal, pour le moment, était de faciliter l'avance russe. Je poussai le 4ᵉ chasseurs d'Afrique et la division Leblois, tout en m'efforçant de dégager Florina vers le nord.

Puisque j'accentuais les densités à la gauche, je ne renforçais pas la droite. A cette droite, le général Baston n'avait que le 175ᵉ, en face de Pétorak, et le 1ᵉʳ R. M. A., à l'est d'Armenohor.

Un bataillon du 175ᵉ, commandé par un officier au cœur ardent, avide de s'employer, ayant une forte capacité d'initiative, dont le succès de la Malareka avait exalté le cran, crut à un moment, dans la soirée du 19, que Pétorak pouvait être enlevé par surprise.

---

(1) « Le village est vraiment dans un bain d'encre. On n'y voit pas à deux mètres. Dans les ruelles, où le pied trébuche, on croise des silhouettes affairées. Il faut se donner la main pour franchir les ténèbres.

« Voici la place où l'on devine, parmi les murs écroulés, la façade d'une mairie ou d'une école. Une seule fenêtre est éclairée, intense, dorée comme le reposoir d'un saint dans le recueillement d'une cathédrale. Le Général veille...

« Le Général ! Quel mot pour le soldat. C'est du respect, de l'admiration, de la confiance, une foule de sentiments qui sont muets dans son âme et la forment cependant. »

Signé : Edouard Julia.

Sans demander l'appui de l'artillerie, il se jette en avant, avec une partie de son bataillon ; il se heurte à des fils de fer, tombe sous un feu violent d'infanterie et d'artillerie, et, pour comble, survient une charge de deux escadrons bulgares vigoureusement menés à la française, me parut-il, par un lieutenant-colonel bulgare de la Garde. Je crois que cet officier était M. Makholef, que j'avais eu pour élève à l'Ecole Supérieure de Guerre. Car, avant-guerre, nous faisions l'instruction de nos futurs ennemis ; nous prêtions aussi de l'argent à la Bulgarie et à la Turquie pour payer des canons qui seraient braqués contre nous.

La charge de cavalerie pousse jusqu'à la voie ferrée, où elle est accueillie par un feu violent d'infanterie et de mitrailleuses qui lui causa de fortes pertes et lui fit rebrousser chemin.

Nous oubliâmes, dans le désarroi, d'aller nous réinstaller dans Boresnica, qui fut vide d'amis et d'ennemis jusqu'à ce que des Serbes, ayant eu la curiosité d'aller voir ce qui s'y était passé, s'y installèrent.

L'intervention, faite avec tant d'à-propos par les deux escadrons de cavalerie bulgare, démontre que le Chef de bataillon français, se fiant trop facilement aux dires de déserteurs bulgares, était tombé dans un traquenard.

Les convois de ravitaillement qui commençaient à circuler parallèlement à la voie ferrée, profitant des brouillards du soir pour échapper aux vues lointaines, avaient coupé, haché, les fils téléphoniques qui étaient posés par terre. Aussi le Commandant de la division, les commandements de groupes de batteries, ne furent pas en état d'intervenir.

L'échec n'était que local, mais il montrait combien, dans cette armée de Salonique, tout était fragile. Le Commandant du bataillon avait oublié qu'il faisait partie d'un ensemble ; il avait agi tout seul, sans prévenir ses voisins, ses chefs, son canon. Le résultat de son équipée, indépendamment des pertes causées, avait été de laisser à découvert l'aile gauche serbe, au moins pour un temps.

Si les cavaliers bulgares, au lieu de poursuivre leur course vers le sud, avaient tourné vers l'est, ils auraient pu provoquer un fort émoi derrière la ligne de combat serbe.

Ce hourvari démontrait combien était faible l'aile droite de l'armée ; non seulement on ne pouvait faire d'offensive de ce côté, mais il paraissait nécessaire de rendre, le plus tôt possible, au général Baston, le 176ᵉ, encore à Florina.

Je m'en préoccupai.

Le 371ᵉ, pendant qu'il marchait sur Bigla, avait fait sa liaison avec le 3ᵉ régiment russe et déterminé son mouvement en avant ; le général Diterichs, le 20, occupait Armensko et Bigla.

Le plan d'opérations, qui avait paru échouer, se rétablissait. Nous tenions la route de Florina-Pisoderi ; encore un effort vers le nord et nous pourrions utiliser cette transversale pour ravitailler le détachement Boblet.

Ce bond terminé, je pourrais préparer le bond suivant, et faire gagner à Boblet: Resna, et prendre Monastir à revers.

Je restaure le moral russe.

J'avais parcouru la route de Kozani à Caroseno, pour me rendre compte par moi-même du pays et des difficultés que le lieutenant-colonel Boblet pouvait y rencontrer.

Plus tard, j'avais été, au delà du col de Vlahoklissura, prendre connaissance de la valeur de la transversale nouvelle que mes troupes venaient de conquérir. Il me parut nécessaire d'aller explorer la nouvelle transversale de Pisoderi, afin de me faire une idée aussi exacte que possible des lieux et de la valeur de la communication. Cette exploration prenait un intérêt tout particulier, maintenant que, par suite de la destruction du viaduc d'Eksisu, les ravitaillements par camions offraient des difficultés insurmontables. Si le pays offre des ressources appréciables, je pourrai me passer de ravitaillements en vivres; d'autre part, comme mon artillerie de montagne se montre très supérieure à l'artillerie de montagne bulgare, alors que, au contraire, nous avons l'infériorité marquée en artillerie de gros calibre, tout conseille la manœuvre par la région de Pisoderi-Prespa.

J'arrive, le 21, de bonne heure, à Kuckoveni, où le Commandant de la 57ᵉ division a transporté son Q. G. Le général Leblois me rend compte de la situation de son front et de son aile gauche. Il m'apprend notamment, hélas ! qu'il a ramené à Florina le 371ᵉ. La transversale a donc une coupure entre Florina et Armensko.

Remontant dans ma Ford, je me transporte, par les chemins les plus étrangers à ce genre de véhicule, à Mahala, où je rencontre le lieutenant-colonel de Fourtou qui m'informe du travail d'assainissement auquel il se livre, pour débarrasser la montagne de ses Comitadjis. Il me prête deux chevaux, dont un pour Febvrel ; je m'adjoins le Capitaine instructeur du 4ᵉ chasseurs d'Afrique et nous partons pour Florina et Armensko.

Je monte vers le monastère, passant auprès de cadavres de Grecs assassinés par la bande de soldats grecs qui constituaient ce que le colonel Jacquemot appelait : « L'armée à Mathieu », et je vais saluer mes blessés.

Le lieutenant Durand blessé.

Parmi ces blessés est le lieutenant Durand, fils du général Léon Durand, le héros du Grand-Couronné. Le médecin me demande de ne pas faire parler le blessé, dont le poumon a été traversé par une balle. « C'est une blessure bête », crayonne sur un bloc-notes le Lieutenant.

Il appelle cela une blessure bête, parce qu'il ne l'a pas reçue en donnant l'assaut, mais en portant un ordre. Ce qu'il ne dit pas, c'est que, s'il a porté cet ordre à cheval, il y avait péril pour les camarades. Se glisser à pied de maison en maison aurait permis de faire la transmission sans danger pour l'estafette, mais cela aurait demandé du temps et un danger eût été couru par d'autres.

Durand a la Croix de la Légion d'honneur sur sa vareuse, je ne puis la lui remettre, je le cite à l'ordre de l'Armée : « Je ne mérite aucune récompense pour si peu de chose », crayonne ce héros que la mort menace.

La Croix de Guerre a été le baume qui a guéri la blessure. Après quelques jours d'un repos absolu et de soins attentifs, éclairés, fraternels, le médecin a vu ses espoirs réalisés.

Nos médecins.

L'armée franco-russe ne saurait témoigner trop de reconnaissance à ses médecins, dont la fièvre n'atténuait ni le dévoûment, ni la volonté de sacrifice.

Trois autres blessés étaient dans ce monastère, peu hospitalier, que visitaient de temps en temps les obus, trois blessés également inévacuables ; à eux aussi je donnai la Croix de Guerre.

Pouvoir marquer les mérites, c'est un des grands bonheurs du Chef ; malheureusement, la croix de bronze ne précède souvent que de fort peu de temps la croix de bois.

Les balles et les punaises.

Je descends du monastère, je fais mon entrée à Florina, sous les balles, sans cette musique que, dans *Mon Commandement en Orient*, l'auteur me reproche d'avoir conduite, le 15, à Pésosnica, et je me rends à la coquette villa, où le chant des oiseaux est remplacé par le sifflement des balles, que le général Quais a choisie pour P. C.

Un planton nous oblige à descendre de cheval avant d'arriver à la villa ; ce planton m'astreint à raser la muraille avec mes deux officiers, « parce que l'entrée est repérée » ; ce planton me fait traverser une belle chambre au lit moëlleux et me fait entrer dans une autre où je vois un lit de camp dont les quatre pieds reposent sur des assiettes remplies d'essence.

Le général Quais a peur, pour ses visiteurs, des balles bulgares ; pour lui, il redoute les projectiles grecs : les punaises. Florina cultive en troupeaux ces vilains animaux.

Le général Quais était en conférence avec les Colonels du 176ᵉ, du 260ᵉ et du 371ᵉ.

Le lieutenant-colonel Richard me fit connaître comment il avait marché sur Bigla, comment il avait fait sa rencontre avec les Russes et comment il était revenu au moulin d'Armensko ; tout cela avait été conduit de main de maître. J'avais affaire à un officier de valeur.

Quand le général Quais aura cessé de plaire, en Orient, ce n'est pas à Richard que le général Sarrail donnera le commandement de la 114ᵉ brigade.

Après conférence avec le général Quais et ses Colonels, je dictai les mesures à prendre d'urgence. Le général Quais en commencerait aussitôt l'exécution ; à mon retour de l'expédition que j'allais entreprendre, je passerais chez le général Leblois pour lui faire connaître mes décisions.

Il s'agissait de relever le 176ᵉ à Florina par le 371ᵉ et d'installer le 260ᵉ au moulin d'Armensko pour rétablir la liaison avec les Russes.

Un lieutenant du 371ᵉ me fut donné pour me guider à partir du moulin d'Armensko, car, dès ce point, on ne pourrait rester à cheval, il faudrait emprunter le torrent et marcher à pied, sous les balles ennemies.

L'armée à Mathieu.

En sortant de Florina, j'eus sous les yeux un groupe de trois Grecs, liés ensemble, fusillés par la même salve. C'était la reproduction de ce que j'avais vu en entrant dans cette ville ; c'était un nouveau spécimen de l'œuvre de l'armée à Mathieu ; mais, puisque je commandais l'armée, c'était moi, aux yeux des Grecs, qui ordonnais ces assassinats.

Ces canailles, soldats de Mathieu, n'avaient de balles que pour leurs compatriotes. C'est moi qui devais les ravitailler en munitions et en pain, et je n'avais pas à m'immiscer dans leurs affaires. Il était singulier d'avoir à piloter à l'ombre, même éloignée, du beau drapeau de France luttant pour la Justice et le Droit, d'aussi singuliers personnages. Le général Quais, investi en quelque sorte du rôle de Commandant d'armes de Florina, me rendait compte de ces assassinats, s'excusant de ne pouvoir intervenir contre les agissements de gens qui recevaient directement de Salonique des ordres étranges.

Une fois rendu à la vie civile, le Proconsul de Salonique prêcha en France, de ville en ville, au nom de la Ligue des Droits de l'Homme, la suppression des Conseils de Guerre et de la Justice militaire. Est-ce pour nous donner le Code de l'armée à Mathieu ?

Cordonnier à Armensko.

Sorti, vers treize heures, de Florina, je me rendis au moulin d'Armensko, auquel le colonel Richard était en train de donner un commencement d'organisation défensive quand il avait reçu l'ordre de l'abandonner. Continuant à cheval sur la route, je rencontrai un groupe de quelques Russes, parmi lesquels un homme venait d'être blessé. Chacun de nous ne parlant que sa langue natale, il fut difficile de s'entendre, mais les balles bulgares, qui sifflent de toutes parts, font comprendre ce que la différence de langue ne permettait pas d'élucider.

Les Russes et les balles bulgares faisaient connaître qu'il fallait descendre de cheval, quitter la route, et prendre le fond du torrent d'Armensko.

Nous sommes quatre officiers descendant dans le torrent et se dirigeant sur Armensko.

Nous arrivons à Armensko, la fusillade est intense. Un soldat russe, sans le moindre respect pour mon grade, me prend par l'épaule et me jette contre le mur, puis, me maintenant dans ses mains robustes, me pousse dans un passage étroit, défilé des balles, qui conduit au P. C. du Commandant du régiment.

Avec le même soin fraternel, mes compagnons de route sont conduits à la même destination.

Là, est le Colonel chef d'état-major du général Diterichs ; le Général est à Pisoderi, en liaison avec le colonel Boblet, qui lutte pour rejeter au delà de la hauteur de Cicevo (côte 1550) les Bulgares qui dominent la route à son tournant.

Le plan d'opérations, un moment compromis, allait donc se rétablissant. Encore quelques efforts, et j'aurais mon armée alignée sur un front est-ouest, à hauteur de Florina .Il y aurait alors à pousser la gauche en avant ; la route, dégagée de Florina à Rula, donnerait la faculté d'accroître la capacité de mouvement de cette gauche.

En dégustant un thé exquis, le Chef d'état-major et moi, nous causons des incidents des jours derniers et de la situation présente.

Les Russes réclament leur envoi en plaine.

Le régiment russe a éprouvé les plus grandes difficultés à se porter de Vlahoklissura à Armensko. Les soldats sont hommes de plaine, ils ne savent ni marcher ni se battre en montagne ; ils ont commis des actes d'inexpérience qui ont coûté cher, les pertes ont été lourdes. Le régiment a été vingt-quatre heures sans vivres. Les bottes ne tiennent plus aux pieds.

Le général Diterichs demande à aller combattre en plaine ; il se considère un peu comme sacrifié.

Le général Sarrail, à Salonique, à tort ou à raison, avait déclaré qu'il ne pouvait mettre les Serbes au contact ni des Anglais, ni des Russes. A cause de cela, au départ, j'avais placé à l'ouest des Serbes le général Baston, et, en montagne, la troupe du général Diterichs ; elle était restée sur la ligne de faîte.

J'étais maintenant convaincu, par les événements des jours précédents, de l'inaptitude des Russes dans la guerre de montagne ; d'autre part, je sentais la démoralisation envahir ces soldats moscovites. Je promis donc de ramener bientôt le 3ᵉ régiment russe vers Armenohor et Mahala ; le général Diterichs aurait sa brigade réunie, et j'y joindrais le 2ᵉ *bis* de zouaves qui commençait à arriver ; avec de l'artillerie que je lui attribuerais, le Général russe aurait donc sous son commandement une division.

Mais, pour effectuer cette organisation, il me fallait être libre de circuler sur la route d'Armensko.

En conséquence, le général Diterichs, prenant le temps qui lui est nécessaire pour organiser son artillerie, attaquerait droit devant lui, sur le front Pisoderi-Armensko, et dégagerait la route. Je demande cela.

Le Chef d'état-major est enchanté et promet au nom de son Chef.

Il s'agit maintenant de revenir à Florina. La marche par le ravin est éreintante, je lui préfère un itinéraire par le versant sud du torrent. Le calcul est mauvais, parce que le terrain est parfois découvert : une balle effleure mon casque; il faut redescendre dans le ravin.

Encore Leblois.

Quand je suis de retour à Florina, je vois le général Quais de fort méchante humeur.

A mon passage, je lui avais fait connaître la teneur des ordres que j'allais laisser au général Leblois, à mon retour, et je lui avais prescrit d'envoyer à ses régiments les prescriptions nécessaires à leur exécution, afin que, dès l'arrivée de la nuit, on pût y procéder.

Le général Quais donna ses ordres et en envoya copie au général Leblois, à titre de compte rendu.

Il eut le tort de ne pas mentionner qu'il agissait en exécution d'intentions que je lui avais exprimées. Le général Leblois, froissé dans son amour-propre facile à blesser, se servit du téléphone pour prescrire aux Chefs de corps de ne pas exécuter ce qui venait d'être ordonné.

Il eût été simple d'user du téléphone pour amener le général Quais à s'expliquer ; mais le général Leblois n'était pas plus en meilleurs termes avec le général Quais qu'avec Clermont-Tonnerre.

L'égoïsme à la guerre.

Le soldat se bat pour sa patrie ; le sentiment de générosité, d'abnégation domine donc tout son être. L'égoïsme dans l'armée est une monstruosité et une tare dangereuse. C'est la direction des efforts vers un même but, c'est la liaison des armes, c'est la conjugaison des actions des uns et des autres qui donnent le succès. « *Vœ soli* » à la guerre.

A Rossignol, Leblois, commandant de la 2ᵉ division coloniale — que son commandant de corps d'armée n'entraîne pas, il faut le reconnaître — a laissé la division Raffenel seule, sans l'aide qui aurait tout sauvé. A Armensko, il laisse les Russes isolés, en danger de destruction.

Ayant appris l'échauffourée de Pétorak, il avait envoyé ordre au lieutenant-colonel Richard de quitter Bigla, Armensko, le moulin d'Armensko, et de se rendre avec son régiment à Florina.

Une ligne presque continue, établie entre Cicevo (abords)-Pisoderi-Armensko - moulin d'Armensko - Florina, se trouvait établie ; il n'y avait plus qu'à installer en arrière du canon pour la pousser en avant ; on aurait alors une rocade pour les ravitaillements, pour les liaisons, pour varianter les effectifs et les efforts. Un acte d'égoïsme avait sacrifié l'intérêt général à une chimère.

A huit heures du soir, brisé de fatigue, je fus de retour à Kuckoveni ; j'expliquai qu'en raison même de cette arrivée tardive que je prévoyais, j'avais jugé nécessaire de donner directement des ordres au général Quais. Il était bien tard maintenant pour rétablir les choses ; le Commandant de la 57ᵉ division me promit de faire de son mieux.

Le 24 septembre est une mauvaise journée .

« *Attaquez !* »

Un ordre venu de Salonique annonce que l'armée serbe attaquera le 24 et ordonne que l'armée franco-russe tout entière fasse de même.

Je fais doubler l'étape à une batterie lourde qui m'était envoyée par Salonique ; elle prendra Pétorak pour objectif.

Mes deux commandants de division : Leblois

comme Baston, se récrient, demandent un délai. Je refuse le délai, j'ai un ordre.

Le 24, au matin, je suis au P. C. du général Baston. Celui-ci n'a pas encore récupéré le 176ᵉ, on sait pourquoi ce retard ; le 175ᵉ est à l'arrière à attendre les renforts qui remplaceront les pertes causées par les combats précédents et la fièvre. La 156ᵉ division a en ligne le 1ᵉʳ R. M. A., fatigué, et le 2ᵉ R. M. A., qui est en face de Pétorak et veut mordre.

La division Vardar attaque, annonce qu'elle tient la hauteur 735 et réclame du 2ᵉ R. M. A. qu'il avance pour ne pas laisser son flanc découvert.

A ce moment-là, le canon, nouvellement arrivé, n'a pas encore produit d'effet appréciable ; néanmoins, le lieutenant-colonel Curie veut répondre à l'appel du camarade ; il part de l'avant, il arrive à 5 ou 600 mètres du front Vrbeni-Pétorak, quand sa ligne de combat est prise d'enfilade par des batteries bulgares établies à cette même côte 735, où soi-disant étaient les Serbes.

Le 2ᵉ R. M. A. s'enterre sur le terrain conquis, le résultat ne répond pas aux pertes éprouvées.

Vers l'ouest, les résultats sont plus mauvais encore.

La 57ᵉ division était tout entière à l'ouest de la station de Florina ; les Russes étaient toujours placés entre le gros de cette division et les quatre bataillons que commandait le lieutenant-colonel Boblet. Le 260ᵉ avait repris position près du moulin d'Armensko, région que le général Leblois avait si malencontreusement fait abandonner par le 371ᵉ.

Le lieutenant-colonel Boigues combattit toute la matinée du 24 septembre pour essayer de se rétablir sur le terrain malencontreusement abandonné aux Bulgares par le 371° ; il fut attaqué violemment par l'ennemi, et on put croire, un moment, que Florina allait être débordé.

Heureusement, nos batteries avaient pu, au prix de grands efforts, s'installer près de la ferme de Kalugjerico, d'où elles firent subir aux Bulgares des pertes si considérables que ceux-ci sont d'abord arrêtés dans leur progression vers la vallée, puis rejetés à leurs tranchées de départ.

Combats russes d'Armensko.

Le général Diterichs attaque vers le nord, en partant du front Armensko-Bigla : sa droite gagne beaucoup de terrain tout d'abord, mais aucune réserve n'est derrière et le 260° est loin de son aile extérieure. Une contre-attaque bulgare se déclenche, la droite russe est enveloppée ; nos Alliés se replient en hâte. Quand les habitants d'Armensko, sortant des armes jusque-là cachées, leur tirent dans le dos.

Les pertes du bataillon de droite sont considérables, ce qui en reste se réfugie sur les hauteurs de la rive sud du torrent.

Cependant, l'ennemi victorieux tombe sous le feu des batteries françaises et russes, le village d'Armensko est repris. L'échec se traduit surtout par des pertes d'hommes.

Plus à l'ouest, le lieutenant-colonel Boblet s'efforce à nouveau d'enlever la hauteur de Cicevo, mais un danger surgit, ses communications sont menacées.

La journée du 24 avait été mauvaise. Les Serbes n'avaient réussi à rien ; de notre côté, il n'y avait eu que des échecs.

Il y avait là une expérience faite ; il était démontré qu'attaquer de front, avec des moyens d'artillerie insignifiants, était aller à notre perte. La manœuvre par la montagne et l'aile gauche française s'imposait à mes yeux, plus que jamais, et il fallait y conduire du canon.

Le général Mackensen, disait-on, avait fait relever le général en chef Bojatschef et le commandant de la 8ᵉ division bulgare — les vaincus de la bataille du 14 septembre. Il avait pris en main le commandement de toutes les forces bulgaro-allemandes ; en créant là l'unité de commandement, il voulait immédiatement en retirer les fruits. La bataille se continuait avec une grande âpreté, la gauche des armées alliées était l'objectif vers lequel nos adversaires concentrèrent tous leurs efforts.

Le 24 avait vu une contre-attaque violente lancée entre le 260ᵉ français et la droite du 3ᵉ régiment russe ; nos batteries avaient rétabli les affaires, mais la gauche du 260ᵉ, n'ayant pu se souder aux Russes, était demeurée en l'air.

Combats d'Armenohor.

Florina risquait encore d'être tourné par l'ouest.

Pendant la nuit du 24 au 25, des assauts successifs partirent d'Armenohor contre le 2ᵉ régiment *bis* de zouaves et le groupe léger du commandant Cordeau. Sur un front de 500 mètres environ et pendant peu d'instants, il nous fallut brûler 100.000 cartouches et consommer 1.600 obus de 75. Le sol demeura couvert de cadavres bulgares. Cette attaque témoignait de la volonté de l'ennemi d'encercler Florina par l'est, en même temps que par l'ouest.

Le général Leblois était inquiet, il me rendait compte de ses impressions; les miennes étaient plus mauvaises encore.

Le grave échec des Russes à Armensko, leur immobilisation sur les hauteurs de Pisoderi, l'arrêt du colonel Boblet en face de Cicevo, des comptes rendus alarmants provenant de Biklista, me faisaient craindre une attaque contre mon aile gauche, attaque qui pourrait compromettre l'acquis obtenu par les combats antérieurs.

Toute la journée du 25 septembre est employée à améliorer la situation à l'ouest de Florina. Grâce au canon de montagne, la route de Florina à Armensko est dégagée d'ennemis, le 260e arrive à donner la main aux Russes. Une voie praticable au canon de 75 est aménagée pour faire accéder de l'artillerie de campagne sur la crête nord de Nevolani, d'où elle aidera à notre progression sur le grand piton de Florina. Si nous parvenons à gagner ce grand piton, nous prendrons à revers, à droite les lignes d'Armenohor, à gauche celle d'Armensko.

Le général Sicre, de l'armée coloniale, se présente à mon Q. G. d'Eksisu; il vient de France avec une brigade coloniale. Le 35e colonial, qui marche en tête, est encore à une étape de Gornicevo ; l'autre régiment suit à une journée de marche plus en arrière.

Le général Sicre, en soldat qui connaît son métier, va de l'avant voir et prendre des ordres.

D'après les instructions du général Sarrail, cette brigade constitue une réserve du groupe d'armées. Je puis la placer où je le jugerai nécessaire, mais il m'est interdit de l'employer.

Chapitre XIV

VICTOIRE SUR L'ENNEMI ET SUR SARRAIL

La confiance est morte.

La question posée est : *Ai-je trahi Sarrail ?*

Autrement dit : « Ai-je abusé de la confiance qu'avait en moi le général Sarrail ? » Cela semble hors de tout débat maintenant. Le mot « confiance » fair rire le lecteur parvenu en ce point du récit. Ai-je fait œuvre de politicien contre le parti politique qui veut porter Sarrail au Consulat ou au Proconsulat ? Il est bien évident que je ne fais pas de politique en Macédoine, ni de macédoine de politique.

Est-ce que, vraiment, c'est le « cléricalisme » qui me fait désirer que le général Leblois fasse comme Jérôme Paturot, et aille ailleurs chercher une position sociale ?

Est-ce que je ne veux pas comprendre le plan de celui qui commande à Salonique, et que, comme Moreau, en février 1800, je suis incapable de

m'assimiler les conceptions géniales de ce nouveau
« dieu de la guerre » qui vit sous l'œil des dieux de
l'Olympe ?

Il semble que la cause est entendue. Je vais donc
me borner à donner un rapide aperçu des événements qui vont se dérouler encore jusqu'au moment
où je décrirai le spectacle, extraordinaire dans son
incohérence, qui précédera de peu de jours ma
délivrance.

Le plan du début étant de chercher l'aile droite
ennemie « en s'efforçant de déborder les forces
ennemies », plan maintenu dans les ordres donnés
au lendemain du succès de la Malareka-Malkanidzé,
je vais donc laisser ma droite dégarnie, renforcer
ma gauche, tenir ma réserve — dès qu'une réserve
aura été constituée — prête à aider ma gauche. .

Jusqu'à présent, mes réserves ont été constituées
par des régiments accourant à l'armée : la division
Leblois, le 2ᵉ *bis* de zouaves, le 4ᵉ chasseurs
d'Afrique, le 4ᵉ régiment russe. Le général Sicre
arrive, mais le Chef suprême en Orient ne me permet pas de l'employer ; et il n'est pas là, ne sera
jamais là, pour lui donner des ordres directs. Ce
sont donc des bouches à nourrir qu'il m'envoie
quand la destruction du viaduc d'Eksisu rend les
ravitaillements si difficiles que Jacquemot et Franck
ne s'en seraient pas tirés si les Bulgares n'y avaient
pourvu par l'abandon de leurs troupeaux de moutons.

L'armée menacée sur son flanc extérieur.

Dans la plaine, la division Baston est égaillée sur
un large front. Pour soutenir le moral des fantassins et suppléer au peu de pièces à longue portée,
le lieutenant-colonel Rougié, montrant une audace

qui pouvait être qualifiée d'imprudence grave, avait poussé des batteries au nord de la ligne ferrée, à Rosna, n'ayant pour défiler ses pièces que les bicoques du village et de légères excavations de terrain.

Leblois réclamait toujours la batterie de 155 court pour battre Almenohor. Elle lui était bien nécessaire. Je la lui envoie ; elle s'enlise. Si elle n'avait pu être remise en mouvement avant le jour, elle eût été détruite, puisque, des hauteurs nord de Florina, les observateurs allemands l'auraient signalée.

Il y a la gauche... mais un ordre vient de Salonique : « Les Serbes attaquent, il faut attaquer dès sept heures du matin. »

J'ai transmis l'ordre en en laissant la responsabilité à son auteur. Et je me suis installé dans des tranchées serbes, comme à un balcon, près de Zabrdani.

Canons français, canons bulgares se mettent en action. Tout le front français, entre la route de Monastir et Florina, est engagé dans une lutte d'artillerie, depuis une heure, alors que, chez les Serbes, pas un coup de canon n'était tiré.

J'avais dans la tranchée, auprès de moi : le général Dauvé, commandant l'artillerie de l'armée, deux officiers d'état-major, et non loin se tenait le commandant Réquin, agent de liaison du général Joffre.

Un officier d'état-major serbe passe dans mon voisinage ; je lui demande pourquoi la division du Vardar ne fait rien, et pourquoi la batterie serbe qui est sous mes yeux laisse l'artillerie bulgare concentrer ses feux sur Rosna contre les miens.

« L'armée serbe n'a pas d'ordres, la batterie n'a pas reçu d'indications d'objectif à battre, mais, si je veux bien lui en donner un, elle ouvrira le feu », m'est-il répondu.

Le général Sarrail, en envoyant à l'armée franco-russe l'ordre d'attaquer « parce que les Serbes attaqueraient », avait oublié de s'assurer si c'était leur intention.

Les Serbes, comme moi, avaient la conviction que c'est dans la montagne que les succès pouvaient être obtenus ; il leur fallait du temps pour amener leur artillerie lourde ; ils le prenaient avec juste raison. Et Sarrail, ne sachant pas plus ce qui se passait sous les ordres du prince Alexandre que dans mon armée, bafouillait.

Mais le colonel Fourtou, qui battait l'estrade, apprend que, de Biklista, des forces bulgares importantes menacent le détachement Boblet et la route de Kastoria à Eksisu. Ses cavaliers sont refoulés de Breznica ; la compagnie du 242ᵉ, postée en arrière, est contrainte à la retraite ; elle se replie dans la Stara-Nereska sur Konomlati. A ce moment, Salle est au repos, en réserve à Nérel ; je lui envoie l'ordre de marcher sur Konomlati et de protéger le flanc gauche de l'armée, de concert avec la brigade de Fourtou qu'il prendra, au moins en partie, sous son commandement.

Le communiqué allemand raconte que le détachement Boblet a subi un gros échec et que le 242ᵉ s'est laissé prendre des mitrailleuses. Le général Sarrail demande, par télégraphe, des explications. Le lieutenant-colonel Boblet me fournit les éléments de la réponse : « Pas de pertes mitrailleuses; une détériorée non abandonnée. Le bataillon a perdu 70 à 80 hommes en tout. »

On se bat donc, dans mon armée ; le général Sarrail s'en inquiète, mais alors, pourquoi parle-t-il toujours de mon inaction ?

« Vous vous appelez Murat. »

Le 28 septembre au matin arrive, dans le plus grand désordre, un escadron de chasseurs. Il annonce les Bulgares à Kastoria, en route par Vlahoklissura sur Eksisu. Comme Sarrail s'est chargé d'assurer la sécurité de l'arrière, je n'ai personne sous la main.

Mais le Capitaine ne me semble pas d'aplomb ; la fièvre le mine ; je doute que sa fuite — déshonorante dans d'autres cas, mais que la fièvre excuse grandement — soit justifiée.

J'avais, comme chef de mon peloton d'escorte, le jeune prince Murat, qui avait hérité de son grand ancêtre le goût du cheval, mais n'avait pas acquis celui de la bureaucratie. Mon chef d'état-major avait besoin de porte-plume, je me passais d'escorte, alors le sous-lieutenant au grand ancêtre barbouillait du papier, en Orient, et il en avait un fort chagrin.

Je l'appelle, le mets au courant de ce que je venais d'apprendre et je lui dis : « Je n'ai que votre peloton à vous donner, mais cela suffira ; vous vous appelez Murat, ce nom suffit. Allez à Kastoria ; dites-moi, coûte que coûte, ce qui s'y passe. »

Le jeune Murat, apprenant que le sabre remplace le porte-plume, ne se sent pas de joie ; il part et, le lendemain, il m'envoie un superbe poisson pêché dans le lac de Kastoria.

Les relations se brouillent tout à fait.

On avait sans doute fait savoir à Salonique qu'on n'était content, à Paris, ni des résultats de Verdun, ni de ceux de la Somme. Il y aurait une place à prendre. Aussi Sarrail m'envoie l'ordre impératif d'attaquer pour le 30 septembre.

Je réponds :

« Le 30 septembre, je n'aurai ni le 44° colonial, ni la brigade Fourcade, ni le groupe de 155 annoncé, ni la possibilité de détruire les organisations défensives ennemies. Notre organisation de l'artillerie sera incomplète, notre flanc gauche non dégagé. Toutes ces raisons rendent le succès peu probable et certainement très coûteux. Quoi qu'il en soit, si vous maintenez votre ordre, on ira. »

Le ton de la correspondance avait changé, je voulais établir les responsabilités. J'irais avec mes soldats me faire tuer, mais je voulais que des documents fussent là pour fixer les responsabilités.

Le même jour, deux lettres étaient rédigées à Salonique ; l'une ordonnait la formation d'une division coloniale faite avec les éléments de l'armée coloniale qui se montraient déjà à Gornicevo et d'une brigade qu'amenait le général Gérôme.

Cette division, je pouvais la placer à ma guise, où je voudrais, mais à condition de ne pas l'employer : « Je répète, j'entends que ces troupes restent en réserve, que l'armée franco-russe actuelle fasse quelque chose sans elle.

« J'entends que ces ordres soient exécutés et, si c'est nécessaire, je l'exigerai. »

La seconde lettre parlait de la situation politique et prescrivait une attaque pour le 3 octobre. Elle se terminait ainsi : « Si vous estimez ne pouvoir ou ne vouloir le faire, je vous prie de me le dire, afin que je puisse donner mes instructions au général Leblois et que je vous remette à la disposition du Ministre. »

Voilà où en étaient les relations entre les deux amis d'un temps peu éloigné cependant.

Au moment même où je recevais cette lettre, le général Sarrail réclamait 16.200 hommes pour combler les vides.

Celui que M. Coblentz affirme que j'ai trahi se couvrait vers Paris en demandant 16.200 hommes pour combler les vides ; il se couvrait en voulant me faire dire que je ne voulais pas lui obéir ; il ne voulait pas non plus ne pas courir les chances que lui donnerait un succès en Orient pour se hisser à Chantilly.

Je me rends aux Q. G. des généraux Baston, Leblois, Diterichs, je leur montre les ordres que j'ai reçus, je reçois leurs objections, j'en fais une lettre et je conclus :

« *Il va sans dire, mon Général, que toute date que vous fixerez sera la mienne.*

«A l'attaque de la Malareka, je me suis tenu à 2.000 mètres de la ligne ennemie, sous le feu de l'infanterie et de l'artillerie ennemies, pour stimuler la valeur de la Légion étrangère, se portant vers Eksisu. Le lendemain, pour entraîner le seul régiment disponible de mon armée, alors que la plupart de mes unités étaient à la traîne — parce que mises en route, par vos ordres, bien après les premières — j'ai marché avec la compagnie d'avant-garde jusqu'aux portes de Florina où, à 22 heures, nous avons été arrêtés par la résistance bulgare.

« A l'attaque de Florina, j'étais avec le bataillon de tête du 176°. Impatient de voir ensuite débarrassée de tout ennemi la route de Florina à Armensko, je suis allé, avec deux officiers et deux hommes, jusqu'à Armensko, sous la fusillade. Mon cheval a été blessé et, à plusieurs reprises, des balles ont sifflé bien près de mes oreilles.

« Je ne crains donc pas la bataille. On se fera tuer le jour où vous le désirerez, mais on ne battra pas l'ennemi avant que les Russes puissent prêter leur concours et sans l'aide de la division coloniale.

« *Je vous dois cette vérité, quoi qu'il puisse en résulter pour moi.* »

Signé : CORDONNIER.

La situation était posée.

Tout cela n'était pas fait pour créer le calme dans mon esprit.

Néanmoins, le combat en montagne se poursuivait ; le 176°, envoyé en montagne et conduit par Salle, donnait à l'aile gauche la sécurité qui jusqu'alors avait fait défaut.

Le 29, Boblet dépassait Bigla vers le nord et Salle, parvenu à l'aile gauche de l'armée, commençait à déborder par l'ouest la hauteur de Cicevo.

Le 30, le général Sarrail me convoque, ainsi que Jacquemot et les généraux Baston, Leblois et Diterichs, à la station de Banica.

Le général Leblois ne vient pas. Il était, rendit-on compte, dans la montagne.

Le général Baston, sur la demande que j'en avais faite, au lendemain de la victoire de la Malareka, venait d'être nommé général de brigade à titre définitif. La croix de commandeur pour Salle m'était remise.

La montagne bat la plaine.

Le général Sarrail a une attitude embarrassée et désagréable, moi je me tiens sur le garde à vous.

Une conférence sur la politique internationale commence. Les Grecs sont de plus en plus hostiles, on parle d'expédition à Athènes, de mobilisation grecque à Larissa. Il faut se méfier des Serbes ; ils se tirent l'un l'autre dans les jambes, mais sont d'accord pour tirer dans les jambes des autres. Il y a un clan Alexandre, mais il jalouse Bojowitch, « qui n'est pas intelligent » ; il y a un clan pour le roi Milan, qui s'entendait plutôt avec nos ennemis qu'avec nous. Arrivent des noms de chefs serbes « qui ont trempé leurs mains dans le sang de la reine Draga ».

Ensuite, c'est la Roumanie, que « notre Gouvernement a trompée sur les forces de Salonique » ; il faut que le général Diterichs attaque...

Un plan d'opérations ferait mieux notre affaire ; la politique ne nous intéresse pas.

Ce plan ne vient point. On arrive cependant à une certaine conclusion : « Il ne faut évidemment pas se lancer sans préparer l'attaque par l'artillerie, et, puisque le 155 court ne pourra pas être là avant le 3, au matin, on ne commencera le réglage que le 3 dans la matinée. A midi, le bombardement commencera ; il se continuera dans la nuit et, le lendemain, dans l'après-midi du 4, aura lieu l'attaque par l'infanterie. »

Je fis rédiger les ordres en conséquence.

Mais l'intérêt pour moi restait en montagne.

Salle avait balayé les Bulgares devant lui, en montagne, et Fourtou fait fuir les Comitadjis. Ensemble, ils avaient marché sur Cicevo, pendant que Boblet venait à Pisoderi et Armensko remplacer les Russes. Ensemble, ils gagnaient du terrain vers le nord, tandis que le lieutenant-colonel Richard repoussait peu à peu vers le monastère de San Marco les Bulgares qui dominaient Florina. Le 2 octobre, le général Quais enlève le Grand Piton.

A l'est de la plaine, en montagne, les Serbes, patients et tenaces, ont placé leurs batteries ; eux aussi gagnent du terrain.

Les Bulgares cèdent donc sur les deux ailes.

Dans la nuit du 2 au 3, alors que Salle, maître de Cicevo, pousse une attaque sur Popli, tout cède devant lui. Dans cette même nuit du 2 au 3, les patrouilleurs de la division Baston croient entendre des mouvements en arrière de Pétorak. Ils rendent compte. On pousse de l'avant et on se heurte à des arrière-gardes bulgares qu'on chasse ou qu'on fait prisonnières.

C'est la victoire.

Cordonnier fait le zouave.

Le lieutenant-colonel Curie, commandant le 2ᵉ R. M. A., pousse par la route de Monastir. Il est bientôt en flèche car, ni les Serbes à sa droite, ni le 1ᵉʳ R. M. A. à sa gauche, ne parviennent à marcher aussi vite que lui ; il lui faut attendre les voisins.

A huit heures du matin, je suis à la sortie de Vrbeni, où je rejoins Curie, qui est de fort mauvaise humeur ; son avant-garde est maîtresse de Sakulevo, où se trouve un pont sur une rivière, que les Bulgares ont à demi détruit.

Son flanc gauche est en l'air, il ne peut avancer davantage à cause de cela, mais les Serbes regagnent le temps perdu et le dépassent.

Ayant été le premier, il enrageait de devenir le second. Son dépit me gagne et, tous deux, nous courons à Sakulevo, pendant qu'un de mes officiers va porter au général Baston l'ordre de pousser sans tarder.

Dès sept heures du matin, l'Instruction pour poursuivre l'ennemi en retraite avait été téléphonée aux quatre Commandants de division.

J'avais donc, dès sept heures du matin, jugé de la situation, donné les ordres de poursuite et, avec Curie, je faisais le zouave.

J'étais avec la compagnie la plus avancée de mon armée. Je faisais mon entrée à Sakulevo aux sons de la musique. La musique était constituée par les obus bulgares, qui pleuvaient drû.

Et c'est à moi qu'on écrivait : « Marchez ! Marchez ! »

La victoire de Sakulevo n'avait presque pas coûté de sang ; les combats méthodiques livrés dans la montagne, par les Français à l'ouest, par les Serbes à l'est, avaient donné la victoire.

Il semble donc que, pour gagner de nouvelles batailles vers le fond de cette plaine où est Monastir, c'est encore par les ailes, par la montagne, qu'on manœuvrera ?

Exploitation de la victoire.

Curie ne demeure pas longtemps à Sakulevo ; dès que la division Baston s'est rapprochée, il part sur Kenali et ne s'arrête qu'à quelques cents mètres de la ville, devant une position organisée qui réclame du canon pour être raisonnablement attaquée.

Mon automobile est allée chercher le lieutenant-colonel Rougié et ses batteries de Rosna. C'est un de ses groupes qui lance le premier obus sur Kenali. Nous avions précédé les fantassins, les cavaliers, les artilleurs serbes et « nous ne marchions pas ». Où se serait-on arrêté si Sarrail avait été lui aussi avec la compagnie de tête ?

La division Baston, entraînée par le 2e R. M. A., marche la droite en avant et atteint le ruisseau qui, venant de Klestina, passe à Kalendir et se jette dans la Sakuleva, au pied de la hauteur 589.

La division russe avait reçu de son Chef un ordre minutieusement détaillé, comme on en remet à une troupe qui a tout à apprendre et qui doit être menée par la main. Elle était orientée pour donner l'assaut à Armenohor. Le général Diterichs s'était grandement dépensé de sa personne pour pouvoir tout régler dans les moindres détails ; il s'était tellement dépensé qu'un accès de fièvre très violent le prit, le soir du 2 ; il dura plusieurs jours.

Ce n'est pas sans en ressentir profondément les effets qu'une troupe subit le régime d'autorité absolue des Tsars. L'éducation nationale s'était révélée dans un ordre où le Chef avait réglé tous les détails ; elle se révéla, le 3, d'une autre manière. On demeura inerte, à attendre des ordres que le Chef malade ne pouvait donner.

Le front se stabilise donc momentanément à Armenohor, de sorte que, pour maintenir la liaison, la division Baston refuse sa gauche, jusqu'à ce que, intervenant de ma personne, dans la journée, je pousse le 2e *bis* de zouaves jusqu'à Kalendir.

La division Sicre atteint avec son centre Klbusnica, pendant que sa droite reste liée aux Russes à Armenohor et sa gauche à la brigade Boblet qui, en montagne, dans un pays difficile, ne peut se mouvoir que lentement. Si les mouvements d'infanterie sont lents, ceux de l'artillerie réclament plus de temps encore.

Cependant, malgré toutes ces lenteurs, le 4 octobre au matin, la ligne de combat d'infanterie avait gagné quinze kilomètres depuis la veille.

Malheureusement, cette ligne de combat ne pouvait avoir de force offensive parce que, l'artillerie étant demeurée en arrière, il avait été raisonnable de ne pousser en avant que des éléments très légers sur lesquels le canon bulgare, qui avait ses observations en montagne, ne pouvait accomplir d'effets destructeurs. La plaine est faite de sable et les ruisseaux sont larges et vaseux, les ponts et ponceaux ont été détruits, les batteries lourdes ennemies rendent la plaine impraticable aux masses.

Sakulevo.

Le grand pont de Sakulevo a été détruit ; je fais prévenir le général Cauboue d'accourir avec ses sapeurs, il le fait sans retard, des travailleurs serbes se joignent à lui.

Il est établi une rampe pour descendre dans le fond du thalweg, un ponceau de circonstance pour franchir le ruisseau, une autre rampe pour remonter à la route ; le soir du 3 octobre, le canon de 75 pourra passer la Sakuleva ; le soir du 4 octobre, le canon lourd la franchira à son tour.

Grâce à ce passage de circonstance, l'armée pourra agir sans que le pont de la Sakuleva soit rétabli ; on gagne ainsi plusieurs jours.

Le général Cauboue se fait, une fois encore, chef de chantier ; il se multiplie, mais cela ne lui donne pas les effectifs de sapeurs dont l'armée a besoin.

Sous le couvert des patrouilles du 2ᵉ R. M. A., je passe l'après-midi du 3 octobre sur la hauteur 629, au nord-ouest de Sakulevo ; j'ai auprès de moi le colonel Curie, qui me communique les comptes rendus de ses reconnaissances, le général Dauvé, commandant l'artillerie de l'armée, qui travaille à découvrir les emplacements de l'artillerie ennemie, des officiers de mon état-major, qui portent mes ordres et m'instruisent des mouvements effectués par mes troupes.

L'endroit est malsain, car les obus pleuvent.

Le commandant Denain vient à moi, sonder la situation et chercher un terrain d'atterrissage le plus en avant possible. Comme je manifeste l'espérance d'un bond prochain plus au nord, j'encourage mon Chef de l'aviation à pousser le mordant jusqu'à l'imprudence ; il y a, immédiatement au sud-ouest de Sakulevo, un excellent terrain pour l'atterrissage et le camp d'aviation, c'est là qu'on installera les avions de l'armée.

Cet emplacement est à bonne portée de la grosse artillerie ennemie ; le canon le prendra sous son feu, il y causera des dégâts ; il faudra déguerpir pour aller se mettre auprès de Florina (est de la côte 636).

Je suis coupable de l'imprudence commise, de l'excès de mordant; mais le commandant Denain ne s'était pas plaint à moi d'être trop près de l'ennemi; lui aussi, comme ses braves subordonnés, ne manquait pas de mordant.

De la hauteur 629, on découvrait le gros village de Kenali, perdu dans les arbres ; la station de Kenali, devant laquelle nos patrouilles avancées faisaient le coup de feu ; un autre village, ou plutôt un groupe d'arbres élevés et des toits : c'était Negocani, où d'autres patrouilles étaient aux prises avec l'ennemi. On voyait, plus vers l'ouest, la Baba-

Stara Nerecka, qui ferme de ce côté la plaine macédonienne, et la hauteur de Dragos, où l'on distinguait des tranchées. Dans le lointain, au pied d'une montagne, une multitude de clochetons, de mosquées, signalaient Monastir, la Bitolj des Serbes. Vers l'est, l'arête qui marque le versant sud de la Sakuleva masquait quelque peu le terrain ; c'est sur cette arête que les patrouilles serbes s'étaient arrêtées, faisant le coup de feu avec un ennemi retranché de l'autre côté de la Cerna.

Dans la journée, le général Michicht venait s'installer à Sakulevo, sous le canon lui aussi, et m'envoyait un officier en liaison.

Les deux Chefs d'armée sont au contact, les patrouilles font le coup de feu avec l'ennemi. Artillerie, aviation étudient le nouveau champ de bataille. Ce ne sont pas les ordres qui entraînent des retards dans la marche en avant.

Mais la division Sicre (formée provisoirement de la brigade Quais et du 35e colonial) pousse de l'avant. Elle enlève le monastère de San-Marco, Kladerop, Klestina et déborde vers l'est, couvrant de ses patrouilles le secteur de la division Diterichs.

La division Leblois (formée provisoirement de Boblet et Salle) poussait des patrouilles fortement appuyées de gros d'infanterie vers Buf, la hauteur 1906 et le ruisseau German, dans les journées des 3 et 4 octobre. Elle signalait l'existence d'une ligne continue de tranchées.

Nous connaissions quelque peu cette position bulgare ; M. Berne-Lagarde m'en avait parlé à Kozani. Elle bordait la frontière grecque, nos ennemis l'avaient construite pendant que le général Sarrail s'immobilisait dans l'inaction à Salonique.

Pendant la journée du 4, l'artillerie s'installe.

Le 5, au matin, je montais en avion pour survoler les positions ennemies ; mon inspection me convainquit plus que jamais que c'est par la montagne qu'on ferait tomber la plaine. Je communiquai cette opinion au général Michicht, c'était aussi la sienne.

Dépeupler de soldats et de canons la plaine pour en peupler la montagne fut la tactique que les deux Commandants d'armée estimèrent d'un commun accord comme devant donner le succès.

Pendant que l'artillerie avançait péniblement, l'infanterie ne restait pas inactive ; le 2ᵉ R. M. A., soutenu par le groupe de 75 qui l'avait accompagé à Sakulevo, la veille, s'emparait de la station de Kenali, le 4 octobre au soir, et, toujours aidé par le 75, il cherchait à déboucher de la station pour entrer dans le village, dont notre canon battait la lisière.

Les Serbes tambourinent leur entrée dans Kenali.

Un agent de liaison serbe arrive au P. C. et demande que le 75 cesse son tir : « Il envoie ses obus sur les Serbes, qui sont maîtres de Kenali », nous dit-il.

La nouvelle de la prise de Kenali par les Serbes est téléphonée par eux à Salonique; on a une occasion superbe de crier contre l'armée française « qui ne fait rien », un communiqué triomphant est lancé de par le monde, provoquant de l'allégresse à Paris.

Je suis à la cote 629, mes jumelles sondent le terrain, je fais voir à l'officier de liaison du voïévode des points de chute de projectiles bulgares dont le coup de départ est certainement l'arrière immédiat de Kenali ; mais il faut évidemment croire les comptes rendus envoyés de la première ligne serbe et non pas ceux que les zouaves adressent de la station de Kenali ; on cesse le feu, et on se prépare à un nouveau bond en avant.

Le matin du 5, le Commandant de la brigade de droite de la division Baston, qui avait été de sa personne, au prix des plus grands dangers, jusqu'à la station de Kenali, faisait savoir qu'il y a loin de la coupe aux lèvres. Je montai alors en avion pour acquérir nettement la conviction que Kenali n'était pas à nous, mais serait dur à prendre.

A peine étais-je descendu d'avion au parc de Sakulevo, que le canon de 13 cent⁵ bulgare se mit à chercher le parc. Les projectiles tapent un peu partout autour, un obus fait quelques dégâts ; si, au lieu d'agir en aveugle, cette batterie de 13 cent⁵ avait employé un avion à la direction de son tir, c'en était fait des appareils de l'armée.

Il fallut déguerpir au plus tôt et se reporter en arrière.

Le général Diterichs avait enfin été tiré de l'inertie à laquelle la fièvre l'avait condamné ; avec ou sans lui, sa division s'était mise en mouvement ; le soir du 4, elle enlevait Negocani et, pendant toute la nuit du 4 au 5, le 3ᵉ régiment russe y avait combattu, souvent à la baïonnette, pour repousser les contre-attaques des Bulgares, qui voulaient reprendre ce village, dont l'importance tactique était grande.

Dans la matinée du 5, on tient les débouchés nord de Negocani, et on se propose de forcer le passage de la Rakova, avec le 2ᵉ *bis* de zouaves et un régiment russe.

Il faut reconnaître le terrain, préparer l'action

des batteries ; le Général russe est trop malade pour agir de sa personne, mais son Chef d'état-major le remplacera.

Un des défauts de l'armée russe est dans le nombre considérable d'aides donnés au Commandement.

Il fait jour quand les Russes, le lieutenant-colonel Dechizelle, le commandant Gerhardstein, des interprètes passent dans la plaine qui est entre Klestina, où est l'état-major russe, Kalenik, où campe le 2° *bis* de zouaves, et Negocani.

Du haut de la montagne, des observateurs bulgares voient ces groupes d'officiers s'enfourner dans Negocani, les obus bulgares arrivent en trombe sur la localité.

Dechizelle tué.

Le lieutenant-colonel Dechizelle, du 2° *bis* de zouaves, le Colonel russe, d'autres officiers russes et des interprètes sont tués ou blessés, le commandant Gerhardstein est parmi les blessés.

Dechizelle était un officier de haute valeur intellectuelle, un Chef ayant beaucoup d'ascendant sur son brillant régiment ; il était bien fait pour galvaniser les Russes et exciter leur émulation ; il entretenait les meilleurs rapports avec le général Diterichs ; ce fut une grande perte pour l'armée.

Je l'avais vu, la veille, à Kalenik, en compagnie du brave commandant Gaussot, mon ancien Chef d'état-major d'Alsace, nous avions discuté ensemble sur l'importance qu'il y avait à déboucher de Negocani. Au cours de la conversation, il m'avait raconté notamment ce qu'avait fait son beau-frère, le docteur Dammartin, médecin principal de la 3° division, quand, après mes blessures à Saint-

Thomas, un moment de démoralisation s'était manifesté chez mes subordonnés, le 15 septembre 1914.

« Le général Cordonier ne recule jamais, que dirait-il s'il vous voyait », s'était-il écrié en barrant la route aux hommes trop émus ; et il avait arrêté un commencement de panique.

Dechizelle me présentait ainsi à son 2ᵉ *bis* de zouaves, il contribuait de la sorte à donner confiance dans leur Chef d'armée à ses intrépides guerriers.

Le 7 octobre, comme je passais à Kalenik, je me rendis au cimetière ; un Pope disait les prières sur la tombe des officiers russes, à côté je m'agenouillai sur celle de Dechizelle, demandant pardon d'avoir poussé à redoubler d'activité un héros qui n'avait pas besoin d'y être excité.

Ce que coûte un fils prêtre.

Gaussot avait pris, à la mort de son Colonel, le commandement du 2ᵉ *bis* de zouaves. Tout le désignait pour cela : son ancienneté de service, ses qualités d'officier d'état-major, l'habileté avec laquelle il commandait son bataillon ; rien ne pouvait, à Salonique, lui faire primer un favori.

Dans la famille Gaussot, on cumule les religions. On y a la religion du Christ : un fils est prêtre ; on y a la religion de la Patrie, un fils dort de son glorieux sommeil sous une croix de bois, en Champagne.

Et, parce qu'il a eu le malheur d'avoir été dans l'armée Sarrail, dans la division Leblois, sa carrière a été limitée. C'est en partant en retraite seulement que les étoiles de brigadier lui ont été données. Il méritait de porter les plumes blanches.

Décidément, mon livre était à écrire pour dévoiler de tels faits.

Dans la démence.

Dans la journée du 5, le général Sarrail poussa l'agitation jusqu'à la démence.

A mon P. C. de la côte 629, un télégramme, n° 410/3, m'est remis ; il est ainsi conçu :

« Ennemi paraît faire tête sur la ligne Kenali-Boucle de la Cerna. Les armées l'attaqueront dès demain 6 octobre, avec la plus grande énergie pour profiter de la dépression morale que le repli a pu amener chez lui et affaiblissement des derniers combats.

« En hâtant retraite ennemi, on empêchera opérer évacuation de Monastir sur Prilep et recevoir renforts ; il ne faut pas qu'il se retire de son plein gré ; une retraite de cette nature ne lui cause aucun mal ; seulement retraite forcée par pression violente et sans répit donnera résultats désirables. »

Signé : SARRAIL.

Chapitre XV

VERS LE DÉNOUEMENT

Mon beau-frère est-il empoisonné ?

La dernière victoire n'avait rien appris à celui qui ne pouvait rien apprendre.

On était le 5 au soir, et le 6 il y aurait à attaquer. On venait de se convaincre des résultats obtenus par une pression en montagne et c'est par la plaine que l'assaut serait donné.

Je mis l'ordre dans ma poche, décidé à envoyer tout promener. J'aimais mieux rentrer en France que servir sous les ordres d'un dément.

L'automobile continua à rouler vers Eksisu, mais bientôt mon beau-frère, qui était assis à côté de moi, se trouva mal.

On l'avait empoisonné.

Il fut pris de fortes douleurs d'entrailles, il ne put continuer à supporter les cahots de la voiture.

La voiture fut arrêtée ; Febvrél fut étendu par terre, sur le dos ; je le frictionnai, mais il pensa mourir.

Après une demi-heure de soins, il fut hissé dans l'automobile et, lentement, nous gagnâmes Eksisu, où un médecin entreprit le malade.

On avait à combattre, sur ce front des Balkans, toutes sortes d'ennemis.

A mon arrivée à Eksisu, encore un nouvel ordre me fut communiqué :

Des ordres et contre-ordres.

Salonique, le 5 octobre 1916, 18 h. 45.

*Le Général Sarrail, commandant les A. A.,
à Général commandant l'A. F. O.*

(Urgent.)

« En raison de la relève des troupes serbes par troupes françaises visée par ordre 407/3 du 4 octobre, date attaque mentionnée dans ordre 410/3 du 5 octobre est changée.

« L'armée française devra être prête, à partir du 8 octobre, au matin. »

Signé : SARRAIL.

« Téléphonez à Baston et à Dauvé que l'attaque est remise », dis-je à Jacquemot.

Et je rentrai veiller mon beau-frère, convaincu que la machine à contre-ordres n'était pas au bout de ses travaux.

(Urgent.)

Salonique, 170/3, 5-10-16, 22 h. 30.

Général Sarrail à Général Cordonnier,
N° 415/3.

« Sur demande expresse Commandement serbe et pour brusquer dénouement possible, prescriptions Note 407/3 du 4 octobre relative à relève troupes serbes par troupes françaises, entre voie ferrée et chemin Rahmanli-Bukri, sont abrogées.

« En conséquence, pour raisons indiquées dans ordre 411/3 du 5 octobre, et contrairement à prescriptions ordre 412/3 du 5 octobre, attaque aura lieu 6 octobre et non 8 octobre. Attaque sera déclenchée sur tout le front avec la plus grande vigueur. Je compte sur vous. »

Signé : SARRAIL.

C'est au milieu de la nuit que pareille chose arrivait.

Je prescrivis au colonel Jacquemot de transmettre avec l'en-tête : « Le général Sarrail écrit », et de fixer à 14 heures l'attaque ordonnée pour le lendemain.

Le 6, au matin, des préoccupations d'un autre ordre survinrent.

On réclame contre Leblois.

Il y avait eu plainte du général Quais contre le général Leblois, plainte du général Leblois contre le général Quais. Il y eut plainte du sous-intendant Théodore contre le général Leblois et son Chef d'état-major qui le traitaient comme un valet.

Après la prise de Florina, pour exciter l'émulation du Commandant de la 57° division, j'avais écrit à Leblois que la division Baston et les Russes s'étaient couverts de gloire à la Malareka et le 176° à Florina, je lui exprimais l'espoir que tous les lauriers ne seraient pas pour les mêmes et que ce serait la 57° division qui prendrait Monastir.

Or, j'étais loin de m'attendre à pareille chose, le général Leblois, dont on a vu le rôle plus haut, prétendait être le vainqueur de Florina.

Leblois réclame contre moi.

Le 6, au matin, j'eus à annoter une réclamation que le général Leblois adressait à Salonique contre moi.

Je rappelai le sommeil de Leblois et l'ordre gardé en poche, je signalai l'inertie du Commandant de la 57° division devant Florina, son inhabileté à faire parvenir aux Russes leur convoi, le rappel du 371° d'Armensko et les conséquences sanglantes qui en furent le résultat.

Au moment où je rédigeais cette lettre, le commandant Hérard, de l'état-major de Salonique, était à mon Q. G. Ce Commandant était en bons termes avec le général Sarrail ; j'en profitai pour lui dire que le général Leblois ne pouvait continuer à commander sa division et que le conserver là où il était serait s'exposer à de nouveaux contre-temps, peut-être à des échecs ; d'autre part, on serait amené à prendre, un jour ou l'autre, une mesure désagréable à son sujet, je regretterais beaucoup d'en venir là. Au contraire, si le général Leblois était appelé à Salonique, il pourrait y être utilement employé pour les affaires de coordination des débarquements, d'envois aux armées, d'instruction des troupes... Je demandai au commandant Hérard de parler de cela au général Sarrail, pour le déterminer à prendre une mesure qui ferait l'affaire de tout le monde.

Je ne cherchais donc pas la mort du pécheur, je tendais à concilier le service avec les possibilités de rendement du général Leblois.

Je n'ai pas vu le commandant Hérard depuis cet entretien, je ne sais s'il s'est acquitté de cette mission, ni comment les choses se sont passées.

L'attaque du 6 octobre.

J'avais reçu l'ordre d'attaquer le 6 octobre, mais l'heure de l'attaque avait été laissée à mon initiative. J'avais fixé l'heure de cette attaque à quatorze heures, pour donner aux Commandants des divisions le temps indispensable pour faire leurs préparatifs.

Le général Baston, dont l'artillerie était en place, put commencer de bonne heure sa préparation, mais il n'y avait pas grand fond à faire sur lui, parce que sa division était étalée sur un grand front et que deux de ses régiments — 1ᵉʳ et 2ᵉ R. M. A. — étaient maintenant à l'état de squelettes.

Tout semblait avoir été compliqué à plaisir, dans cette armée d'Orient. Il y avait des régiments d'infanterie, des régiments de zouaves, des régiments de marche d'Afrique, des régiments coloniaux, un bataillon de Légion, incorporé dans le 1ᵉʳ R. M. A.

On aurait pu avoir des dépôts bondés de monde et cependant ne pouvoir combler de gros déficits existant dans un corps.

C'est ainsi qu'au dépôt, il fallait classer les ressources par catégories et n'affecter une des ressources existantes qu'à la catégorie correspondante.

Au 1er R. M. A., on ne pouvait affecter un zouave et, au premier bataillon de ce régiment, il ne pouvait être attribué qu'un légionnaire.

Quand un homme de renfort arrivait de France, il fallait le placer au dépôt, puis l'expédier, par étapes, sur le front, pour une unité de sa catégorie. Il n'était rien venu, de France, pour la Légion ni pour les R. M. A., de sorte que le général Baston avait des effectifs dérisoires.

A onze heures du matin, j'avais vu le général Baston, le général Dauvé ; je me rencontrai avec le général Diterichs. Il était d'assez mauvaise humeur et se plaignait de n'avoir encore qu'une pièce de 155 court en place, sur les huit qui lui avaient été attribuées. Il me demanda de reporter l'heure de l'attaque, pour ses troupes, à 17 h. 45, chose que je lui accordai immédiatement.

Je me rendis ensuite à Petka, auprès du général Sicre ; je l'invitai à retarder son attaque jusqu'à 17 h. 45, pour agir en liaison avec les Russes.

J'avais accédé d'autant plus volontiers à la demande du général russe que, déjà, j'avais constaté que les Serbes ne feraient rien contre Kenali.

Le voïévode Michicht persistait dans son intention d'agir par la montagne et, soit que le prince de Serbie y eût adhéré, soit que le voïévode eût agi à son gré sans faire connaître ses intentions, tout l'effort de l'artillerie serbe se produisait vers la boucle de la Cerna. Nous avions échangé nos idées à ce sujet et nous étions tout à fait d'accord pour désirer l'effort par la montagne et ne faire, en plaine, que des démonstrations ; mais, devant les ordres formels que j'avais reçus, il me fallait attaquer dans le secteur compris entre la voie ferrée et Velusina.

Le voïévode laissa silencieuse la plaine à ma droite. Dans ces conditions, les chances de réussite de la division Baston, déjà faibles, disparaissaient complètement.

Quand les choses sont déjà si compliquées, arrive un ordre motivé par les plaintes de Leblois qui n'aime pas être isolé à Armensko : « La 57° division sera reconstituée », télégraphie Salonique.

Les Serbes avaient fait connaître à l'Europe entière que Kenali était entre leurs mains ; mais Kenali était encore à prendre et, comme le morceau était dur, on reportait vers l'est la ligne de séparation des armées, de manière à mettre Kenali dans le secteur français.

On attaqua, le 6, sans préparation puisque le matériel n'était même pas en place.

C'est ainsi qu'une batterie de 155 court, vers seize heures, au moment où elle suivait le chemin de Florina à Petka et passait à hauteur de Bitusa, fut prise sous le feu ennemi. Pour arriver à temps, elle avait forcé l'allure et crevé cinq chevaux ; ce fut en vain : sous les projectiles ennemis, des hommes avaient été blessés, et les chevaux demeurés indemnes brisèrent leurs traits et s'enfuirent de toutes parts.

J'ai vu, à dix-neuf heures, les pièces sur la route et les conducteurs attendre la nuit pour réatteler leur matériel.

Dans ce chemin, au sol mou, il fallait des efforts considérables pour avancer quelque peu. Il y a des choses auxquelles il n'y a qu'à se soumettre ;

puisque le terrain ne se prêtait pas à un mouvement rapide de l'artillerie lourde, il fallait reculer la date de l'attaque.

La division Baston ne subit pas de pertes importantes parce que les unités d'attaque, occupant un grand front avec un faible effectif, ne firent, pour sortir de leurs tranchées, que des efforts aussitôt annihilés par le feu de l'artillerie et des mitrailleuses ennemies.

Le général Sicre parvint, avec le 35ᵉ colonial, jusqu'aux fils de fer ennemis, mais les réseaux étaient encore impénétrables ; le régiment perdit 180 hommes.

Les Russes et le 2ᵉ *bis* de zouaves laissèrent 600 hommes sur le terrain, dans une attaque vigoureusement menée qui les conduisit jusqu'aux fils de fer ennemis. Les Bulgares envoyèrent pendant la nuit, des patrouilles pour achever les blessés russes.

En montagne, le 372ᵉ enlevait le village de Kisovo ; le 235ᵉ échouait dans une tentative qui avait pour objet de s'emparer de la hauteur 1906 où les Bulgares avaient établi un fortin.

Le 176ᵉ éprouvait un échec au monastère situé sur la hauteur de la rive droite du ruisseau de Rembi ; il était chassé de ce monastère par une forte attaque bulgare appuyée par le canon. Pendant la nuit, ce vaillant régiment reprend le monastère, grâce à une vigoureuse attaque à la baïonnette.

Il y avait eu bataille sur tout le front, bataille qui coûta du sang mais qui, engagée prématurément, ne pouvait donner le succès, ainsi qu'il avait été facile de le prévoir.

Pour enlever une position protégée par des tranchées et des fils de fer, il faut du canon et du temps. J'avais dû obéir, j'avais réclamé du temps et du canon, mon devoir avait été rempli, mais mon âme demeurait bien triste.

Le 7 octobre 1916 est employé à se terrer là où l'offensive a pu parvenir et a dû s'arrêter, pendant que l'artillerie, continuant ses tirs de la veille, mais avec modération dans la dépense des munitions, maintenait l'ennemi sous la menace d'une attaque.

L'artillerie bulgare devint aphone.

En montagne, la progression se poursuit jusqu'au moment où nos troupes se heurtent à une position fortement organisée, qu'il faudrait d'abord battre en brèche avec une artillerie que nous ne possédons pas pour le moment. Il faudrait exécuter des travaux de route, exécuter des manœuvres de force, choses qui réclament du temps. Puisque ce temps n'est pas accordé, puisque c'est Salonique qui commande, on se bat en plaine, on s'y fait tuer.

Les Russes réclament contre Sarrail.

Le 7 octobre, au matin, un planton russe me remet la lettre ci-dessous :

DIVISION FRANCO-RUSSE
 Etat-Major
  N° 49

    Florina, le 6 octobre 1916.

   Le Général Diterichs, commandant la division franco-russe, au Général Cordonnier, commandant l'armée française d'Orient.

« D'accord avec votre ordre, les instructions sont données pour l'attaque et vous pouvez être sûr que les troupes de la division qui m'est confiée feront tout ce qui est dans leurs moyens.

« Je proteste, pour la seconde fois, contre les conditions de conduire les attaques des positions fortifiées ennemies, ayant place sur le front de Salonique.

« La première fois, une attaque m'a coûté 650 hommes hors de combat, d'un seul de mes régiments, qui était le seul à attaquer le 24 septembre, jour désigné pour une attaque générale de toute l'armée.

« Cette attaque, dans l'ensemble, n'a donné aucun résultat important.

« Le 4 octobre, nous sommes rentrés en contact avec l'ennemi installé sur des positions préparées à l'avance, fortifiées par des réseaux de fils de fer.

« Aujourd'hui, 6 octobre, à 4 h. 50 du matin, j'ai reçu l'ordre d'attaquer cette position aujourd'hui même, à quatorze heures.

« La manœuvre d'approche vers l'ennemi, le 5 octobre, à un kilomètre, sans soutien d'artillerie lourde, m'a coûté 14 officiers, dans le nombre duquel rentre le personnel français de deux états-majors de régiment, et 200 hommes de troupe mis hors de combat par l'artillerie lourde et légère de l'ennemi.

« Il n'existe pas, à l'armée, de renseignements sur le système de défense de l'ennemi, et nous n'avons pas eu le temps de les étudier.

« Je ne puis pas compter sur l'aide efficace de l'artillerie lourde puisque mes 155, du modèle 1879, avec des munitions insuffisantes, ne se sont mis en position que cette nuit et n'ont pas eu le temps d'étudier les buts, organiser la liaison avec l'infanterie et les points d'observations. L'artillerie légère, en raison de la distance que la sépare des positions ennemies et du terrain découvert et plat de six kilomètres, entre nous et l'ennemi, n'arrivera pas à donner un tir efficace.

« Je ne possède pas une artillerie moderne et à longue portée. L'infanterie marche à l'attaque sans avoir étudié en détail les positions de l'ennemi et sans s'en être suffisamment rapprochée, sans cisailles, sans moyens de destruction du réseau de fils de fer, sans grenades à main, puisque je n'ai reçu rien de tout cela, et même sans sacs à terre, ceux qui m'ont été envoyés, le 4 octobre, n'étant pas cousus.

« Les attaques, dans ces conditions, amènent normalement un échec, et les bonnes troupes s'habituent petit à petit à ce résultat, ce qui les démoralise et les prive, par la suite, des moyens d'agir activement.

« Dans le cas même où, avec de grandes pertes, les troupes obtiennent un résultat, celui-ci n'est jamais qu'inappréciable et n'a aucune influence sur le développement intensif des opérations. »

Signé : DITERICHS.

« P.-S. — La copie de cette lettre est envoyée par moi à Pétrograd et au Quartier Général. »

Je fis venir le général Diterichs, j'essayai de lui faire comprendre combien il était mauvais de mêler les Gouvernements à ces affaires, mais il me dit qu'il savait bien que ces attaques hâtives m'étaient imposées, qu'il l'avait bien vu notamment dans l'entretien de la station de Baniça où le général Sarrail avait imposé une date d'attaque prématurée, et que ce n'est qu'en en saisissant le

Gouvernement qu'on arriverait à faire cesser ces massacres inutiles.

Les exemplaires de cette lettre destinés à son Gouvernement et au général Sarrail étaient partis, il ne pouvait satisfaire à mon désir de retirer cette lettre, dont l'envoi lui paraissait nécessaire.

Il ne pouvait être blâmé, ce Chef russe ; il avait réclamé, mais après avoir obéi.

Je transmis copie de la lettre du Général russe, en expliquant combien la responsabilité du général Leblois était impliquée dans l'échec d'Armensko. Je fis ressortir que, si les Russes avaient manqué du temps nécessaire pour faire une préparation convenable, la responsabilité en incombait entièrement aux ordres venus de Salonique.

Le 8 octobre, j'étais de bonne heure à mon observatoire de la côte 629. Le général Baston me rendit compte d'un gain de 200 mètres fait dans la nuit, et des travaux d'organisation du terrain. J'appris que les Russes avaient eu à repousser de fortes reconnaissances, qu'ils qualifièrent de contre-attaques.

Le général Sicre avait tenté d'enlever à la grenade les tranchées dont il s'était approché la veille, mais sans y parvenir.

Cependant, dans la soirée, il espérait non seulement prendre les tranchées ennemies, mais encore s'emparer de 100 à 150 Bulgares.

En effet, pendant la nuit du 7 au 8, trois Bulgares avaient déserté et pénétré dans nos lignes après avoir fait signe de ne pas tirer sur eux ; un de ceux-là parlait à peu près français. Son Capitaine lui avait promis deux cents francs s'il lui procurait, à lui et à la compagnie, les moyens de passer dans nos lignes sans que nous leur tirions dessus.

Les trois hommes furent bien accueillis, bien restaurés et laissés libres de retourner dans leurs tranchées.

L'affaire ne réussit point. En effet, quelqu'un de la compagnie vendit ses camarades ; des Allemands survinrent, le Capitaine fut arrêté, ainsi qu'un des soldats venus chez nous ; les deux autres, se voyant menacés, escaladèrent leurs tranchées pour déserter. L'un d'eux tomba sous la fusillade qui salua leur départ, un seul put parvenir jusqu'à nous et expliquer l'échec de la désertion.

Il s'en fallut donc de peu que nous réussîmes à faire tomber les lignes de Kenali, car, si nous avions pu nous introduire sur 200 mètres de front dans les tranchées qui se trouvaient sur les pentes qui dominaient la plaine, nous aurions pris à revers la ligne ennemie.

Le prince Alexandre de Serbie.

Le 9 octobre 1916, le prince Alexandre de Serbie passe à Florina ; il m'honore de sa visite. Pendant une demi-heure de tête-à-tête, nous parlons de la situation morale et tactique de l'armée, chose que je n'ai pu faire pendant une minute avec Sarrail. Le prince a dû s'étonner de certaines réticences de ma part, une demande était sur mes lèvres, que tous mes efforts réunis seuls ne laissèrent pas échapper : celle de lui voir me prendre sous ses ordres.

Quel orage se serait élevé à Salonique, si mes lèvres ne s'étaient pas tenues fermées ! Mais il y avait les Anglais, les Gouvernements peut-être. Cependant, il était militaire de dire: « Deux armées coopèrent en liaison, un Chef unique est nécessaire ; faute d'un Chef unique, l'armée secondaire passe aux ordres du Chef de l'armée principale. »

Les bergers de mon armée.

Le 10, de bonne heure, avec Febvrel, je pars pour Pisoderi et le lac de Prespa, avec quelques croix de guerre en poche.

Au delà du col de Pisoderi, un vaste panorama s'offrit à mes yeux : pays boisé, lacs argentés sous le soleil, collines vosgiennes à mes pieds, montagnes alpines dans le lointain. Je ne comprenais pas que Sulpicius ait quitté un pays aussi enchanteur pour aller à la conquête de l'affreuse plaine de Kenali. Il est vraisemblable que la région d'Héraclée n'avait pas alors l'horreur qui distingue la plaine de Kenali.

Sur les coteaux qui bordaient la route que parcourait l'automobile, paîssaient d'innombrables troupeaux de vaches et de moutons que gardaient les bergers de France, vêtus de bleu-horizon ; ils avaient la canne à la main et le fusil à l'épaule, et généralement la fièvre dans tout leur être ; c'étaient les demi-malades que les Colonels élevaient au grade de berger.

Nous avions râflé les troupeaux de l'armée bulgare ; faute de pain et de légumes en abondance, les soldats se nourrissaient de gigots. Le lieutenant-colonel Vicq, du 235ᵉ, avait des troupeaux qu'il avait ramassés en coupant la retraite des Bulgares à Bigla, en si grande quantité qu'il m'affirmait pouvoir nourrir son régiment pendant plusieurs semaines. Nous avons eu grains, vins, légumes, bétail gratis ; les Bulgares étaient des pères pour nos soldats quand les coups de fusil avaient fait vibrer leurs fibres paternelles. Quel démenti cela donnait à ceux qui prétendaient que nos adversaires souffraient de la faim ! A Florina, lors de mon arrivée, on payait un poulet dix sous, et cependant la drachme faisait prime.

Mes héros.

Arrivé à Zelova, où m'attendaient des chevaux, je quittai ma Ford pour me diriger sur Popli.

Là, je revis le bataillon Simonnet ; le Commandant me signala le héros qui était entré le premier dans le monastère de Florina. Il reçut la croix de guerre et l'accolade de son Chef d'armée.

On forma le cercle autour de moi, on me fit le récit de la prise du monastère, de l'assaut à Florina, de la course à travers les rues de la ville. Ils en avaient montré, du mordant, ces braves gens ! Je bavardais avec eux ; on parlait tous à la fois. Dieu ! que c'était bon !

J'eus la bizarre idée de vouloir donner une croix de guerre à l'élection dans chacune des compagnies. A l'unanimité, les soldats désignèrent le Capitaine comme ayant fait preuve de la plus grande bravoure. Je remis cette croix à plus tard, sur état de proposition. Je n'avais que six croix de guerre : elles furent remises, séance tenante, aux soldats désignés comme s'étant montrés les plus braves.

Pour honorer tous les mérites, il m'eut fallu une croix de guerre pour chacun.

Les Bulgares rendent les honneurs.

Je déjeunai à Strkovo avec le colonel Salle, qui me servit du gigot offert par les Bulgares. Puis, gagnant le front, accompagné de nombreux officiers, j'étudiai comment forcer le front ennemi. Un obus siffla au-dessus de nos têtes ; il alla tomber à quelques pas plus loin dans le ravin ; un autre lui succéda. Ils n'étaient pas prodigues de leurs obus et de leurs pièces, nos ennemis, car nous pûmes, avec la dignité de Bossuet, sans hâte, nous porter ailleurs sans dommages.

Ma reconnaissance me laissa la conviction qu'il suffirait d'une huitaine pour amener, près du lac de Prespa, les canons qui feraient brèche et ouvriraient passage au 176°.

J'aurais eu une grande supériorité sur l'ennemi dans cette course au point d'attaque, puisque je disposais de la route de Pisoderi pour faire mes rocades.

C'est un « bouchon » que le « dieu de la guerre », qui opérait sous l'œil des dieux, voulait mettre à Pisoderi. « Vous avez un avantage, privez-vous-en, d'abord », aurait-il pu dire.

A mon retour, je trouvai une plainte du général Quais, que l'ordre venu de Salonique replaçait sous la tyrannie de Leblois. Un ordre, venu de Salonique, ordonnait de renouveler la malencontreuse attaque en plaine qui avait échoué le 6 octobre. Une faible chance de succès existait, cette fois : nous allions disposer d'obus asphyxiants.

Le jour ordonné fut le 13 ; mes subordonnés protestèrent. J'allai voir le voïévode Michicht, pendant que Jacquemot, venu à mon P. C., emportait la minute de l'ordre pour en faire l'expédition et en régler les détails d'exécution ; je lui parlai de cet ordre ; il ne me cacha pas que, pour lui, c'est dans la montagne que se gagnerait la bataille.

Un réglage minutieux fut commencé ; le général Dauvé monta lui-même en avion pour voir ce que, des observatoires terrestres, on ne pouvait découvrir. Des photographies nous parvinrent, mais après la bataille, car les « jardiniers » de Salonique ne prévoyaient jamais rien.

Par M. Réquin, agent de liaison de Joffre, j'apprends, le 12, qu'une brigade coloniale m'est enlevée et passée aux Serbes. Le commandant Réquin s'étonne que je n'en sache rien ; il y a, me dit-il, violation de mes droits, violation des intentions du G. Q. G.

Jacquemot « ramassé ».

Jacquemot ne comprend pas que, le 11, on écrive : « Il faut que la prochaine attaque réussisse à nous rendre maîtres de Monastir et nous permette de progresser vers le nord », et que, le 12, le même Général enlève à l'armée d'attaque la seule brigade d'infanterie fraîche dont elle dispose, et crie encore plus fort.

On ne l'enlève d'ailleurs pas à mon armée, la brigade Fourcade, mais c'est pour lui donner Kenali à prendre au bénéfice des Serbes.

Il n'eut pas de chance, ce jour-là, mon Chef d'état-major. Ayant eu l'idée de rendre compte par le Hughes de l'impression que lui laissait la conversation qu'il avait eue avec le voïévode au sujet de l'entrée en secteur serbe de la brigade Fourcade, il fut « ramassé » en de tels termes qu'il déclara, tout déconfit, « qu'il ne comprenait pas qu'on ne pût attraper des réponses autrement que sur ce ton-là ».

Moi, on ne m'y vit jamais, au Hughes.

Le 13 octobre, les réglages furent vérifiés. Tout était donc employé pour le mieux. Les fautes graves étaient : un manque de conjugaison des efforts des Serbes qui visaient la Tcherna pendant que les Français visaient la plaine ; le choix de la plaine comme lieu d'attaque ; le manque de moyens suffisants pour prendre le taureau par les cornes, quand c'était prendre le taureau par les cornes que Salonique exigeait.

Le 14 octobre 1916.

Cette journée du 14 octobre est la dernière journée de bataille que j'ai vécue dans les Balkans ; c'est le dernier jour où j'ai vu Sarrail dans ses fonctions de Commandant en chef dans les Balkans.

Dès 6 h. 1/2, je suis à mon poste d'observation ; j'ai auprès de moi le général Dauvé et ses organes de liaison avec les batteries. Mes fils téléphoniques me relient avec mes subordonnés. La bataille va commencer ; nul ne croit au succès, à moins que les obus spéciaux qu'on emploie pour la première fois trouvent des ennemis sans masques et soient asphyxiants. Le bombardement par obus explosifs commence à 6 h. 1/2. A huit heures, les batteries de 75 emploient les obus toxiques ou dits tels, pendant que les deux groupes de 155 court et le groupe de 120, qui constituent toute l'artillerie lourde que nous possédons, continuent à user des obus explosifs.

Le temps est parfaitement calme, l'artillerie ennemie réagit peu.

A 11 h. 1/2, le tir des 75 à obus explosifs se substitue au précédent.

A midi, dans un bel élan, les fantassins sautent hors de leurs tranchées et courent vers les tranchées adverses.

Les ordres du Général commandant les armées d'Orient ont été strictement exécutés ; la technique de chacun s'y est largement dépensée ; nos soldats ont généreusement offert leur sang.

Les braves russes.

Le Colonel du 4ᵉ régiment russe, qui sait que de mauvais ferments règnent dans son régiment, débouche, à cheval, de Negocani, parcourt au galop le front de son régiment, parvient par un hasard extraordinaire à passer à travers les balles. Son régiment, d'un bond, se jette sur les tranchées ennemies ; en un instant, il est refoulé, laissant 600 hommes sur le terrain.

Les poilus de Baston, de Leblois, de Gérôme perdent 1.490 des leurs.

Quant aux Serbes qui attaquent sur la Tcherna, sans conviction, pour faire du bruit, puisque leur attaque ne pourra être prête que quelques semaines plus tard, perdent 110 hommes en tout.

Il n'y a de raisonnables dans ces armées d'Orient que les Chefs serbes. On n'envoie pas des soldats à la boucherie, mais à la victoire ; et on ne va à la victoire qu'après s'être donné les chances de vaincre là où l'on attaque.

Ils regardaient les champs de batailles, les officiers serbes.

Sarrail regardait Paris, suivait les intrigues de ses patrons politiques. La succession de Joffre s'ouvrait, il se portait héritier, mais était incapable de discerner la bonne voie pour prendre son « Douaumont ».

« Messieurs !... la Cour ! »

Dans cette journée du 14 octobre 1916, un train spécial partait de Salonique. Le général Sarrail, dans son wagon-salon, offrait l'hospitalité à la princesse Nana ; des invités de toutes nations prenaient place dans le train spécial, auquel la voie était laissée libre ; les blessés à évacuer pouvant attendre, évidemment. A Sorovicevo, la princesse Nana se séparait du Proconsul et allait prodiguer sa personne un peu de tous côtés. C'est ainsi qu'elle rencontra le lieutenant Lapicque, adjoint au colonel Jacquemot, et, selon son habitude de vouloir tout connaître, elle lui dit : « Eh bien ! Ces obus puants ont-ils fait de l'effet ? »

Le lieutenant ouvre des yeux étonnés, demande de quelle sorte d'obus elle veut parler. Et c'est ainsi qu'un lieutenant mangeant à ma popote et à celle de Jacquemot ne sait pas que nous allons utiliser des obus asphyxiants, alors que Jacquemot et moi nous avions confiance dans la discrétion de l'officier. Mais Nana sait tout.

Les garanties de discrétion étaient prises au front, où cependant les indiscrétions auraient eu peine à être dangereuses. Et une femme qui..., sait ce qu'on cache à nos officiers, même dans l'état-major.

Vers quinze heures : « Messieurs... la Cour. »

Je suis à mon P. C. cote 629, pas aux approches de la première ligne, mais à l'extrémité d'un tertre situé en plaine, d'où l'on découvre tout le champ de bataille, et où on est en vue de tous les observatoires ennemis.

Le 7 octobre, quand Denain a essayé d'installer un camp d'aviation près de Sakulevo, les obus bulgares l'ont obligé de replier son matériel.

Peu en avant, à l'est de Klabucista, passe un chemin que je franchis en automobile habituellement, à bonne allure. Je serai guetté au passage d'un ponceau et une rafale d'obus ne me manquera pas de beaucoup. Le P. C. n'est donc pas un lieu de conférences.

Mais le Grand Jardinier de Salonique, tout à sa politique, préoccupé de développer son talent d'orateur, arrive suivi d'une nombreuse escorte, et, ne se doutant pas du lieu où il se trouve, il se met à pérorer.

Nous étions nous-mêmes quelque peu nombreux, mais tapis derrière la crête. Quand quelque chose comme un : « Messieurs... la Cour! » retentit, nous nous levons.

Le Proconsul s'approche du sommet, je l'y devance, je l'y entraîne comme à plaisir. J'ai du mépris, je dirai même de la haine pour cet homme qui vient d'immoler à sa sottise tant de soldats, et j'aurais plaisir à voir un obus l'envoyer vers la lune, quitte à faire le voyage avec lui pour jouir plus longtemps du spectacle.

Le Proconsul est de fort mauvaise humeur. Son rêve d'entrée à Monastir, de poursuite sur Prilep, d'accès à Chantilly s'évaouit.

Il va faire la critique. Les circonstances de temps, de lieu, de prestige du Chef qu'il va chercher à atteindre, de rivalités de nation à nation, lui échappent ; il va s'essayer à montrer combien il serait grandiose à Chantilly, à l'ombre du grand Condé.

Quand on l'annonce, je fais semblant de ne pas voir arriver l'autocrate ; l'orage est dans l'air, attendons la grêle.

J'appuie mes jumelles à mes yeux — procédé que je recommande — et je m'absorbe tellement, tellement, dans l'examen des lieux, que je n'entends pas : « Voilà le général Sarrail. »

Celui-ci s'est approché, j'ai eu le temps de me fortifier contre le choc ; je fais un pas ou deux, je cogne talon contre talon, et un salut d'une régularité à faire envie à un soldat de 2° classe, accueille le Chef.

L'année même où éclata la guerre, le général Lanrezac, dont les critiques étaient un délice, tant par la forme harmonieuse, la finesse du dire, que par la qualité du fond, avait commenté une manœuvre exécutée au Camp de Sissonne par la brigade que je commandais. Il commençait par se faire nommer les lieux, les inflexions du terrain ; il prenait donc d'abord connaissance du champ de bataille, ou plutôt s'assurait du degré de connaissance que chacun avait du champ de bataille. Il donnait au Chef de parti la parole pour qu'il expliquât la situation d'origine, le but qui avait été proposé, les intentions qui avaient présidé à la manœuvre...

Le général Sarrail répond par un salut sec au salut réglementaire du subordonné. Il demande où on en est, mais c'est pour se donner le temps de tousser et de jeter un coup d'œil sur l'ensemble des autorités militaires présentes.

Il y a là un Général anglais venu par train spécial, quelques jardiniers haut galonnés formant la suite béate, le général Diterichs qui pleure ses 600 morts, le général Dauvé et ses adjoints, des Serbes, des Russes, des Généraux.

« Vous avez fait semblant d'attaquer. Vous avez brûlé un grand nombre d'obus pour rien. Vos troupes ne sont pas sorties de leurs tranchées », s'écrie le Général.

Un murmure indigné circule parmi ces officiers qui pleurent leurs hommes ; le Chef en est décontenancé ; il perd tout contrôle quand Cordonnier lui dit :

« Vous aurez, ce soir, le chiffre de nos morts, et

vous saurez alors si mes troupes sont sorties de leurs tranchées. »

Les yeux de lapin.

A ces mots, les mains s'enfoncent dans les poches jusqu'au genou, elles se mettent à battre la mesure, le rouge envahit la figure, gagne les yeux et...

...Alors apparaissent les yeux de lapin : ces yeux de lapin si drôles à voir.

J'étais sauvé, je resterais maître de moi.

La voix s'étrangle pour dire : « L'armée serbe est seule à attaquer, les autres ne font rien. »

Je suis si heureux des yeux de lapin, que je laisse un officier serbe faire une grimace d'orgueil quand on vante l'armée à laquelle il appartient, et les officiers français, qui savent que Kenali nous a été laissé la veille, parce que trop dur à prendre, hausser les épaules. Alors, je réponds :

« Vous comparerez le chiffre des morts et vous verrez qui a attaqué. »

Nous avons dit que 2.090 Français et Russes sont tombés contre 110 Serbes ; l'erreur du Chef était vraiment trop grossière.

Le Général anglais s'intéresse au dialogue. Il semble engager un pari et préparer sa mise. Il a certainement causé avec le général Milne, il sait maintenant, à n'en plus douter, que le Commandant des armées alliées n'est rien moins qu'un gentleman ; mais la chose se passe entre Généraux français, cela l'intéresse plus que ça ne le touche. Il ouvre de grands yeux étonnés, lui qui appartient à une armée où les formes de courtoisie sont toujours si respectées. Un spectacle inattendu s'offre à sa vue, il ne veut rien en perdre.

L'officier russe, qui sait que le 4e régiment a fait

preuve d'un héroïsme qui a été payé si cher qu'il n'y aura bientôt plus d'hommes capables d'attaquer à nouveau, a peine à se contenir ; il regarde alternativement l'insulteur et le témoin de l'héroïsme. Je vois combien grand est son émoi, et, d'un signe de main, je lui conseille de se calmer.

« Les Serbes ont fait 800 prisonniers et les autres personne », crie le général Sarrail, d'une voix que la colère étrangle.

« Ce ne sont pas des prisonniers, mais des déserteurs. Ce n'est pas de notre faute si nous ne parlons pas la même langue que nos ennemis », répondent les talons joints aux poches qui s'agitent et aux yeux de lapin. Ils sont adorables, ces yeux de lapin.

« Je vous dis que ce sont des prisonniers. Et puis, cela m'est égal, prisonniers ou déserteurs, c'est la même chose... »

Une main fraternelle me serre le bras pour m'exhorter à la patience. C'est mon cher Febvrel, que la douleur étreint et qui a peur qu'un mot irréparable sorte de ma bouche.

La bonne apoplexie.

Mais je n'ai que faire d'être calmé, car je vois survenir un événement qui mettra fin au martyre que subit mon armée. Il semble que tous le voient arriver, cet événement, car tous les yeux sont fixés sur un visage qui donne des signes d'une fin proche et tragique. Le rouge éclate sur la figure, les yeux semblent égarés, la gorge se refuse à laisser passer les sons, une main sort d'une poche et se porte au cou. C'est l'apoplexie qui menace, on en sent les progrès.

Les propos sont incohérents. Il est question de

liaisons, d'artillerie placée trop loin, d'aviation qui n'est pas employée, d'attaque à recommencer le lendemain, et « cette fois, il faudra attaquer... l'artillerie ne fera pas cavalier seul... ».

Tantôt une main sort de la poche pour aller à la gorge, tantôt c'est l'autre, le pourpre du visage s'accentue, la voix est éraillée, les sons deviennent inarticulés...

Loin d'avoir besoin d'être calmé, j'ai mes pensées libres. Je considère combien est ridicule cette critique en vue de l'ennemi, à bonne portée du canon ennemi. Je regarde du côté bulgare, je me demande à quoi pensent les observateurs. Un obus, même mal placé, mettrait fin à cette tragi-comédie. Je sens le besoin de me moucher, j'étale complaisamment, en faisant face à l'ennemi, un grand mouchoir blanc, je prends le temps de me moucher, je manœuvre ce mouchoir. Rien n'y fait. Les Bulgares ne voient rien. L'obus ne vient pas.

L'apoplexie ne se produit pas. L'Anglais ne voit pas le dénouement qu'il attend.

Quand les grippements sont tels que la voix ne sort plus, quand la toux et les hoquets arrêtent les paroles, le général Sarrail, la main à la gorge, fonce sur le demi-cercle, passe et s'en va.

Les armées alliées conserveront leur Chef, la Patrie continuera à être mal servie, plusieurs centaines de mille hommes payeront de leur sang l'incapacité de celui que la politique a envoyé à Salonique et que le Gouvernement de M. Briand ne pourra pas relever.

Cette scène a fixé les opinions dans mon armée. On ne m'accusera pas, désormais, de n'avoir pas résisté à des ordres qui ne pouvaient causer que des sacrifices inutiles.

CHAPITRE XVI

VERS LA FRANCE

Le commandant Réquin.

Le Général était parti, criant de recommencer l'attaque le lendemain. Des télégrammes s'échangent, l'incohérence s'accentue.

Arrive, le 15 octobre, le commandant Réquin, agent de liaison du G. Q. G., à Florina.

Il me dit combien il jugeait regrettables les paroles prononcées, devant tant d'officiers français et alliés, par le Général en chef. Il déclara dangereux les propos tenus à l'égard des troupes françaises dont les pertes, aujourd'hui connues, témoignaient de la valeur. Il trouva inadmissibles les éloges attribués aux Serbes, au moment même où ils passaient aux Français le front de Kenali dont ils avaient tambouriné la prise et qu'ils nous laissaient quand il fallait lui donner l'assaut.

« Vos droits de Chef d'armée sont méconnus. On ne vous laisse pas l'initiative qui vous revient », me dit-il.

« — Ce n'est pas à vous de le dire. Vous représentez Joffre ici ; vous savez ce qui s'y passe et vous ne rendez pas compte. Moi, je dois obéir ou rendre mon tablier. De quel effet serait mon départ en faisant claquer les portes ? Il n'y a qu'un moyen, me faire porter malade, ce moyen me répugne. »

La conversation porta alors sur certains noms ; elle peut être figurée comme suit :

Commandant Réquin. — J'entends dire fréquemment ici que de nombreux officiers sont inférieurs à leur tâche ; cela, d'ailleurs, est naturel puisque l'armée de Salonique est la seule dans laquelle on ne relève jamais d'officiers fatigués. J'ai entendu dire, à propos d'une plainte faite par le Général russe, que vous aviez affirmé que le général Leblois manquait d'activité.

Général Cordonnier. — Vous êtes le représentant du général Joffre, je vous dois, comme tel, la vérité comme je la dirais au Général lui-même ; venez chez moi. »

J'emmène le commandant Réquin dans la pièce où j'avais, à la fois, mon lit de camp et un bureau fermant à clé où je mettais les documents que je voulais soustraire à la curiosité des gens peu scrupuleux, dont le nombre était grand, à l'armée de Salonique.

Là, je lui montrai les comptes rendus que j'avais adressés au général Sarrail : faute commise le 13 septembre, en ne transmettant pas, au Colonel du 260° d'infanterie, l'ordre de se porter à Eksisu ; faute commise le 21 septembre, en retirant de la route de Florina à Armensko celui des régiments de sa division qui occupait cette route et assurait la liaison avec les Russes ; manque d'esprit offensif dans l'emploi du 176ᵉ pour débarrasser le flanc gauche de l'armée des Bulgares réguliers et irréguliers qui menaçaient nos communications ; faute de n'avoir pas su ravitailler les Russes ; incapacité dans la conduite de l'attaque de Florina ; inaction en montagne...

Commandant Réquin. — Mais cela ne mène à rien si vous vous contentez de signaler les choses sans demander au G. Q. G. le rappel du général Leblois, puisque le général Sarrail conserve, par devers lui, les comptes rendus que vous lui faites.

Général Cordonnier. — J'ai accompli mon devoir quand j'ai signalé les fautes ; le général Sarrail est seul juge, et non pas moi, de la suite à donner. Je sais que le général Leblois est son ami ; j'ai prié le commandant Hérard, de son état-major, d'insister auprès de lui pour voir s'il ne serait pas possible de trouver au général Leblois une situation à Salonique où il pourrait se rendre utile et éviter une mesure de rigueur que les événements imposeront fatalement. Je ne puis faire plus.

— Mais moi, dit le commandant Réquin, j'ai mission de renseigner le général Joffre, je n'ai pas les mêmes raisons pour m'en tenir là.

— C'est mon avis », répondis-je. « Si je vous montre des documents comme ceux-ci, ce n'est pas pour le commandant Réquin, mais pour celui qui, à mes yeux, est l'émanation, la doublure, les yeux du général Joffre. »

Le commandant Réquin monte en avion, gagne Salonique, et télégraphie à Chantilly, pour suggérer de me demander un état nominatif des officiers de mon armée qui me paraissaient inaptes à conserver leur commandement.

Des télégrammes échangés.

Ce télégramme fut envoyé, soit fort tard le 15, soit le 16 au matin ; je n'ai aucun renseignement précis à ce sujet.

Le commandant Réquin eut-il l'imprudence de parler à Salonique de ce qu'il télégraphia à Chantilly ? Son chiffre était-il connu à Salonique ? Je ne saurais le dire. Peut-être ne connut-on la démarche du commandant Réquin que par un télégramme de Joffre réclamant cet état dont Réquin suggéra la demande.

Toujours est-il que le 16 septembre, c'est-à-dire le lendemain du jour où, à Florina, je fis connaître à l'agent de liaison mon impression sur la valeur de certains officiers, le général Sarrail demanda mon retour en France.

Dans le livre : *Mon Commandement en Orient*, page 372, la teneur de cette demande est exposée *in-extenso*. On y raconte toutes sortes de choses pour affirmer que je ne veux jamais attaquer :

« En un mot, jamais forces françaises n'ont été engagées pour arriver à un résultat ; il y a toujours eu temporisation. Il est impossible que situation dure. Général Cordonnier a bravoure sous-lieutenant, haute culture intellectuelle et militaire, mais ne peut, sans être tenu en lisière, commander une armée qui ne fait pas guerre de tranchée. J'estime qu'il doit être remis à tête corps d'armée.

« Etant en opérations et vu pluie et hiver, importe ne pas perdre temps. Vous prie par suite de me notifier télégraphiquement relève commandement du général Cordonnier. Commandement armée Orient sera exercé provisoirement par géné-

ral Leblois. Vous demanderai de le titulariser dans emploi si je le juge apte. »

Il n'y a donc pas eu d'autre cause à mon départ que le télégramme Réquin, c'est-à-dire la crainte de voir le général Leblois rappelé en France. Joffre, M. Briand, ont tenté de la résistance ; des télégrammes ont été échangés pendant plusieurs jours.

Il a été enfin décidé de me donner un congé de quelques jours, en France. On enverrait le général Roques à Salonique, avec mission de relever de son commandement le général Sarrail, qu'on remplacerait par une haute personnalité, je reprendrais le commandement de mon armée.

Le 16 octobre, au matin, je quitte Florina en automobile pour gagner le camp d'aviation et examiner les photographies prises la veille ; ensuite je me dirige par la plaine, comme d'habitude, vers mon poste de commandement.

La voiture est vue de toutes parts dans cette région que dominent de près les observatoires de la montagne ; je suis bientôt sur un terrain où les obus allemands ont fait de profondes excavations, mais ce jour-là, moins encore que les précédents, je ne m'inquiète pas du voisinage du canon ennemi.

J'en ai vraiment assez, et je n'aurais pas prescrit au fidèle Leleu de forcer de vitesse ou d'arrêter si j'avais pensé que ma vie en dépendît. Quant à Leleu, son tempérament calme d'homme du Nord le préservait des émotions, il maintenait d'une main ferme son volant. L'automobile marchait donc comme les jours précédents, sur une piste qui passait devant une batterie et un instant après derrière une autre.

Sauvé par les cigarettes.

Quand elle arriva à une centaine de mètres d'un ponceau qu'il me fallait passer pour gagner la hauteur 629, je la fis arrêter, pour me porter vers des canonniers, abrités par un léger ressaut de terrain, dont j'avais admiré la bravoure l'avant-veille.

Je ne suis pas descendu de la voiture depuis plus de deux secondes, qu'une rafale d'obus s'abat sur le ponceau ; pendant deux à trois minutes, les obus tombent, faisant un vacarme épouvantable. On m'attendait évidemment au passage.

Pendant que je grevais le budget français de frais énormes causés par des échanges de télégrammes, dont l'un suffit pour garnir une page entière des annexes du livre du général Sarrail, je préparais la faillite de l'Allemagne par la dépense formidable d'obus que je lui occasionnais.

Les Allemands n'avaient pas compté sur le talisman qui préserva mes jours et qui, selon l'expression arabe, me faisait « tabou ».

Le lieutenant Lapicque avait eu besoin, le 14, d'aller à Salonique. Je lui avais remis la forte somme en l'invitant à dévaliser Salonique de ses cigarettes.

Ma sacoche était pleine de paquets de cigarettes ; le 16, mon automobile s'arrêta auprès d'artilleurs que je voulais complimenter.

Déjà le salut militaire s'esquissait quand les obus s'abattirent sur le point où j'aurais dû passer si le destin n'en avait pas décidé autrement.

Le salut est brusquement arrêté, les regards se portent sur la colonne de fumée qui s'élève du ponceau, tous nous demeurons figés sur place pendant que les rafales succèdent aux rafales.

C'est un soldat qui rompt le silence, il oublie la hiérarchie, il parle le premier au Chef que les étoiles auraient, en d'autres circonstances, éloigné de toute familiarité, de toute manifestation de camaraderie ; le brave garçon laisse parler son cœur.

« Eh bien ! Vous en avez eu une veine de vous arrêter à temps !

— Mais oui, les amis, vous m'avez sauvé la vie ; vous avez été si épatants avant-hier, quand ça bardait, que je me suis arrêté pour vous faire mes compliments et vous offrir des cigarettes. »

Les officiers viennent, on laisse un moment les pièces, je vide ma sacoche, on parle de ma veine.

J'ai passé là un bon quart d'heure.

Je retourne à l'automobile :

« Vous êtes repéré, mon Général, ne passez pas là en auto », me dit aimablement un lieutenant.

« Ce n'est pas encore ceux-là qui m'auront, mon ami », répondis-je.

L'auto repart, mais le ponceau est endommagé, on s'arrête ; je me mets avec Febvrel et Leleu à remuer des planches ; le lieutenant accourt avec deux ou trois canonniers vers le coin repéré, on improvise un passage, les obus ne viennent pas.

Cordonnier embarqué sans tambours ni trompettes.

Ce furent mes derniers obus.

Le 20 au matin, peu après la levée du jour, M. Bouet entre dans ma chambre et me fait connaître que le général Sarrail, son beau-père, a demandé et obtenu mon rappel en France.

Un mot, celui que de Maud'huy prononçait à l'Ecole Supérieure de Guerre quand, en ami, il me reprochait de continuer à fréquenter Sarrail, vint à mes lèvres ; je ne prononçai que celui-là, mais plusieurs fois. Puis une vision de France me passe dans les yeux. Je suis heureux de partir. Je fais mes cantines, je déjeune et je me dirige avec mon beau-frère vers l'automobile qui doit me ramener à Salonique.

L'automobile arrive à la nuit auprès de Salonique, mais n'y entre pas ; elle passe par des voies de charrois, se trompe deux ou trois fois de direction ; on trouve cependant l'eau et un horrible bachot qui m'est destiné.

Ce bachot, par nuit noire, hésite dans le port et enfin aborde un paquebot dans lequel une cabine m'est réservée.

M. Bouet me fait savoir que le Général en chef ne veut pas recevoir ma visite et qu'il m'interdit de sortir du bateau.

Le lendemain est un dimanche, entendre la messe m'est défendu.

Je reste deux jours en rade.

J'ai eu la satisfaction de recevoir la visite de l'amiral Salaun ; je n'ai pas pu lui rendre sa visite, il eût fallu violer, sinon mes arrêts, du moins une consigne qui en tenait lieu.

Au cours du trajet en mer, le Lieutenant de vaisseau qui commandait le transport eut l'amabilité de me faire connaître qu'on me reprochait, à Salonique, de n'avoir été porter ma carte à personne, pas même à mon Chef. Il fut bien surpris quand je lui fis connaître que je n'avais pas été maître de sortir de son navire.

A Toulon, je trouvai chez l'Amiral l'ordre de me rendre au G. Q. G.

Reçu à Chantilly.

A mon arrivée à Neuilly, je téléphonai au Ministère, une automobile me conduisit à Chantilly.

Le général Joffre me reçut affectueusement ; il m'invita à n'avoir aucune inquiétude : « Après la campagne que vous venez de faire, un repos de quelques jours vous fera du bien. Rentrez chez vous. »

Je lui résumai rapidement ce qui est relaté dans ce livre, mais je connus vite que je ne lui disais pas grand'chose de nouveau, il savait.

Je vis le général de Castelnau, qui fut fort étonné d'apprendre qu'il avait trouvé très bien le fameux camp retranché qu'il avait visité à Salonique, et s'écria douloureusement, en m'entendant dire comment on faisait périr tant d'hommes dans des attaques non préparées : « Voilà ce qu'on fait du sang de nos enfants ! »

Reçu à l'Elysée.

Je me rendis à l'appel du Président de la République ; je fus, là aussi, accueilli amicalement : « Un Général a fui devant l'ennemi, il a eu la croix de guerre ; j'ai donné des victoires à mon pays, je suis limogé.

— Vous n'êtes pas limogé, Général », me répondit-il.

Par lui aussi, j'appris qu'un commandement ne tarderait pas à m'être rendu.

Sans que cela me fût nettement dit, je pensais que je retournerais, avant peu, à Salonique, pour y servir sous les ordres du successeur du général Sarrail.

Clémenceau n'était pas mûr.

Mon ami le sénateur Gervais me fit savoir que Clémenceau, que j'avais reçu à mon Q. G. de Commercy, désirait me voir. Quand, deux jours après, je lui demandai quel jour le Tigre me recevrait, Gervais me fit savoir que Clémenceau voulait réfléchir, parce qu'on lui avait dit qu'une rivalité politico-cléricale avait influencé mon attitude à l'égard du général Leblois, parent du maître Leblois, de l'affaire Dreyfus. Clémenceau n'avait pas encore dépouillé le petit homme ; il avait besoin de mûrir.

Mon Rapport.

Le G. Q. G. me demande la confirmation par écrit de mon compte rendu verbal.

Je l'adresse bientôt.

Je signale l'incurie qui préside à l'organisation du Service de Santé. Il a fallu que ce fût le Service de Santé de mon armée qui intervînt, pour qu'une première auto-chir parût en Orient.

A Vertekop, une ambulance temporaire est dans un marécage, quand, auprès, le pays est salubre.

Je rendis compte de l'indifférence portée à l'instruction, alors qu'en France elle faisait l'objet des soins les plus minutieux.

J'insistai enfin sur l'incapacité notoire de Sarrail en disant :

« Envoyez un soldat à Salonique, et vous aurez la victoire. »

Des missions partirent de France, des députés complaisants racontèrent que les routes étaient belles, les ravitaillements copieux, les permissions prodiguées sans favoritisme, qu'on s'occupait de l'instruction là mieux qu'ailleurs. Et, en effet, pour faire mentir mon rapport, on améliorait point par point ce que j'avais signalé de défectueux, Nana, Nana elle-même, dut changer de garnison.

Mais Joffre tombait et non pas Sarrail, et M. Briand, peu après, devait quitter la place.

On attendit un soldat à Salonique pendant encore quatorze mois. Pendant ce temps, bien des hommes sont morts. Le général Grossetti, mon successeur, dut rentrer en France, avec une maladie analogue à la mienne ; il en est mort. Pour quelques mois passés à Florina, l'un et l'autre, nous avons été frappés de la même maladie, presque toujours mortelle. C'est une coïncidence curieuse.

Et moi, pendant que Joffre était sacrifié à Sarrail, j'entrais à l'hôpital. Je passais d'un hôpital à un autre, d'une table d'opérations à une autre.

On aboie à mes talons. Je réponds à la provocation.

Cette fois encore, la mort n'a pas voulu de moi. Je n'ai eu que la grande souffrance.

Et maintenant, c'est un M. Paul Coblentz qui aboie à mes talons.

Je n'ai pas besoin de dire combien il m'a été pénible d'écrire ce volume, de réveiller des souvenirs d'une si profonde tristesse.

J'ai été provoqué, j'ai répondu. Français, Serbes, Anglais, Alliés de toutes nations sauront enfin en quelles mains la politique française avait placé leurs destinées.

Conclusion.

Dans l'intérêt de la France, il ne faut pas s'en tenir là. Il y a lieu :

1° De faire l'étude approfondie des événements qui ont eu lieu du 5 au 11 septembre à la 3ᵉ armée et à la droite de la 4ᵉ armée, afin de juger si le général Gérard et le général Cordonnier n'ont pas sauvé Sarrail et son armée de la capitulation, ou si Sarrail a sauvé Verdun ;

2° De rechercher si, comme l'a dit le général Boichut, la Gruerie ne nous aurait pas été entièrement acquise si (pour parer à un retard de l'armée Sarrail) la moitié de mes forces ne m'avaient été enlevées ;

3° De refaire l'histoire des batailles de la Malareka et de Florina, et de m'attribuer ma part de victoire, s'il est démontré que j'y ai droit ;

4° De déballer au grand jour le procès à huis clos des documents de Salonique ;

5° De mettre la main sur un mathématicien pour calculer combien d'hommes ne seraient pas morts, si Sarrail avait été tué le 20 août 1914.

Quant à la politique, il semble qu'elle avait bien jugé quand le général Sarrail, doublé d'un Monsieur Aulard et vigoureusement soutenu par un jeune socialiste, M. Paul Coblentz, lui a demandé une place au Parlement. Le peuple, plus clairvoyant qu'on ne l'est en haut lieu, l'avait hué.

Un certain clan l'a repris pour le malheur de la Syrie.

Et, maintenant, lecteur :

AI-JE TRAHI SARRAIL ?

Le 15 juin 1930.

GÉNÉRAL CORDONNIER,
Ancien Commandant de l'Armée française d'Orient.

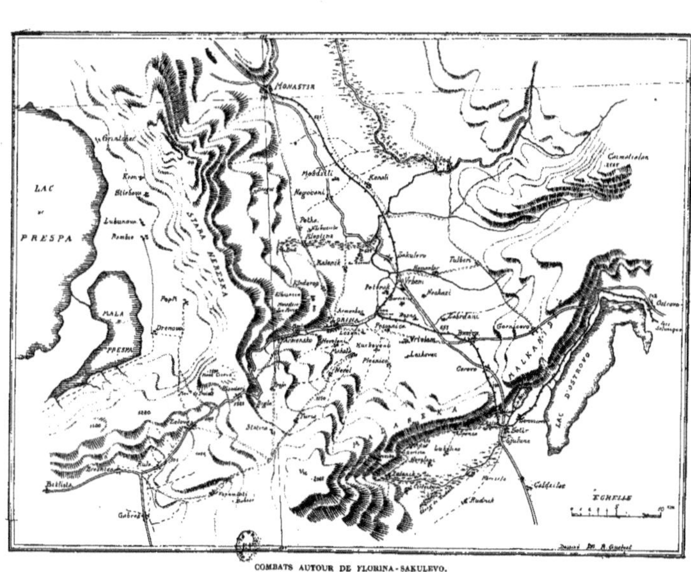

COMBATS AUTOUR DE FLORINA-SAKULEVO.

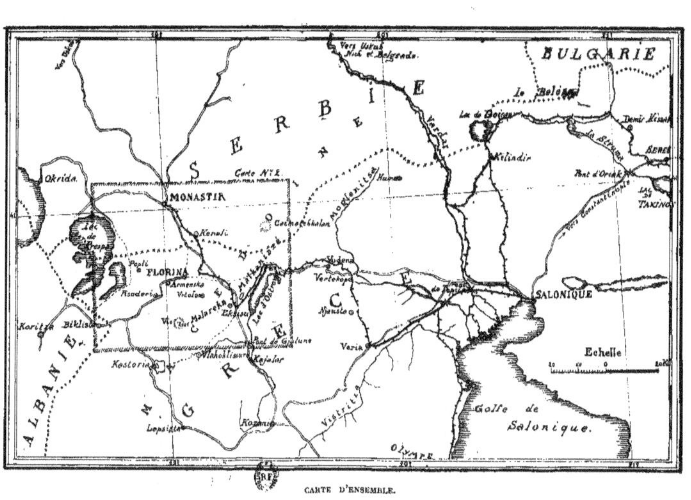

CARTE D'ENSEMBLE.

CHAPITRE III

Cordonnier laché. — Sa carrière est brisée, puis rétablie

CHAPITRE IV

« L'Argonne n'est pas le Palais-Bourbon »

CHAPITRE V

L'attaque absurde et sans moyens

CHAPITRE VI

« Dans deux jours, les Allemands seront a Salonique »

CHAPITRE VII

La trahison a Salonique

CHAPITRE VIII

Organisation de l'offensive

CHAPITRE IX

La mise en place

CHAPITRE X

La Malareka

CHAPITRE XV

VERS LE DÉNOUEMENT

CHAPITRE XVI

VERS LA FRANCE

ACHEVÉ D'IMPRIMER LE CINQ
AOUT MIL NEUF CENT TRENTE
PAR GUILLEMOT ET DE LAMOTHE,
IMPRIMEURS A PARIS, 11, RUE CAIL.